Os Evangelhos
Apócrifos

Joseph Carter

Os Evangelhos
Apócrifos

Título original: *The Apocrypha*
© Celestial Connection, Inc.
© 2003, by Editora ISIS Ltda.

Tradução:
Vani Inge Burg

Supevisão editorial:
Gustavo L. Caballero

Diagramação:
Décio Lopes

Revisão e capa:
Equipe técnica ISIS

Proibida a reprodução total ou parcial desta obra, de qualquer forma ou por qualquer meio seja eletrônico ou mecânico, inclusive por meio de processos xerográficos, incluindo ainda o uso da internet sem a permissão expressa da Editora Isis, na pessoa de seu editor (Lei nº 9.610, de 19.02.1998)

Direitos exclusivos reservados para Editora Isis

ISBN: 978-85-88886-06-3

Índice

Introdução 7

O Protoevangelho de Santiago 9

O Evangelho do Pseudo Mateus............................28

Livro Sobre a Natividade de Maria 65

O Evangelho de Tomás...77

O Evangelho Árabe da Infância..............................90

O Evangelho de Nicodemo...................................126

O Livro de São João Evangelista 176

História de José, O Carpinteiro...........................193

Primeira Epístola de Clemente............................212

O Evangelho Segundo Tomás (Gnóstico)............250

O Evangelho Segundo Felipe 268

Introdução

Originalmente, a palavra Apócrifo (escondido, secreto) não significava nada falso ou desautorizado, mesmo com o passar dos séculos esta seria a conotação principal que referido termo foi adquirindo, pelo menos dentro da Igreja.

Os chamados evangelhos apócrifos constituem-se numa coleção de textos muito heterogêneos, cujos únicos traços comuns são sua referendada antiguidade, o relato de temas ou personagens muito importantes, relacionadas com o início da religião cristã e por terem sido todos eles recusados pelas autoridades eclesiásticas. Atacados e vilipendiados por uns e excessivamente elogiados por outros, os evangelhos apócrifos apresentam-nos um quadro multicolor e sumamente interessante dos primeiros tempos do cristianismo. Neles, capta-se a frescura e a inocência do cristianismo inicial, quando a religião popular e os ensinamentos esotéricos não tinham sido, ainda, ocultados nem submetidos por uma Igreja que, com o tempo, chegaria ser extremamente autoritária e repressiva.

Neste volume apresentaremos uma seleção dos apócrifos do Novo Testamento que consideramos mais significativos: textos, todos eles redigidos durante os primeiros séculos de nossa era, muitos contemporâneos e, inclusive, talvez até anteriores aos evangelhos canônicos.

Através destes escritos, o leitor interessado poderá penetrar mais profundamente, não somente no processo de gestação das novas idéias religiosas que teve lugar nos primeiros tempos de nossa era, mas também nos mistérios da história de Jesus, cujo poderoso atrativo segue vigente depois de vinte séculos.

O Protoevangelho de Santiago

O Protoevangelho de Santiago pertence ao grupo dos Evangelhos da Natividade, que relatam também o nascimento e adolescência da Virgem Maria. O termo protoevangelho foi utilizado, pela primeira vez, para designar este apócrifo em 1551, pelo humanista francês Guilherme Postel, que, ao ver que era lido nas igrejas do Oriente, pensou que nesse aspecto poderia ser considerado canônico e que constituía uma espécie de prólogo ou introdução ao evangelho de São Marcos, daí o nome de "Protoevangelium." Seria mais apropriado, por isso, denominá-lo Livro de Santiago, que é o nome com o qual Orígenes o conhecia.

As primeiras referências a este evangelho já as encontramos em Clemente de Alexandria, mestre de Orígenes, e também Justino, mártir, refere-se a detalhes do nascimento de Jesus, que não se encontram em nenhum outro lugar, somente neste Livro de Santiago. Parece que foi escrito no princípio do Século II, pelo que se constitui, para muitos autores, a narração mais antiga do milagroso nascimento e da infância da Virgem Maria. Nele, aparecem, pela primeira vez, os nomes de seus pais: Joaquim e

Ana, assim como alguns episódios muito interessantes, não isentos de extravagâncias. Com uma linguagem cheia de ingenuidade e de brandura, conta os primeiros anos de Maria. Evidentemente, a finalidade principal de toda a obra é demonstrar a virgindade perpétua de Maria antes do parto, no parto e depois do parto, por isso não há dúvida em beber "a água da prova do Senhor." Sua virgindade durante o parto é testemunhada por uma parteira que esteve presente no nascimento. Seu autor trata de dar a impressão de que é Santiago, irmão de Jesus, porém quem foi, na realidade, é impossível de averiguar. Sua ignorância da geografia da Palestina é surpreendente, por outro lado, em suas narrações nota-se uma grande influência do Antigo Testamento, o qual parece indicar que se trata de um cristão de origem judaica, que vivia fora da Palestina, talvez no Egito.

Na sua forma atual, não é obra de um só autor. Os incidentes da morte de Zacarias e da fuga de João, o Batista, nota-se que foram claramente acrescentados posteriormente, pois o fio do relato é cortado em várias ocasiões.

Mesmo que sua composição atual não vá além do Século V, é evidente que as duas primeiras partes já existiam na primeira metade do Século II. Foi freqüentemente utilizado nas igrejas gregas e também por oradores, poetas e artistas gregos e bizantinos. Existem mais de 30 manuscritos do texto grego, além de traduções muito antigas em armênio, siríaco, copto e eslavo, embora não se tenha descoberto nenhum manuscrito latino.

A influência desse evangelho no campo da liturgia, da literatura e da arte tem sido enorme. O culto de Santa Ana e a festa eclesiástica da Apresentação da Virgem no Templo devem sua origem a este livro. Muitas das lendas sobre Nossa Senhora estão baseadas nele. Tem-se constituído uma permanente fonte de inspiração para os artistas de todos os tempos.

O Protoevangelho de Santiago

I

1. De acordo com as histórias das doze tribos de Israel, Joaquim era um homem muito rico que sempre oferecia seus presentes em dobro, dizendo: "O excedente de minhas oferendas é para todo o povo e o que eu dou como expiação de minhas faltas é para o Senhor, a fim de que se mostre propício."
2. O grande dia do Senhor chegou e os filhos de Israel levavam suas oferendas. Mas Rubens, ficando na frente de Joaquim, disse: "Não se permite tu trazeres tuas oferendas porque não geraste um filho em Israel."
3. Joaquim ficou muito aflito e se dirigiu aos arquivos das doze tribos do povo, dizendo: "Verei se nos arquivos das tribos de Israel sou o único que não gerei um filho." E procurou e encontrou que todos os justos tinham tido descendência em Israel e lembrou ao patriarca Abraão, a quem Deus o havia dado por filho a Isaac, nos últimos dias.
4. Joaquim ficou muito mortificado e, sem dizer nada a sua mulher, foi para o deserto e ali ergueu sua tenda e jejuou por 40 dias e 40 noites, repetindo a si mesmo: "Não descerei para comer e nem para beber até que o Senhor, meu Deus, venha me visitar, a oração será meu alimento e minha bebida!

II

1. Enquanto isso, Ana, sua mulher, chorava e se lamentava dizendo: "Me lamento por minha viuvez e também por minha esterilidade!"
2. Chegou o grande dia do Senhor e Judith, sua serva, disse-lhe: "Até quando vais suportar este abatimento de tua alma?

O grande dia do Senhor chegou e não te está permitindo chorar; toma este véu que me deram, eu não posso levá-lo porque sou serva e tem o signo real."

3. E Ana disse: "Não farei isso, pois o Senhor me humilhou; certamente algum malvado te deu este véu e tu vens para que me junte ao teu pecado." E Judith disse: "Que mal poderia eu desejar-te se o Senhor fechou teu seio para que não tenhas posteridade em Israel?"

4. E Ana, muito contrita, parou de sofrer, lavou a cabeça e se vestiu com seu traje de noiva, e na hora da novena desceu para o jardim para passear. E viu um louro e se sentou debaixo dele, e orou ao Senhor dizendo: "Deus de meus pais, abençoa-me e escuta minha pregação, como abençoaste as entranhas de Sara e lhe deste o seu filho Isaac."

III

1. E levantando os olhos para o céu viu um ninho de pardais na árvore e começou a chorar, dizendo: "Pobre de mim! Quem me gerou e de que ventre eu nasci, para que me tenha convertido em uma maldição para os filhos de Israel, para que tenham ultrajado e expulsado do templo do Senhor?"

2. "Pobre de mim? Com quem me pareço? Não aos pássaros do céu, porque inclusive os pássaros do céu são fecundados diante de vós, Senhor. Pobre de mim! Com quem me pareço? Não às bestas selvagens da terra, porque inclusive as bestas selvagens da terra são fecundadas ante vós, Senhor.

3. "Pobre de mim! Com quem me pareço? Não me pareço a estas águas: porque inclusive estas águas são fecundadas ante vós, Senhor. Pobre de mim! Com quem me pareço? Não me pareço com esta terra, porque inclusive esta terra dá seus frutos a seu tempo e os abençoa, Senhor."

IV

1. E então um anjo do Senhor apareceu e lhe disse: "Ana, o Senhor escutou tuas preces, conceberás e darás à luz a uma filha e falar-se-á de tua primogênita por toda a Terra." E Ana disse: "Por mim, Senhor, se dou à luz seja a um filho ou uma filha, oferecerei ao Senhor e será seu servo todos os dias de sua vida."

2. E sucedeu que então chegaram dois mensageiros e lhe disseram: "Joaquim, teu esposo, chega com suas ovelhas, pois um anjo do Senhor desceu sobre ele e lhe disse: "Joaquim, o Senhor Deus, escutou tua oração, vai, pois tua esposa Ana conceberá uma filha."

3. E Joaquim desceu e chamou aos pastores e lhes disse: "Tragam-me dez cordeiros sadios, que serão para meu Deus e tragam-me também doze bezerros que serão para os sacerdotes e o conselho de anciãos, e cem cabritos que serão para todo o povo."

4. E então Joaquim chegou com seus rebanhos e Ana, de pé na porta, vendo-o chegar correu até ele e o abraçou dizendo: "Agora sei que o Senhor Deus me encheu de bênçãos, pois, era viúva e já não sou mais, não tinha filhos e vou conceber em minhas entranhas." E Joaquim descansou o primeiro dia em sua casa.

V

1. No dia seguinte, Joaquim apresentou suas oferendas, dizendo a si mesmo: "Se o Senhor Deus me é propício, permitir-me-á ver o disco de ouro do sacerdote." E Joaquim apresentou suas oferendas e fixou seu olhar no disco de ouro do sacerdote, quando este ascendeu ao altar do Senhor e não percebeu

nenhuma falta nele. E Joaquim disse: "Agora sei que o Senhor me é propício e que redimiu todos meus pecados." E desceu do templo do Senhor e voltou para sua casa.

2. Assim, pois, cumpridos os meses de Ana, no nono deu à luz. E perguntou à parteira: "O quê que eu pari?" E ela disse: "Uma menina." E Ana respondeu: "Minha alma foi glorificada no dia de hoje." E deitou a menina. Passados alguns dias, Ana se lavou, deu o peito para a menina e a chamou de Maria.

VI

1. Cada dia a menina crescia mais, completou seis meses e sua mãe a colocou no chão para ver se ficava em pé. Deu sete passos e se atirou no colo da mãe. Esta a levantou dizendo: "Pelo Senhor meu Deus, que não pisarás mais este chão até o dia que eu te leve ao templo do Senhor." E colocou um santuário no berço da menina e não a deixou tomar como alimento nada que fosse vil ou impuro. E chamou as filhas dos hebreus, àquelas que não tinham pecados, para que brincassem com ela.

2. A menina chegou à idade de um ano e Joaquim deu uma grande festa e convidou aos sacerdotes, aos escribas e ao conselho de anciãos e a todo o povo de Israel. Joaquim apresentou a menina aos sacerdotes e estes a abençoaram dizendo: "Deus de nossos pais, abençoa esta menina e lhe dê um nome que seja repetido até aos fins dos séculos e através de todas as gerações." E todo o povo dizia: "Assim seja, assim seja." E Joaquim apresentou aos príncipes e sacerdotes e a abençoaram dizendo: "Deus do mais alto do céu, dirige teu olhar sobre esta menina, e lhe dê sua suprema bênção."

3. E sua mãe a levou de novo ao santuário que havia no seu quarto e a amamentou. E Ana cantou um hino ao Senhor Deus, dizendo: "Quero cantar um hino ao Senhor meu Deus, porque veio me ver e afastou de mim o ultraje dos meus inimigos; porque o Senhor me deu um fruto de sua justiça, é um só fruto, mais múltiplo ante seu rosto. Quem vai anunciar aos filhos de Rubens que Ana amamenta a uma menina? Saibam, saibam, as doze tribos de Israel, que Ana amamenta uma menina." E ela deixou a menina no seu quarto, no santuário, saiu e serviu aos convidados. Uma vez terminada a ceia, todos foram embora cheios de júbilo, glorificando ao Deus de Israel.

VII

1. Os meses foram transcorrendo para a menina. Tinha já quase dois anos e Joaquim disse: "Vamos levá-la ao templo do Senhor para cumprir a promessa que fizemos, a não ser que o Todo-poderoso nos envie um mensageiro e recuse nossa oferenda." E Ana disse: "Esperemos que cumpra três anos para que a menina não sinta tanta falta de seu pai e de sua mãe." E Joaquim disse: "Esperemos."

2. A menina completou três anos e Joaquim disse: "Chama as filhas dos hebreus que sejam sem pecados e que tragam cada uma tocha e mantenham acesa para que a menina não volte para trás, e seu coração se fixe somente no templo do Senhor." E elas fizeram o que lhes havia sido ordenado até que subiram para o templo do Senhor. O sacerdote recebeu a menina, abraçou-a, abençoou-a e disse: "O Senhor glorificou seu nome através de todas as gerações. Em ti o Senhor, no último dia, mostrará a redenção prometida aos filhos de Israel."

3. E fez a menina sentar no terceiro escalão do altar, e o Senhor Deus fez descer sua graça sobre a menina, e ela dançou e toda a casa de Israel a amou.

VIII

1. E seus pais se foram cheios de admiração e louvando ao Deus Todo-poderoso porque a menina não tinha voltado atrás. E Maria permaneceu no templo do Senhor, alimentando-se com uma pomba e recebia o alimento da mão de um anjo.

2. Quando chegou na idade de doze anos, os sacerdotes reuniram-se e disseram: "Maria completou já doze anos no templo do Senhor. Que podemos fazer para que não manche o templo do Senhor?" E eles disseram ao grande sacerdote: "És tu o designado ante o altar do Senhor, entra e reza por Maria e faremos o que o Senhor te revele."

3. O grande sacerdote, pegando a túnica das doze sinetas, entrou no Santo dos Santos e rezou por Maria. E sucedeu que um anjo do Senhor apareceu dizendo-lhe: "Zacarias, Zacarias, sai e reúne a todos os que estejam viúvos, e que cada um traga uma vara, e aquele ao qual o Senhor envie um prodígio, desse Maria será esposa." Os arautos saíram e percorreram todo o país da Judéia e a trombeta do Senhor ressoou e todos acudiram.

IX

1. Assim, pois, José deixou o machado e saiu para se reunir com eles, uma vez reunidos foram com suas varinhas para ver o grande sacerdote. Este recolheu todas as varas e entrou no templo e orou. E quando terminou sua oração, saiu e as devolveu, não vendo nenhum prodígio. Aconteceu que José pegou a última e então uma pomba saiu e pousou sobre

a cabeça de José. E o sacerdote disse: "És tu a quem Ele escolheu para ser o guardião da Virgem do Senhor."

2. E José objetou: "Tenho filhos e sou velho, ela é jovem: não quero me converter em um objeto de deboche dos filhos de Israel." E o grande sacerdote respondeu a José: "Teme ao Senhor teu Deus e lembra o que ele fez com Danton, com Abirão e com Coré, como a terra seu abriu e foram sepultados por causa de sua desobediência. Agora, José, é de se temer que o mesmo aconteça em tua casa."

3. E José, cheio de temor, a recebeu sob sua proteção. E lhe disse a Maria: "Te tirei do Templo do Senhor, agora te deixo em minha casa, e vou construir outras casas, voltarei para junto de ti; o Senhor te protegerá."

X

1. Aconteceu que o grande conselho dos anciãos reuniu-se e disseram: "Façamos um grande véu para o templo do Senhor." E o grande sacerdote disse: "Chamem todas as jovens que estão sem pecado da tribo de David." E os servos partiram e os procuraram e encontraram sete jovens. E o grande sacerdote se lembrou da jovem Maria, e lembrou que era da tribo de David, e que estava sem pecado diante de Deus. E os servos foram e a trouxeram.

2. As jovens entraram no templo do Senhor e o grande sacerdote disse: "Tiremos a sorte para saber quem tecerá o ouro, o amianto, o linho fino, a seda, o jacinto, a escarlate e a púrpura autêntica." E a púrpura e a escarlate couberam à Maria e depois de as recolher voltou para casa. E aconteceu que Zacarias, naquele momento, ficou mudo e Samuel o substituiu até o dia que voltou a falar. E Maria levou a escarlate e a teceu.

XI

1. E Maria colheu o cântaro e saiu para pegar água: e então uma voz se fez ouvir e dizia: "Salve Maria, cheia de graça, o Senhor é contigo, bendita és entre todas as mulheres." E ela olhou ao redor, para a direita e para a esquerda, para ver de onde provinha a voz. E temerosa, voltou para sua casa, deixou o cântaro e pegando a púrpura se sentou e começou a tecer.

2. E aconteceu qe um anjo do Senhor apresentando-se diante dela, disse-lhe: "Não temas Maria, porque encontraste a graça diante do Dono de todas as coisas e conceberás seu Verbo." E Maria ouviu estas palavras e, duvidando, respondeu: "Se devo conceber do Senhor Deus Vivo, darei à luz como qualquer mulher dá à luz?"

3. E o anjo do Senhor disse-lhe: "Não será assim Maria, a virtude do Senhor te cobrirá com sua sombra; é por que o ser santo que nasça de ti será chamado filho do Altíssimo. E colocarás o nome de Jesus: porque salvará seu povo de seus pecados." E Maria disse: "Eis aqui a escrava do Senhor, faça-se em mim conforme sua palavra."

XII

1. E ela talhou a púrpura e a escarlate e as levou ao sacerdote. E este a abençoou e lhe disse: "Maria, o Senhor Deus glorificou seu nome e serás bendita por todas as gerações da Terra."

2. E Maria, cheia de júbilo, foi ver sua prima Isabel. E chamou na porta. E Isabel a ouviu, deixou sua escarlate, correu até à porta e abriu e, vendo Maria, abençoou-a e lhe disse: "Onde está meu mérito para que a mãe do meu Senhor venha até a mim? Porque o menino que levo em meu ventre pulou

dentro de mim e te abençoou." Mas Maria tinha esquecido os mistérios que lhe haviam sido revelados pelo arcanjo Gabriel e levantando os olhos para o céu disse: "Quem sou eu Senhor, que todas as gerações da terra me bendizem?"

3. Maria ficou três meses com Isabel. Dia a dia, sua gravidez avançava e cheia de amor voltou para sua casa, e se escondeu dos filhos de Israel. Tinha dezesseis anos quando estes mistérios aconteceram.

XIII

1. Chegou para ela o sexto mês, então José voltou das construções de suas casas e entrando em sua casa encontrou Maria grávida. José bateu no seu rosto e se atirou na terra sobre seu manto, e chorou amargamente, dizendo: Como poderei olhar ao Senhor meu Deus? Que oração pronunciarei para esta jovem? Por que a recebi virgem do templo de Israel e não soube protegê-la? Quem é que tem me surpreendido? Quem cometeu está má ação em minha casa e corrompeu esta virgem? Não será a história de Adão que se repete em mim? Pois como ele glorificava a Deus, veio a serpente e encontrou Eva sozinha, enganou-a, como aconteceu comigo."

2. E José se levantou e chamou Maria e lhe disse: "Tu, a predileta de Deus, que fizeste? Te esquecestes do Senhor teu Deus? Por que aviltaste tua alma, tu que foste educada no Santo dos Santos e que recebeste o alimento das mãos de um anjo?"

3. Mas ela chorou amargamente dizendo: "Sou pura e não conheço homem." E José lhe disse: "De onde provém então o que levas em tuas entranhas?" E Maria disse: "Pelo Senhor meu Deus que não sei como aconteceu."

XIV

1. E José, cheio de temor, afastando-se de Maria se perguntava como devia proceder. E disse: "Se escondo tua falta, estou contrariando a lei do Senhor; e se a denuncio aos filhos de Israel, tenho medo que o menino que está em seu seio não seja de um anjo e que entreguem à morte um ser inocente. Que devo fazer? Repudia-la-ei em segredo." E a noite o surpreendeu com estas deduções.

2. E aconteceu que um anjo do Senhor apareceu em seus sonhos e lhe disse: "Não temas por este menino; pois o fruto concebido nela é obra do Espírito Santo; dará à luz a um filho e lhe darás o nome de Jesus, salvará seu povo de seus pecados." E José acordou, levantou-se e glorificou ao Deus de Israel, por lhe haver outorgado esta graça, e ficou com Maria.

XV

1. Então, Anás, o escriba, veio buscar-lhe e lhe disse: "Por que não compareceste a nossa assembléia?" E José disse-lhe: "Estava cansado da viagem e descansei no primeiro dia." E Anás voltou-se e viu Maria grávida.

2. E se foi correndo e disse ao sacerdote: "José, aquele que tu confiavas, pecou gravemente contra a lei." E o sacerdote disse: "Como pode ser isso?" E o escriba respondeu: "Ele vacilou e consumou o matrimônio com a jovem que recebeu do templo do Senhor, sem comunicar aos filhos de Israel." E o sacerdote respondeu: "José fez isso?" E Anás, o escriba, disse: "Envia teus servos e saberás que a jovem está grávida." E os servos foram e encontraram Maria tal como ele tinha dito, e levaram Maria e José para serem julgados.

3. E o sacerdote disse: "Por que fizeste isso?" Por que aviltaste tua alma e esqueceste do teu Senhor? Tu que foste educada no Santo dos Santos, tu que recebeste o alimento das mãos de um anjo, tu que escutaste os hinos sagrados e dançaste diante do Senhor, por que fizeste isso?" E Maria chorou e disse: "Por meu Senhor, meu Deus, que sou pura ante Ele e não conheço homem."

4. E o sacerdote disse a José: "Por que fizeste isso?" E José disse: "Por meu Senhor, meu Deus, estou limpo de toda a relação com ela." E o sacerdote disse: "Não pronuncies falsos testemunhos e diz a verdade, consumaste o matrimônio às escondidas, sem revelar aos filhos de Israel, e não te inclinaste ante o Todo-poderoso para que abençoe tua raça." E José não disse nada.

XVI

1. E o sacerdote disse: "Devolve esta virgem que recebeste do templo do Senhor." E José chorava. E o sacerdote disse: "Beberás a água da prova do Senhor e Ele fará aparecer vosso pecado ante nossos olhos."

2. E colhendo a água do Senhor, o sacerdote deu de beber a José o mandou para a montanha e voltou incólume. E deu de beber também à Maria e a mandou para a montanha, e ela também voltou incólume. E todo o povo soube e admirou que não se havia revelado nenhum pecado.

3. E o sacerdote disse: "Se o Senhor Deus não nos permitiu ver o pecado daqueles que acusamos, eu tampouco posso condená-los." E os deixou ir absolvidos. E José voltou para sua casa cheio de júbilo, glorificando ao Deus de Israel.

XVII

1. Aconteceu que se publicou um édito do Imperador Augusto ordenando que se fizesse o censo de todos os habitantes de Belém da Judéia. E José disse: "Inscreverei os meus filhos, mas e esta menina, como vou inscrevê-la? Como minha mulher me dá vergonha. Como minha filha, todos os filhos de Israel sabem que não é minha filha. O dia do senhor se cumprirá sua vontade."

2. E encilhou o burro e sentou Maria, e seu filho levava a besta e José os seguia. E quando tinham percorrido umas três milhas, José se voltou para olhar Maria e a viu triste e disse: "Sem dúvida, o fruto que levas em teu seio te faz sofrer." Por segunda vez José olhou Maria e a viu sorrir. E lhe disse: "Maria, que acontece contigo? Te vejo sorrir logo em seguida te vejo triste." E Maria disse para José: "É porque vejo dois povos, um chora e bate no peito, o outro está cheio de júbilo e de alegria."

3. E chegaram na metade do caminho e Maria lhe disse: "Desceme do burro, porque o que eu levo nas entranhas está para chegar." E a fez descer do burro e lhe disse: "Aonde eu poderia te levar para proteger teu pudor, este lugar está deserto?"

XVIII

1. E encontrou uma gruta, colocou Maria na gruta e a deixou com seus filhos e foi procurar uma parteira por todo o país de Belém.

2. E aconteceu que eu, José, estava caminhando e deixei de andar; e olhei ao redor e vi o ar impregnado de espanto; ergui os olhos para o céu e os pássaros do céu estavam imóveis; e olhei para a terra e vi um artesão e uns obreiros apoiados com suas mãos numa massa e os que amassavam

já não mais amassavam, e os que estavam levantando a massa, não mais a levantavam, e os que levavam a massa à boca não mais a levavam; e todos olhavam para o alto; e então vi dois cordeiros que se aproximavam, mas já não mais andavam, paravam, e o pastor levantou sua mão para bater neles com o bastão, mas sua mão ficou suspensa no ar, e olhava a correnteza do rio e vi duas cabras com a boca aberta, querendo beber mas não bebiam, e em dado momento tudo voltou a se mover.

XIX

1. E uma mulher desceu da montanha e me disse: "Aonde vais?" E eu lhe respondi: "Procuro uma parteira judia." E ela respondeu: "És da raça de Israel?" E lhe disse: "Sim." E ela tornou a perguntar: "Quem é a mulher que está dando à luz na gruta?" Eu lhe disse: "É minha desposada." E ela disse: "Não é tua mulher?" E eu lhe disse: "É Maria, foi educada no templo do Senhor e me foi dada como esposa, não é minha mulher, mas concebeu por obra do Espírito Santo." E a parteira lhe disse: "É verdade?" E José lhe disse: "Vem ver." E a parteira se foi com ele.

2. E pararam no lugar onde estava a gruta e uma nuvem luminosa cobria todo o lugar. E a parteira disse: "Minha alma se glorifica neste dia porque meus olhos vêem os prodígios que anunciam que nasceu um Salvador para Israel." A nuvem se distanciou da gruta e então apareceu uma luz tão intensa que nossos olhos não podiam suportá-la. E a luz foi diminuindo, pouco a pouco, até que apareceu o menino e pegou no peito de sua mãe Maria. E a parteira gritou: "Hoje é um grande dia, porque eu vi algo extraordinário."

3. E a parteira saiu da gruta e se encontrou com Salomé e lhe disse: "Salomé, Salomé, tenho que te contar algo extraordinário: uma virgem deu à luz." E Salomé disse: "Pelo Senhor meu Deus, se não ponho meu dedo e toco seu seio, não acreditaria que uma Virgem tivesse dado à luz."

XX

1. E a parteira entrou e disse para Maria: "Prepara-te, estamos falando de ti sobre algo que é muito grave." E Salomé após pôr o dedo no seu seio, deu um grito dizendo: "Caia uma desgraça sobre minha impiedade e minha incredulidade, porque duvidei de Deus vivo e, então, minha mão tocada pelo fogo se separa de mim."

2. E se ajoelhou ante o Senhor, dizendo: "Oh Deus de meus pais, lembra-te que sou da raça de Abraão, de Isaac e Jacó; não me exponhas aos juízes dos filhos de Israel, leva-me com os pobres, tu sabes Senhor, que entrego meus bens em teu nome e que é de ti que recebo meu sustento."

3. Então um anjo do Senhor apareceu para ela e lhe disse: "Salomé, Salomé, o Senhor te escutou: aproxima tua mão do menino e acolhe-o, e terás saúde e alegria."

4. E Salomé se aproximou e acolheu o menino, dizendo: "Quero prostrar-me diante de ti, porque nasceu o grande rei para o povo de Israel." E então Salomé se curou em seguida, e saiu da gruta. E se ouviu uma voz que dizia: "Salomé, Salomé, não contes os prodígios que viste até que o menino entre em Jerusalém."

XXI

1. Dispunha-se já José a voltar para a Judéia quando se produziu um grande tumulto em Belém da Judéia, uns magos chegaram

dizendo: "Onde está o rei dos judeus que acaba de nascer? Porque vimos uma estrela no Oriente e viemos adorá-lo."

2. E Herodes, ao ouvir isso, inquietou-se e enviou seus escravos aos magos; e fez vir os príncipes e os sacerdotes e lhes perguntou: "Que é o que está escrito à respeito de Cristo? Aonde tem que nascer?" Eles responderam: "Em Belém da Judéia, pois assim está escrito." E Herodes os fez sair. Então fez chamar os magos e lhes perguntou: "Que sinal viste sobre o nascimento desse novo rei?" E os magos responderam: "Vimos uma estrela muito brilhante, e de um resplendor tão grande que empana o brilho do resto das outras estrelas, deixando-as invisíveis. E assim ficamos sabendo que um rei de Israel tinha nascido e viemos adorá-lo." E Herodes lhes disse: "Ide e o trazei, e se o encontrais fazei-me saber para que eu também possa adorá-lo."

3. E os magos se foram. E a estrela, que tinham visto no Oriente, precedeu-os até que chegaram na gruta, e a estrela pairou acima da gruta. E os magos viram o menino com sua mãe Maria e tiraram seus presentes, ouro, incenso e mirra.

4. E prevenidos pelo anjo de que não entrassem na Judéia, voltaram ao seu país por outro caminho.

XXII

1. Dando-se conta Herodes de que tinha sido enganado pelos magos, ficou furioso e mandou seus sicários, dizendo: "Matem todos os meninos menores de dois anos."

2. E Maria soube que estavam matando todos os meninos e se assustou; recolheu o menino, o envolveu em panos e o depositou no curral dos bois.

3. Isabel, ao tomar conhecimento que procuravam João, recolheu-o, foi para a montanha e procurou um lugar para o esconder, mas não encontrava nenhum lugar aonde se refugiar. Então, gemendo, disse em voz alta: "Montanha de Deus, recebe a uma mãe com seu filho." Porque Isabel não podia subir a montanha. E então a montanha se abriu e a acolheu. E havia uma luz que os iluminava, pois um anjo do Senhor estava com eles o os protegia.

XXIII

1. Herodes, como procurava João, enviou seus escravos até Zacarias, e lhe disseram: "Aonde esconderes teu filho?" E aquele respondeu: "Sou um servo de Deus, ligado ao templo do Senhor, não sei onde está meu filho."

2. Os escravos se afastaram e comunicaram isso a Herodes e este, irritado, disse-lhes: "Seu filho é o que deve reinar em Israel." E os enviou outra vez para lhe dizer: "Diz a verdade, onde está teu filho? Sabes que teu sangue está sob minhas mãos." E os servos foram e disseram tudo isso para Zacarias.

3. E este disse: "Sou um mártir de Deus, se derramas meu sangue o Todo-poderoso acolherá meu espírito, porque o sangue que queres derramar, na entrada do templo do Senhor, é inocente." E no alvorecer deu-se a morte de Zacarias e os filhos de Israel ignoraram que ele estivesse morto.

XXIV

1. Mas os sacerdotes foram ao templo na hora da saudação e Zacarias não apareceu diante deles para os bendizer, conforme o costume. E os sacerdotes foram-se, esperando saudar Zacarias na hora da oração e louvar o Altíssimo.

2. Mas como demorava, ficaram com medo e um deles, o mais ousado, entrou no templo e viu, perto do altar, sangue coagulado e ouviu uma voz que dizia: "Zacarias foi assassinado e seu sangue não se apagará até que não chegue seu vingador." Ao ouvir estas palavras, cheio de terror, saiu e deu a notícia aos sacerdotes.

3. Estes se atreveram a entrar e viram o que tinha acontecido, e o teto do templo tremeu e os sacerdotes rasgaram as vestes de cima abaixo. E não encontraram seu corpo, mas seu sangue, que parecia uma pedra, e saíram muito assustados e anunciaram a todo o povo que Zacarias tinha sido assassinado. E, ao saber, todas as tribos de Israel choraram e o lamentaram durante três dias e três noites.

4. Passados os três dias, os sacerdotes reuniram-se para deliberar e decidir quem ocuparia seu lugar, e a sorte caiu sobre Simão, já que era o que foi avisado pelo Espírito Santo de que não morreria sem ver Cristo encarnado.

XXV

1. Eu, Santiago, que escreveu esta história, sobrevindo muita confusão depois da morte de Herodes, retirei-me para o deserto até que a agitação se acalmasse em Jerusalém, glorificando Deus Todo-poderoso, que me outorgou a graça e o talento para escrever este relato.

2. A graça seja com todos os que temem a Nosso Senhor Jesus Cristo a quem corresponde a glória pelos séculos dos séculos. Amém.

O Evangelho do Pseudo Mateus

O Protoevangelho de Santiago teve uma enorme influência na literatura e na vida da Igreja do Oriente, entretanto, na do Ocidente, parece que somente foi conhecido através de arranjos dos quais, o mais antigo e importante, parece ser, hoje, o conhecido Evangelho do Pseudo Mateus.

Este evangelho foi, possivelmente, redigido nos fins do Século III, ou princípios do Século IV. Em muitas de suas passagens - especialmente na primeira parte - estão calcadas as anteriores, se bem que introduz também algumas modificações substanciais como as feras selvagens que escoltam a sagrada família, o episódio dos leões, a palmeira que se inclina para que comam, surgindo logo a seus pés uma fonte, ou a derrubada, diante de Jesus, dos ídolos do templo egípcio.

A postura das autoridades eclesiásticas diante deste e outros apócrifos é, muitas vezes, ambivalente: por um lado os recusam com animosidade, mas por outro, manifestam que possivelmente muitas das passagens contidas neles bem poderiam ser verdadeiras.

A influência do Pseudo Mateus, durante toda a Idade Média, foi enorme. Seus relatos ocupam um importante lugar nas escrituras de muitos santos medievais e, por isso, serviram de inspiração para numerosos pintores, especialmente durante o Renascimento.

Evangelho do Pseudo Mateus
Primeira Parte

I

1. Naquele tempo, vivia em Jerusalém um homem de nome Joaquim, pertencente à tribo de Judéia. Pastavam suas ovelhas e temia a Deus com toda a simplicidade e bondade de seu coração. Não tinha outra preocupação que seus rebanhos e empregava o produto que obtinha em dar de comer aos que, carecendo de recursos, também temiam a Deus; oferecia seus sacrifícios por dupla partida, pelos que trabalhavam na doutrina e nos termos de Deus e pelos que estavam sob seu cuidado. De seus cordeiros, de suas ovelhas, da lã e de todo o que possuía dividia em três partes: dava uma às viúvas, aos órfãos, aos forasteiros e aos pobres; uma segunda parte dava aos que tinham sido consagrados ao serviço de Deus; enquanto que, a terceira parte, a reservava para ele e para sua casa.

2. Como se comportava assim, Deus, em recompensa, multiplicava seus rebanhos, até a ponto de não haver ninguém como ele em todo o povo de Israel. Quando tinha 20 anos, tomou por esposa Ana, filha de Isachar, de sua tribo, e da raça de David. E depois de conviver com ela 20 anos, não tinha tido filhos e nem filhas.

II

1. Aconteceu que nos dias de festa, encontrava-se Joaquim entre os que ofereciam incenso ao Senhor, apresentando suas oferendas na presença de Deus. Aproximou-se dele um escriba do templo, chamado Rubem e lhe disse: "Tu não podes estar entre os que fazem sacrifícios a Deus porque Deus não te abençoou te dando descendência em Israel." Cheio de confusão e sob os olhares do povo, Joaquim foi embora do templo, chorando, e voltou para sua casa, foi com seus rebanhos e levou com ele os pastores para as montanhas e Ana, sua esposa, não soube de nada dele durante cinco meses.

2. E Ana, chorava dizendo: "Senhor, Deus de Israel. Todo-poderoso, não me destes filhos, por que agora me tiras também meu esposo? Por que faz cinco meses que não o vejo. E não sei se está morto, para poder ao menos lhe dar uma sepultura." Enquanto chorava no jardim de sua casa, levantando seus olhos em oração até ao Senhor, viu um ninho de pardais em um louro e, com palavras entrecortadas por seus gemidos, dirigiu-se ao Senhor dizendo: "Senhor, Deus Todo-poderoso, tu que destes descendências a todas as criaturas, às feras, às bestas de carga, às serpentes, aos peixes, aos pássaros e que fizeste com que se regozijem de sua progenitura, negas a mim os favores de tua bondade. Tu sabes, Senhor, que desde o começo de meu matrimônio fiz voto de que se me davas um filho ou uma filha eu te ofereceria em teu templo santo."

3. E enquanto dizia isto, de súbito apareceu diante dela um anjo do Senhor que lhe disse: "Não temas Ana, porque é desígnio de Deus que nasça de ti um rebento e a criança que nascer de ti será admirada por todos os séculos, até o fim."

E depois de pronunciar estas palavras, desapareceu diante de seus olhos. Depois disto, cheia de espanto e tremendo por ter tido aquela visão e ter ouvido semelhante mensagem, entrou em sua moradia e se deitou na cama, como morta, e durante todo o dia e toda a noite, permaneceu em oração e cheia de espanto.

4. Depois chamou sua serva e lhe disse: "Vês como estou desconsolada por minha viuvez e desesperada e nem sequer viestes para meu lado." E a servente lhe respondeu murmurando: "Se Deus fechou tuas entranhas e afastou de ti teu esposo, que é que eu posso fazer por ti?" E ouvindo estas palavras Ana chorava ainda mais.

III

1. Naquele mesmo tempo, apareceu nas montanhas onde pastava Joaquim com seus rebanhos, um jovem e lhe disse: "Por que não voltas para tua esposa?" E Joaquim respondeu: "Durante vinte anos a tive por companheira; mas agora, como Deus não quis que tivesse filhos, fui expulso do templo de Deus com ignomínia; por que teria que voltar para junto dela se já me expulsaram e desdenharam de vez? Assim que ficarei aqui com minhas ovelhas, tanto tempo quanto Deus queira conceder-me a luz deste mundo; entretanto, por meio dos meus serventes, darei, com muito gosto, a parte aos pobres, às viúvas, aos órfãos e aos ministros de Deus."

2. Depois de pronunciar estas palavras, o jovem lhe disse: "Sou um anjo do Senhor; apareci hoje para tua esposa que chorava e rezava e a consolei; deves saber que ela concebeu uma filha tua. Morará no templo do Senhor e o Espírito Santo repousará nela; e sua sorte será maior que a de todas as santas mulheres, de tal maneira que ninguém poderá dizer

que houve uma mulher como ela antes, nem depois haverá nada parecido a ela neste mundo. Desce as montanhas e volta para tua mulher, a encontrarás grávida, porque Deus suscitou nela descendência e tu tens que agradecer, e esta descendência será bendita e Ana também será bendita e se converterá na mãe de uma bênção eterna."

3. E Joaquim, adorando-o, lhe disse: "Se encontrei graça em ti, senta-te um pouco debaixo de minha tenda e me abençoa, posto que sou teu servidor." E o anjo disse: "Não és meu servo mas meu companheiro, nós dois servimos a um mesmo mestre. Meu alimento é invisível e o que bebo os mortais não podem ver. Por isso, não tens que me pedir que entre em tua tenda, o que queres me dar oferece em holocausto a Deus." Então Joaquim pegou um cordeiro sem nódoa e disse ao anjo: "Não me atreveria a oferecer um sacrifício a Deus se tu não me tivesses dado o poder do sacrifício." E o anjo lhe disse: "Eu, de minha parte, não te convidaria a oferecer um sacrifício se não conhecesse a vontade do Senhor." Então aconteceu que, enquanto Joaquim oferecia seu sacrifício, com a fumaça do sacrifício, o anjo ascendeu ao céu.

4. Então Joaquim inclinou seu rosto para o chão e permaneceu prostrado desde a hora sexta do dia até de tarde. Quando chegaram seus servos e os diaristas, ignorando o que tinha acontecido, assustaram-se pensando que queria se matar, aproximaram-se e o levantaram. Quando contou o que tinha visto, encheram-se de encanto e admiração, e o exortaram para que cumprisse, sem mais tardar, a ordem do anjo e voltasse em seguida para sua esposa. E enquanto Joaquim considerava se devia voltar, aconteceu que foi invadido por um sono, e o anjo que havia aparecido quando estava desperto, apareceu de novo enquanto dormia e lhe disse: "Sou o anjo

que Deus te encomendou como guardião: desce e volta para tua esposa, porque as obras de caridade que tu e tua mulher fizeram têm sido proclamadas na presença do Altíssimo; e ele lhes dá uma posteridade que nem os profetas nem os santos jamais tiveram desde o começo, nem nunca terão." E quando Joaquim acordou de seu sono, chamou os que cuidavam dos rebanhos e lhes contou o que tinha sonhado. E todos adoraram ao Senhor e disseram para Joaquim: "Não resistas mais ao anjo do Senhor, levanta, partamos e vamo-nos devagar deixando que nossos rebanhos vão pastando."

5. Levavam já trinta dias de caminho e já se aproximavam quando um anjo do Senhor apareceu para Ana em oração, dizendo-lhe: "Vai à Porta de Ouro, assim é como a chamam, ao encontro do teu esposo, porque ele chega hoje." E ela se foi rapidamente com suas servas e começou a rezar de pé, perto da porta. E depois de esperar durante um bom tempo, e quando já estava desmaiando de tanto esperar, levantou os olhos e viu Joaquim que se aproximava com seus rebanhos. E Ana correu e se atirou nos seus braços, dando graças a Deus e dizendo: "Estava viúva, e já não estou; era estéril e engravidei." E seus vizinhos e todos os que a conheciam se encheram de alegria e todo o povo de Israel a felicitou por semelhante glória.

IV

Depois de cumpridos nove meses, Ana trouxe ao mundo uma menina e lhe chamou Maria. E quando a desmamou aos três anos, Joaquim e sua esposa Ana foram juntos ao templo do Senhor e ofereceram sacrifícios ao Senhor e apresentaram sua filhinha Maria para que vivesse com as virgens que se dedicavam dia a noite a adorar a Deus. Quando a menina esteve diante do templo do Senhor, subiu correndo os quinze degraus, sem olhar para trás e sem perguntar por seus pais, como fazem normalmente as crianças. E isto surpreendeu enormemente todo o mundo, inclusive até os próprios sacerdotes do templo estavam admirados.

V

Então Ana, cheia do Espírito Santo, disse na presença de todos. "O Senhor, o Deus dos exércitos, lembrou sua palavra e gratificou ao seu povo com sua visita, para humilhar as nações que se dirigiam contra nós e voltar seus corações para ele, abriu seus ouvidos a nossas pregações e afastou de nós os insultos e nossos inimigos. A que era estéril foi mãe, e trouxe a felicidade e a alegria entre o povo de Israel. Poderei oferecer presentes para o Senhor e meus inimigos não me poderão impedir, que o Senhor volte seu coração até mim e me dê uma felicidade eterna."

VI

1. Maria era a admiração de todo o povo. Na idade de três anos, caminhava com um passo tão firme, falava tão perfeitamente e punha tanto ardor ao louvar Deus, que se poderia considerar não como uma menina, mas como uma pessoa adulta, e podia permanecer em oração como se tivesse trinta anos. Seu rosto resplandecia como a neve até que quase não se podia olhar para ela fixamente. Ela se esforçava trabalhando a lã, e tudo o que as mulheres adultas não podiam fazer, ela, sendo tão pequena, podia fazê-lo.

2. Impôs-se a seguinte regra: desde a manhã até a hora terceira, permanecia em oração; da hora terceira até a hora nona, ocupava-se de tecer, mas a partir da hora nona, não cessava de rezar até que o anjo do Senhor lhe aparecia, recebia o alimento de sua mão e compreendia cada vez melhor como

louvar a Deus. Com as jovens maiores que ela, instruía-se tão bem nos louvores a Deus, que não tinha nenhuma que fosse mais exata nas vigílias, mais instruída que ela na sabedoria da lei de Deus, mas cheia de humanidade, mais hábil em cantar os cânticos de Davi, mais afável na caridade, mais pura na sua castidade, mais perfeita em todas as virtudes. Era constante, inquebrantável, perseverante e cada dia fazia progressos na prática do bem.

3. Ninguém a viu jamais mal-humorada, ninguém a ouviu dizer nada mau. Todas as suas palavras estavam tão cheias de graça que se podia reconhecer a presença de Deus em seus lábios. Sempre estava ocupada em rezar ou em meditar sobre a lei, e se preocupava com suas companheiras vigiando, para que nenhuma delas pecasse nem sequer em palavra, que nenhuma delas levantasse a voz rindo-se, ou que procurasse prejudicar a uma companheira ou desdenhar. Bendizia a Deus sem cessar e para não se distrair dos louvores de Deus saudando a alguém, quando alguém a saudava, respondia como se fosse uma saudação: "Graças sejam dadas a Deus." Daí é que vem o hábito de responder: "Graças sejam dadas a Deus," quando os homens se saúdam. Não comia como alimento senão aquilo que recebia das mãos do anjo e o que lhe davam os sacerdotes distribuía entre os pobres. Muitas vezes viam-se os anjos conversando com ela e eles a obedeciam com grande afeição e se algum doente a tocava, voltava para sua casa curado.

VII

1. Então o sacerdote Abiathar ofereceu muitos presentes aos pontífices para que os entregassem à Maria para que a dessem como esposa para seu filho. Mas Maria o recusou,

dizendo: "É impossível que eu conheça homem, nem que um homem me conheça." E como os pontífices e todos seu parentes lhe diziam: "A Deus se honra com os filhos e o adoramos com a descendência, sempre tem sido assim em Israel." Maria lhes respondia: "Está provado que desde o começo se honra a Deus com a castidade."

2. "Exato, antes de Abel não houve nenhum justo entre os homens. Deus ficou contente com sua oferenda e foi assassinado sem piedade por aquele que havia desgostado a Deus. Entretanto, recebeu duas coroas, a da oferenda e a da virgindade, porque sempre tinha afastado qualquer nódoa em sua carne. Depois, estava Elias, quem foi levado ao céu com seu corpo porque se tinha mantido virgem. Eu aprendi, desde minha infância, no templo do Senhor, que uma virgem pode ser grata a Deus. É por isso que tomei a decisão, em meu coração, de não conhecer jamais a homem algum."

VIII

1. Tinha já quatorze anos e isto devia ser dito aos fariseus, que devia seguir a tradição que não permite que uma mulher viva no Templo de Deus. Então decidiu enviar um arauto a todas as tribos de Israel para que todos se reunissem, no dia terceiro, no templo do Senhor. Então, quando todo o povo estava reunido, o pontífice Abiathar levantou-se e subiu aos degraus superiores para que todo o povo pudesse vê-lo e ouvi-lo; fez-se um grande silêncio e ele disse: "Escutai-me, filhos de Israel, abri vossos ouvidos para minhas palavras. Tem havido neste templo, desde que foi construído por Salomão, virgens, filhas de reis, de profetas, de grandes sacerdotes e de pontífices; e muitas delas foram grandes e admiráveis, mas quando alcançaram a idade legal, procuraram esposo e agradaram

a Deus seguindo o costume das que as haviam precedido. Mas Maria encontrou uma maneira nova de agradar a Deus e promete permanecer virgem. Por isso, penso que por nossa petição e mediante uma resposta de Deus, podemos saber a quem devemos entregá-la para que a guarde."

2. Toda a sinagoga aprovou suas palavras. E os sacerdotes tiraram a sorte entre todas as tribos de Israel e a sorte recaiu sobre a tribo da Judéia. E o sacerdote disse: "Todo o que não tenha esposa que venha amanhã e que traga uma vara na mão." E assim foi como José chegou com os jovens e veio com uma vara. Uma vez que entregaram suas varas ao grande sacerdote, este ofereceu um sacrifício a Deus e perguntou ao Senhor. E o Senhor lhe disse: "Coloca todas as varas no Santo dos Santos e que fiquem ali. E ordena a esses homens que venham amanhã. Da extremidade de uma dessas varas sairá uma pomba que voará até ao céu; daquela que se manifeste este prodígio, é a quem deves entregar a proteção de Maria."

3. No dia seguinte, cedo, todos se reuniram e depois de oferecer incenso, o pontífice entrou no Santo dos Santos e expôs as varinhas. E como tinha distribuído todas e não saía delas nenhuma pomba, o grande sacerdote Abiathar revestiu-se com as doze sinetas e com seus hábitos sacerdotais, e entrando no Santos do Santos acendeu o fogo do sacrifício, e enquanto estava orando um anjo lhe apareceu e lhe disse: "Aqui tem uma varinha muito pequena que não levaste em conta e que colocaste entre as outras, quando as tenhas apresentado e entregado verás aparecer o sinal que te falei." Esta varinha era a de José e ele mesmo tinha se considerado descartado porque era velho, e por medo de ser forçado a receber a jovem, não tinha reclamado. E enquanto permanecia humildemente na última fila, o grande sacerdote Abiathar o chamou em voz

alta, dizendo: "Vem receber tua varinha, estão te esperando." E José se aproximou, assustado, já que o grande sacerdote o havia chamado em voz alta. E apenas estendeu sua mão para receber a varinha, saiu, de repente, uma pomba mais branca que a neve e extremamente bela. Depois de voar por algum tempo pela abóbada do templo, dirigiu-se para o céu.

4. Então todo o povo felicitou o ancião, dizendo: "Feliz és na tua velhice, e Deus mostrou que tu és digno de receber Maria." E os sacerdotes disseram-lhe: "Recebe-a, porque és o único eleito por Deus entre toda a tribo da Judéia," mas José começou a lhes suplicar e a lhes dizer confusamente: "Sou velho e tenho filhos, porque me confiais esta jovem?" Então o grande sacerdote Abiathar disse-lhe: "Lembras-te, José, de como pereceram Danton, Abirão e Coré, é porque tinham menosprezado a vontade do Senhor. O mesmo te acontecerá se desprezas a ordem de Deus." E José disse-lhes: "Certamente, não posso menosprezar a vontade de Deus, mas serei o guardião da menina, até que possamos saber quem de meus filhos, por vontade de Deus, poderá tomá-la como esposa. Que me dêem, enquanto esperamos, algumas jovens dentre suas companheiras para que morem com ela." E o pontífice Abiathar respondeu-lhe: "Entregaremos algumas jovens para que a consolem, até que chegue o dia fixado para que a recebas; porque ela não poderá unir-se em matrimônio com ninguém mais."

5. Então José recebeu Maria, com cinco jovens mais que deviam viver com ela na casa de José. Estas jovens eram Rebeca, Séfora, Susana, Abigéa e Zaheli e os sacerdotes deram-lhes seda, jacinto, escarlate, púrpura e linho. E tiraram a sorte entre elas para saber o que cada uma devia fazer; e assim aconteceu que Maria recebeu a púrpura para fazer o véu

do templo do Senhor. Enquanto Maria colhia a púrpura, as outras jovens disseram-lhe: "És a mais jovem de todas e entretanto mereceste a púrpura." E dizendo isto, como troça, começaram a chamá-la de rainha das virgens. Mas enquanto elas falavam assim, um anjo do Senhor apareceu entre elas e lhes disse: "Estas palavras não serão uma troça, senão uma profecia realmente certa." Então se assustaram pela presença do anjo e, por suas palavras, pediram à Maria que as perdoasse e que rezasse por elas.

IX

1. No dia seguinte, estava Maria na fonte para encher seu cântaro e um anjo do Senhor apareceu e lhe disse: "Bem-aventurada sejas Maria, porque preparaste uma morada para o Senhor no teu seio. Uma luz descerá do céu e habitará em ti, e por ti resplandecerá no mundo inteiro."

2. De novo, no terceiro dia, enquanto tecia a púrpura com seus dedos, apresentou-se um jovem cuja beleza não se podia descrever. Maria, ao vê-lo, teve medo e se pôs a tremer. Ele lhe disse: "Não temas nada Maria, achaste a graça diante de Deus: conceberás nas tuas entranhas e darás a luz a um rei, que dominará não só a Terra mas também o céu, e que reinará pelos séculos dos séculos."

X

1. Enquanto acontecia tudo isso, José estava em Canfarnaún, perto do mar, ocupado no seu trabalho, já que era carpinteiro; ficou ali durante nove meses. Ao voltar para sua casa, encontrou Maria grávida. E tremendo, em sua desesperação, gritou: "Senhor Deus, recebe minha alma, porque prefiro morrer que seguir vivendo." As jovens que estavam com

Maria disseram-lhe: "Que dizes José? Sabemos que nenhum homem a tocou; sabemos que a pureza e a virgindade seguem imaculadas nela. Esteve salvaguardada por Deus e permaneceu conosco sempre em oração, cada dia um anjo do Senhor conversava com ela; e cada dia recebe o alimento da mão do anjo. Como pode ter pecado? Se quereres que te declaremos nossas suspeitas, ninguém a engravidou, tão somente o anjo de Deus."

2. Mas José disse: "Por que queres me enganar e fazer-me acreditar que um anjo do Senhor que se uniu a ela? Não pode ser que alguém se tenha feito passar por um anjo e a tenha enganado?" E ao mesmo tempo chorava e dizia: "Como me apresentarei no templo do Senhor? Como poderei sequer ousar a olhar para os sacerdotes de Deus? Que vou fazer?" E dizendo isto, pensava em esconder-se e repudiá-la.

XI

Tinha decidido se levantar de noite, fugir e ir viver num lugar escondido. Mas na mesma noite, o anjo do Senhor apareceu nos seus sonhos e lhe disse: "José, filho de Davi, não temas por tomar Maria como esposa, porque o que ela leva em seu seio é obra do Espírito Santo. Dará à luz a um filho que será chamado Jesus: porque libertará o povo de seus pecados." E José, levantando-se, deu graças ao céu, e se aproximou de Maria e das jovens que estavam com ela e lhes contou sua visão. E já conformado sobre o assunto de Maria, disse: "Pequei porque suspeitei de ti."

XII

1. Depois disto, espalhou-se o rumor de que Maria estava grávida. E José foi conduzido pelos servidores do templo diante do grande sacerdote, que junto com todos os sacerdotes

começaram a lhe incomodar com reprovações dizendo: "Por que seduziste esta jovem de tão grande mérito que os anjos de Deus a alimentaram como se fosse uma pomba, que jamais quis homem algum e que conhece também a lei de Deus? Se não a forçaste, teria permanecido virgem até agora." Mas José jurava que jamais a havia tocado. Então, o grande sacerdote Abiathar lhe disse: "Por Deus que farei beber a água do Senhor e no ato teu pecado será revelado."

2. Então, todo Israel reuniu-se numa multidão memorável e Maria foi levada também para o templo do Senhor. E os sacerdotes, os parentes e os pais de Maria lhe diziam chorando: "Confessa teu pecado aos sacerdotes tu que és como uma pomba no templo de Deus e recebes a comida da mão de um anjo." José foi chamado ao altar e lhe deram para beber a água do Senhor: se um homem que houvesse mentido a provasse e desse sete voltas ao redor do altar, Deus manifestava algum sinal em seu rosto. Mas José bebeu tranqüilamente e deu as voltas ao redor do altar e não apareceu nenhum sinal de pecado em seu rosto. Então, todos os sacerdotes e os servidores do templo e toda a gente proclamaram sua virtude, dizendo: "Bem-aventurado sejas, porque não se achou nenhuma falta em ti."

3. E chamando Maria, disseram-lhe: "E tu, que desculpas podes nos dar? Que sinal pode aparecer em ti maior que este enorme ventre que te atraiçoa? Somente te pedimos que confesses quem te seduziu, já que José está livre de toda a relação contigo. Porque vale mais que confesses teu pecado, que deixar que a cólera de Deus te marque com sinal no rosto diante de todo o povo." Então Maria disse-lhes com grande firmeza e sem tremer. "Se existe alguma nódoa ou pecado em mim, ou se tive concupiscência impura, que o Senhor me

marque diante de todos os povos, para que eu sirva como exemplo saudável." E se aproximou, com confiança, do altar do Senhor e bebeu da água do Senhor, e deu sete voltas ao redor do altar, e nenhuma marca se viu nela.

4. E como todo o povo estava cheio de estupor e muito surpreso, vendo a gravidez de Maria sem que nenhum sinal aparecesse em seu rosto, originou-se uma grande confusão de palavras contraditórias entre o gentio. Uns elogiavam sua santidade, enquanto outros a acusavam de maldade. Então Maria, vendo o receio do povo que não julgava sua justificação como completa, disse, com voz clara, para que todos a entendessem: "Pelo Senhor Deus dos exércitos, na presença do quem me encontro, jamais conheci um varão; e também nunca conhecerei homem, porque desde minha infância tomei esta resolução. E desde minha infância fiz, ao meu Deus, voto de permanecer pura para ele que me criou, e quero viver assim somente para ele, e quero, somente por ele, permanecer sem nódoa enquanto viva."

5. Então todos a abraçaram e suplicaram que os perdoasse por suas suspeitas malvadas. E todo o povo e os sacerdotes e todas as virgens a acompanharam até sua casa, cheios de alegria, dando gritos e dizendo: "Bendito seja o nome do Senhor, porque manifestou tua santidade a todo o povo de Israel."

XIII

1. Aconteceu que, depois de um tempo, publicou-se um édito de César Augusto ordenando que cada um fosse fazer o censo de sua pátria. Este primeiro levantamento foi feito por Cirino, governador da Síria. Assim que José teve que partir com Maria para Belém, porque era daquele país e Maria era da tribo da Judéia, da casa e da pátria de Davi.

José e Maria iam pelo caminho que conduz a Belém e Maria disse a José: "Vejo diante de mim dois povos, um que chora e outro que se alegra" mas José lhe respondeu: "Fica aí sentada, te arruma na sela e não digas palavras inúteis." Então um menino muito bonito, vestido com um magnífico manto, apareceu entre eles e disse para José: "Por que disseste que as palavras que Maria disse eram inúteis, em relação aos dois povos? Ela viu o povo judeu, que chora por ter-se afastado de Deus e ao povo dos gentios, que se alegra porque se aproximou do Senhor, seguindo a promessa feita a nossos pais Abrahão e Jacó; porque chegou o tempo em que todas as nações serão benditas na posteridade de Abraão."

2. Depois de dizer estas palavras, o anjo fez parar a besta, porque o momento do parto havia chegado, e disse para Maria que descesse e entrasse numa gruta subterrânea onde jamais havia tido luz, estava sempre escura porque não penetrava a claridade do dia. Mas quando Maria entrou a gruta se iluminou e resplandeceu totalmente, como se o Sol se achasse ali, e a luz divina iluminou a gruta como se fosse a hora sexta do dia e, enquanto Maria esteve na caverna, tanto de dia como de noite, sem interrupção, esteve iluminada com a luz divina. E trouxe ao mundo um filho que os anjos adoraram, desde o momento de seu nascimento, e rodearam-no dizendo: "Glória a Deus nas alturas e paz na Terra aos homens de boa vontade."

3. José tinha ido buscar uma parteira. Ao voltar à gruta, Maria já tinha trazido ao mundo seu filho. E José disse-lhe: "Trouxe duas parteiras, Zelomi e Salomé: estão aí fora, diante da gruta e não se atrevem a entrar devido a esta luz tão viva." E Maria, ao ouvir isto sorriu. Mas José disse-lhe:

"Não rias, sejas prudente, vai que tu necessites de algum remédio." Então fez entrar uma delas e, Zelomi, depois de entrar, disse à Maria: "Permita-me que te toque." E Maria permitiu e a parteira deu um grito e disse: "Senhor, Senhor, tem piedade de mim. Eis aqui diante de mim o que jamais se ouviu nem sequer suspeitado; seus seios estão cheios de leite e tem um filho homem sendo virgem, deu à luz virgem, e permaneceu virgem." Salomé disse: "Não posso acreditar no que estou ouvindo, a menos que o comprove eu mesma." E Salomé depois de entrar, disse à Maria: "Deixe-me que te toque e que comprove se Zelomi disse a verdade." E Maria permitiu e Salomé aproximou a mão. E enquanto se aproximava e a tocava, de repente sua mão se secou e se pôs a chorar de dor, desesperada e a gritar: "Senhor, sabes que sempre te acreditei e que cuidei de todos os pobres sem pedir nada em troca, que não recebi nada de uma viúva nem de órfãos, que nunca um pobre se foi com as mãos vazias. E sou desgraçada por causa de minha incredulidade, porque me atrevi a duvidar de tua virgem."

4. E enquanto falava assim, apareceu um jovem muito bonito e lhe disse: "Aproxima-te do menino, adora-o e toca-o com tua mão e está curar-se-á, porque ele é o Salvador do mundo e de todos os que esperam nele." E se aproximou do menino e, adorando-o, tocou a borda das roupas que o envolviam e em seguida sua mão se curou. E saindo para fora elevou a voz o se pôs a proclamar os grandes prodígios que tinha visto, o que tinha sofrido e como tinha sido curada, e muitos acreditaram em suas palavras.

5. Uns pastores, por sua vez, afirmavam que tinham visto, no meio da noite, uns anjos que cantavam um hino louvando e bendizendo a Deus do céu, e dizendo que o Salvador

de todos tinha nascido, o Cristo, em quem Israel devia encontrar salvação.

6. E uma grande estrela brilhava acima da gruta desde tarde, até pela manhã e jamais, desde o começo do mundo, tinha-se visto uma tão grande. E os profetas que estavam em Jerusalém diziam que esta estrela anunciava o nascimento do Cristo, que devia cumprir as promessas feitas, não somente a Israel, mas a todas às nações.

XIV

No terceiro dia, depois do nascimento do Senhor, Maria saiu da gruta, entrou em um estábulo e deixou o menino no curral e o boi e a mula adoraram-no. Assim se cumpriu o que tinha sido anunciado pelo profeta Isaías. "O boi conheceu o seu amo e a mula o presépio de seu Senhor." O menino estava em meio aos animais e estes o adoravam sem cessar. Assim se cumpriu o que foi posto na boca do profeta Habacoc: "Tu te manifestarás no meio dos animais." E José e Maria permaneceram neste lugar, com o menino, durante três dias.

XV

1. No sexto dia entraram em Belém e passaram ali o sétimo dia. No dia oitavo, circuncidaram o menino e lhe puseram o nome de Jesus, tal como tinha dito o anjo, antes de sua concepção. Uma vez que se cumpriu, segundo as leis de Moisés, os dias da purificação de Maria, José conduziu o menino ao templo do Senhor. E como o menino tinha sido circuncidado, ofereceram duas rolas e duas pombas jovens.

2. Tinha no templo um homem de Deus, perfeito e justo, que se chamava Simião e que tinha cento e doze anos. O Senhor havia anunciado-lhe que não morreria sem ter visto o

Cristo, o Filho de Deus encarnado. Ao ver o menino, gritou em voz alta: "Deus visitou seu templo e o Senhor cumpriu sua promessa." E se apressou a adorar o menino. Depois, tomando-o com seu manto, adorou-o de novo e beijou os pés, dizendo: "Agora, Senhor, deixai partir o vosso pobre servidor em paz, conforme vossa palavra; meus olhos viram a salvação que vós haveis preparado diante de todos os povos: Luz que deve dissipar as trevas das nações e ilustrar a Israel, vosso povo."

3. Tinha também, no templo do Senhor, uma profetisa, de nome Ana, filha de Fanuel, da tribo de Aser, que tinha vivido com seu marido sete anos depois de sua virgindade, e que era viúva fazia oitenta e quatro anos; jamais tinha se afastado do templo do Senhor, sempre entregue ao jejum e à oração. E, aproximando-se, adorou o menino, dizendo que nele se encontrava a redenção do século.

XVI

1. Passaram-se dois anos e uns magos vieram do Oriente para Jerusalém, trazendo muitas oferendas. Interrogaram os judeus, dizendo: "Onde está o rei que nasceu, pois vimos sua estrela no Oriente e viemos adorá-lo?" A notícia chegou ao Rei Herodes e ele se assustou tanto que enviou os escribas, os fariseus e os doutores do povo para consultar os profetas a fim de saber se estes tinham profetizado onde Cristo iria nascer. E estes responderam: "Em Belém da Judéia. Porque está escrito: "E tu Belém, terra da Judéia, não és a menor entre as principais cidades da Judéia porque de ti sairá o chefe que deve comandar Israel, meu povo." Então o Rei Herodes chamou os magos e averiguou, através deles, em que tempo a estrela apareceu. E os enviou a Belém dizendo: "Ide,

e nos informai tudo sobre o menino, e quando o encontreis dizei-me para que eu também possa adorá-lo."

2. Então, enquanto os magos íam-se, a estrela apareceu no caminho e esta os precedia como para os guiar, até que chegaram ao lugar onde se encontrava o menino. E os magos, vendo a estrela, encheram-se de júbilo, entraram na casa e encontraram o menino Jesus repousando no seio de sua mãe. Então abriram seus tesouros e os deram a José e Maria três presentes. Ao menino ofereceram, cada um, uma peça de ouro. Depois disto, um ofereceu ouro, outro incenso e o outro mirra. Como queriam voltar para junto de Herodes, foram advertidos, em sonhos, por um anjo, para que não voltassem a ver Herodes. Adoraram o menino com grande júbilo e voltaram ao seu país por outro caminho.

XVII

1. O rei Herodes, ao perceber que tinha sido enganado pelos magos, encheu-se de cólera e mandou sua gente por todos os caminhos para os prender e matá-los. Como não conseguiu seu intento, ordenou que matassem, em Belém, a todas as crianças menores de dois anos, de acordo com as informações adquiridas dos magos.

2. Mas, na véspera do dia no qual isto aconteceu, José foi avisado, em sonhos, por um anjo do Senhor que lhe disse: "Pega Maria e a criança e vai para o Egito, pelo caminho do deserto." E José foi, seguindo as palavras do anjo.

XVIII

1. Como tinham chegado a uma gruta e queriam descansar, Maria desceu de sua montaria e se sentou, tendo Jesus sobre seus joelhos. Havia três crianças que caminhavam

com José e uma com Maria. E, então, de repente, saíram da gruta uns dragões e as crianças, ao vê-los, puseram-se a gritar completamente aterrorizados. Então Jesus, descendo dos joelhos de sua mãe, pôs-se de pé diante dos dragões e estes o adoraram, e depois de o adorarem, foram-se. Então cumpriu-se o que tinha dito o profeta Davi: "Louvai o Senhor, sobre a Terra, dragões, vós e todos os abismos."

2. E o menino Jesus, indo entre eles, ordenou que não fizessem mal aos homens. Mas Maria e José temiam que o menino fosse ferido pelos dragões. E Jesus disse-lhes: "Não tenhais medo e não me olheis como a uma criança: sempre fui um homem, e é preciso que todas as bestas do bosque amansem-se diante de mim."

XIX

1. Inclusive os leões e os leopardos adoravam-no e o acompanhavam no deserto; aonde Maria e José foram, precediam-no e mostravam o caminho e inclinavam suas cabeças, adoravam a Jesus. No primeiro dia que Maria viu os leões e toda a classe de bestas ao redor dela, teve muito medo. Mas o menino Jesus, olhando-a feliz, disse-lhe: "Não temas mãe, não é para nos fazer mal, mais para nos obedecer que se mostram solícitos ao nosso lado." E com estas palavras dissipou o medo do seu coração.

2. Junto deles, com os bois, as mulas e as bestas de carga, que levavam o equipamento, iam os leões sem lhes fazer mal algum. Com toda a doçura iam entre as ovelhas e os bezerros que José e Maria traziam da Judéia. E andaram entre os lobos sem nenhum temor e ninguém sofreu mal algum. Assim se cumpriu o que tinha dito o profeta: "Os lobos pastarão com os cordeiros, o leão e o boi comerão a

mesma palha." Tinham dois bois e um carro para levar os objetos necessários e os leões os dirigiam em seu caminho.

XX

1. Aconteceu que, no terceiro dia de viagem, Maria estava cansada devido ao calor do sol do deserto e vendo uma palmeira disse a José: "Gostaria de descansar um pouco debaixo de sua sombra." E José apressou-se a conduzi-la debaixo da palmeira e a fez baixar de sua mula. Quando estava sentada, levantou os olhos para a palmeira e vendo que estava carregada de frutos, disse a José: "Gostaria, se fosse possível, provar a fruta desta palmeira. E José disse-lhe: "Estranho que fales assim, vendo a altura desta árvore, e que sonhes em comer seus frutos. A mim, o que me preocupa é a falta de água, não tem mais nem nos odres, e não temos com que saciar a sede, nem nós nem os animais."

2. Então, o menino Jesus, que estava descansando nos joelhos de sua mãe, disse para a palmeira: "Árvore, inclina-te e alimenta minha mãe com teus frutos. Diante destas palavras e palmeira se inclinou até aos pés de Maria e apanharam os frutos com os quais todos se saciaram. Quando já haviam apanhado todos os frutos, a árvore continuava inclinada, esperando para endireitar-se com a ordem daquele que lhe havia feito inclinar-se. Então Jesus lhe disse: "Endireita-te palmeira, recobra tua força e sê companheira das árvores que estão no paraíso do meu Pai. Abre as raízes da fonte que se esconde debaixo da terra e que leva suficiente água para aplacar nossa sede." E a palmeira se endireitou e de suas raízes emanou uma fonte de água limpa, fresca e de uma grande doçura. E ao ver a fonte, ficaram muito contentes e saciaram sua sede, assim como todos os animais de carga, e deram graças a Deus.

XXI

No dia seguinte, e no momento de iniciar a caminhada, Jesus voltou para a palmeira e disse: "Concedo-te este privilégio palmeira, que um dos teus galhos seja transladado por meus anjos e plantado no paraíso do meu Pai. Quero conceder-te este favor para que todos os que tenham vencido alguma batalha possam dizer: Haveis obtido a palma da vitória."

Enquanto dizia isso, um anjo do Senhor apareceu debaixo da palmeira, apanhou um dos seus ramos e voou até ao céu, levando a rama na mão.

E ao ver isto, caíram por terra e ficaram como mortos. E Jesus disse-lhes: "Por que o pânico se apodera de vossos corações? Ignorais que esta palmeira, que fiz transportar para o paraíso, será disposta por todos os santos no lugar de delícias, do mesmo modo que estava preparada para vós no deserto?" E cheios de alegria, todos se levantaram.

XXII

1. Iam caminhando, quando José disse-lhe: "Senhor, o calor nos abrasa, vamos, se lhes parece, para o caminho perto do mar, assim poderemos descansar nas cidades da costa." Jesus disse-lhes: "Não temas nada, José; cortarei o caminho de maneira que a distância que deveis fazer em trinta dias façais em uma só jornada. Enquanto falavam, olharam e divisaram já as montanhas e as cidades do Egito.

2. Cheios de júbilo, chegaram ao território de Hermópolis, e entraram na cidade do Egito que se chamava Sotina; e como não conheciam ninguém que pudesse dar-lhes hospitalidade, entraram no templo que se chamava Capitólio do Egito. Neste templo, havia trezentos e sessenta e cinco

ídolos aos quais se rendiam, cada dia, os louvores divinos numas cerimônias sacrílegas.

XXIII

Aconteceu, porém, que quando a bem-aventurada Maria entrou no templo com o menino, todos os ídolos caíram por terra, com a cara no solo, completamente destroçados e convertidos em pequenos pedaços; e assim revelaram sua insignificância. Assim se cumpriu o que tinha dito o profeta Isaías: "Então o Senhor virá sobre uma nuvem ligeira e entrará no Egito e todas as obras feitas pela mão dos egípcios tremerão diante de seu rosto."

XXIV

A notícia foi anunciada a Afrodísio, governador da cidade, e este foi ao templo com todo o seu exército. Os pontífices do templo, ao ver Afrodísio, que vinha com todo o seu exército, esperavam para ver como seriam castigados os que tinham provocado a derrubada dos deuses. Ao entrar no templo, entretanto, e ver os ídolos de cara no chão, aproximou-se de Maria e adorou o menino que levava em seus braços e, após adorá-lo, dirigiu-se a todo o seu exército e a seus amigos dizendo: "Se este não fosse o deus dos nossos deuses, estes não teriam caído diante dele e não estariam prostrados na sua presença, desta maneira, testemunharam tacitamente que ele é o seu mestre. E nós, se não fizermos prudentemente o que vimos fazer os nossos deuses, corremos o risco de provocar sua indignação e de todos perecerem como ocorreu ao faraó, rei do Egito, que, sem fazer caso dos grandes prodígios, foi tragado pelo mar com todo o seu exército." Então, por Jesus Cristo, todo o povo daquela cidade acreditou no Senhor Deus.

Segunda Parte

XXV

Pouco tempo depois, o anjo apareceu para José e lhe disse: "Volta para o país da Judéia; os que queriam matar o menino já morreram."

XXVI

1. Depois da volta do Egito, estando já na Galiléia, Jesus, que ia fazer quatro anos, jogava, num dia de sábado, com uns meninos na orla do Jordão. Tinha se sentado e fez sete lagos pequenos com o barro, e dispôs umas valas por onde a água do rio, por ordem sua, ia e vinha. Então, um dos meninos, filho do diabo, obstruiu, por ciúmes, as saídas pelas quais passava a água e destruiu o que Jesus tinha feito. Jesus disse-lhe: "Caía a desgraça sobre ti, filho da morte, filho de Satã. - Ousas destruir a obra que eu fiz!" E, em seguida, o que tinha feito isto, morreu.

2. Então, os pais do morto provocaram um grande tumulto contra Maria e José, dizendo: "Vosso filho amaldiçoou nosso filho e ele morreu." Ao ouvi-los, José e Maria foram para junto de Jesus, devido às queixas dos pais e para a reunião dos judeus. Mas José disse em segredo para Maria: "Eu não me atrevo a falar, adverte tu e diz: Por que insuflaste o ódio do povo e não arcaste com a cólera dos homens?" E ao chegar sua mãe junto dele, disse-lhe: "Senhor, que é que este menino fez para morrer?" E ele respondeu: "Merecia a morte porque destruiu a obra que eu fiz."

3. E sua mãe lhe rogou: "Não permitas, Senhor, que todos se levantem contra nós." Então, ele, não querendo afligir sua

mãe, tocou no pé direito do morto e lhe disse: "Levanta-te, filho da iniqüidade; não és digno de entrar no repouso de meu Pai, porque destruístes a obra que eu tinha feito." Então, o que estava morto levantou-se e se foi. E Jesus, em virtude de sua potestade, conduziu a água pelas valas e aos pequenos lagos.

XXVII

Depois de tudo isso, Jesus colheu o limo da fossa que tinha feito e fez doze pássaros diante dos olhos de todos. Era o dia de sábado e havia muitos meninos com ele. E como alguns judeus tinham visto o que fazia, disseram a José: "José, não vês que o menino Jesus está trabalhando no dia de sábado e isto não é permitido? Fez doze pássaros com o barro." José então ralhou com Jesus: "Por que fazes no dia de sábado o que não podemos fazer?" E Jesus, ouvindo José, bateu suas mãos e disse aos pássaros: "Voem." E ao ouvir essa ordem, voaram. E enquanto todo o mundo estava ali, olhava e escutava, disse aos pássaros: "Vão e voem por todo o mundo e por todo o universo e vivam." Então, todos ficaram sumamente surpreendidos diante de tais prodígios. Uns o elogiavam e o admiravam; outros o censuravam. E alguns foram em busca dos príncipes e sacerdotes e dos chefes dos fariseus e anunciaram que Jesus, o filho de José, diante do povo de Israel, tinha realizado grandes prodígios e revelado um grande poder. E isto se proclamou pelas doze tribos de Israel.

XXVIII

Em outra ocasião, um filho de Annas, sacerdote do templo, que tinha vindo com José portando na mão uma vara, destruiu, na presença de todos, e com grande cólera, os laguinhos que Jesus tinha feito com suas mãos, verteu a água que Jesus tinha trazido da torrente, já que tinha fechado a vala por onde entrava a água, e depois a destruiu. Jesus, ao ver tudo isso, disse ao menino que tinha destruído sua obra: "Semente execrável da iniqüidade, filho da morte, laboratório de Satã, que o fruto de tua semente não tenha força, que tuas raízes não tenham umidade, que tuas ramas fiquem áridas e sem frutos." Nesse instante, na presença de todos, o menino secou e morreu.

XXIX

Então, José se assustou e voltou para casa com Jesus e com sua mãe. E então, de repente, um menino, também agente da iniqüidade, correndo ao seu encontro, jogou-se nas costas de Jesus, querendo rir dele e lhe fazer mal, se pudesse. Mas Jesus disse-lhe: "Não voltarás são e salvo do caminho que fizestes." E, no mesmo instante, o menino morreu. E os pais do menino, que tinham visto o que tinha acontecido, começaram a gritar dizendo: "De onde nasceu este menino? É bem certo que qualquer palavra que diz é verdade, e inclusive, às vezes, cumpre-se antes que a pronuncie." E se aproximaram de José e disseram: "Leva Jesus daqui, porque não pode viver conosco nesta cidade. Ou, pelo menos, ensina-o a bem-dizer em lugar de mal-dizer." José foi diante de Jesus e o advertiu: "Por que ages assim? Muitos se queixam de ti e nos odeiam por tua culpa, e suportamos as afrontas das pessoas." Jesus, respondendo a José, disse-lhe: "Não há outro filho mais prudente que aquele que seu pai instruiu seguindo a ciência do seu tempo, e a maldição de seu pai não prejudica ninguém, salvo aos que fazem o mal."

Então as pessoas se agruparam tumultuosamente contra Jesus e o acusaram diante de José. E José, ao ver tudo isso, assustou-se muito, temendo que o povo de Israel usasse a violência e a rebelião.

Neste momento, Jesus pegou, pela orelha, o menino morto e o levantou do solo na presença de todos; e viram então Jesus falar com ele como se fosse um pai falando com seu filho. E o espírito do menino voltou para ele e se reanimou. E todos se surpreenderam muito.

XXX

1. Então um mestre judeu, chamado Zaquías, ouvindo Jesus pronunciar estas palavras e vendo que possuía um conhecimento extraordinário da virtude, afligiu-se muito e pôs-se a falar rudemente com José, sem nenhum tipo de sentido nem moderação, e lhe dizia: "Não queres entregar teu filho para que seja instruído na ciência humana e no temor? Vejo que tu e Maria quereis mais para vosso filho que os ensinamentos dos anciãos do povo. Mas devereis honrar aos sacerdotes de toda a Igreja de Israel, para que tenha com os meninos um afeto mútuo e seja instruído ao lado deles na doutrina judaica."

2. Mas José disse-lhe: "E quem poderia cuidar e instruir este menino? Se tu podes cuidar e instrui-lo, não nos opomos a que o ensines o que todos aprendem." Jesus, que tinha ouvido as palavras de Zaquías, respondeu: "Mestre da lei, o que acabas de dizer, tudo o que citastes, deve ser cumprido pelos que são instruídos conforme as leis humanas; mas eu não estou submetido a vossos tribunais, porque não tenho um pai conforme a carne. Tu que lês a lei, e que a conheces, fica com a lei; mas eu, eu estava antes da lei. Mesmo que penses que não tem nada que se iguale à ciência, aprenderás de mim que ninguém pode ensinar nada do que falaste. Salvo o que é digno. Agora veja, eu, quando eu deixar esta terra, apagarei qualquer menção de vossa genealogia. Tu

ignoras quando nasceste; somente eu sei quando nasceste e o tempo de vida que tens nesta terra."

3. Então, todos os que ouviram estas palavras surpreenderam-se e comentaram: "Oh! Oh! eis aqui um mistério realmente grande e admirável. Jamais ouvimos nada parecido. Jamais nada parecido foi dito por outro, nem pelos profetas, nem pelos fariseus, nem pelos escribas; nunca tínhamos ouvido. Sabemos onde nasceu e que tens cinco anos, mas de onde vens para falar dessa maneira?" Os fariseus responderam: "Nunca ouvimos um menino tão pequeno pronunciar semelhantes palavras."

4. E Jesus respondeu-lhes dizendo: "Estais assim assombrados de ouvir um menino pronunciar tais palavras? Então por que não tendes fé no que disse? Somente porque disse que sei quando nascestes estão surpresos: vou dizer-lhes mais, e ficareis mais assombrados. Vi Abraão, a quem vós chamais pai; falei com ele e ele me viu." Ao ouvir isto todos calaram e ninguém se atreveu a falar. E Jesus disse-lhes: "Eu estava entre vós com os meninos, e não me conhecestes. Falei com os homens sábios e não compreendestes minha voz, porque estais debaixo de mim e sois homens de pouca fé."

XXXI

1. Uma vez mais o mestre Zaquías, doutor da lei, disse a José e Maria: "Dai-me o menino, eu o confiarei ao mestre Levi para que ensine as letras e o instrua." Então José e Maria, acariciando Jesus, conduziram-no para a escola, para que Levi, o ancião, ensinasse-lhe as letras. E Jesus, ao entrar, guardou silêncio. E o mestre Levi, mostrando uma letra para Jesus, a primeira, Alfa, disse-lhe: "Responde." Mas Jesus calava e não respondia nada. Então o mestre, irritado, pegou uma vara e bateu na sua cabeça.

2. Então Jesus disse ao mestre Levi: "Por que me bates? Em verdade te digo que aquele que apanha ensina ao que bate mais do que poderia aprender. Porque eu, posso ensinar o que dizes. Mas todos estão cegos, e falam e escutam como se fossem um bronze soando ou um timbre ruidoso e não entendem o que significa seu próprio som." E, continuando, Jesus disse a Zaquías: "Qualquer letra, desde o Alfa até o Tau, distingue-se por sua posição. Diga-me primeiro o que significa Tau e eu dir-te-ei o que é Alfa." E Jesus continuou dizendo: "Hipócritas, como podem dizer Tau os que não conhecem o que significa Alfa? Diga primeiro o que é Alfa e acreditarei quando digam Beta." E Jesus pôs-se a perguntar o nome de cada letra e disse: "Que o mestre da lei diga o que significa a primeira letra e por que tem triângulos, graus, agudos, etc. etc...." Quando Levi escutou aquilo ficou estupefato.

3. Então se pôs a gritar diante de todos e a dizer: "Acaso este menino merece viver nesta terra? Merece ser crucificado. Porque pode apagar o fogo e, além disso, rir-se dos outros tormentos. Penso que ele existia antes do cataclisma, que nasceu antes do dilúvio. Que entranhas o levaram? Que mãe o trouxe ao mundo? Que peitos o amamentaram? Diante dele eu ouço: não posso sustentar as palavras que saem de sua boca, em troca meu coração está estupefato ao ouvir tais palavras. Porque penso que nenhum homem pode compreendê-las, a menos que Deus não tenha estado nele. E agora, desgraçado de mim, entreguei-me as suas graças. Acreditava ter um aluno, e encontrei-me com um mestre, sem o saber. Que posso dizer? Não posso sustentar as palavras deste menino: vou-me desta cidade porque não o posso compreender. Eu, um ancião, fui vencido por um

menino: não posso achar nem o começo e nem o fim do que afirma. É difícil encontrar um mesmo no princípio. De verdade eu digo, e não minto, que conforme minha opinião o que este menino fez, suas primeiras palavras e o propósito de sua intenção, tudo isto, não me parece que tenha algo em comum com os homens. Nem sequer se é um mago ou um deus: ou talvez um anjo de Deus fala por sua boca. De onde é, de onde vem, em que se converterá, o ignoro"

4. Então Jesus, com o rosto iluminado, sorriu e lhe disse em tom autoritário e a todos os filhos de Israel que estavam presentes e que o escutavam: "Que os que eram estéreis, frutifiquem, que os cegos vejam, que os coxos andem corretamente, que os pobres recebam bens em abundância e que os mortos ressuscitem, a fim de que cada um volte ao seu estado original e permaneçam nele, que é a raiz da vida e a doçura perpétua." E uma vez que o menino Jesus disse isto, no mesmo instante todos os que estavam enfermos se curaram. E ninguém ousava dizer-lhe nada, nem nada ouvir dele.

XXXII

Depois de tudo isso, José e Maria foram com Jesus para a cidade de Nazaré, e ali viveu com seus pais. Um dia de sábado, em que Jesus jogava no terraço de uma casa com outros meninos, aconteceu que um deles atirou outro menino pelo terraço no chão e ele morreu. E como os pais do morto não tinham visto, começaram a gritar com Maria e José, dizendo: "Vosso filho atirou nosso filho no chão e ele está morto." E Jesus se calava e não dizia nada. Então José e Maria aproximaram-se de Jesus e precipitadamente sua mãe perguntou-lhe: "Meu Senhor, diga-me se foste tu que jogaste o menino? E de repente Jesus desceu do terraço e chamou o menino por seu nome, Zenon. E este respondeu: "Senhor?" E Jesus disse-lhe: "Fui eu que te atirei do terraço no chão?" O menino respondeu: "Não, Senhor." E os pais do menino, que estava morto, surpreeenderam-se muito e louvaram Jesus pelo milagre que tinha feito. E dali José e Maria partiram com Jesus para Jericó.

XXXIII

Jesus tinha seis anos e sua mãe o mandou com um cântaro buscar água na fonte junto com outros meninos. E aconteceu que depois de tirar a água um dos meninos o empurrou, chocou-se com o cântaro e este quebrou. Mas Jesus estendeu o manto que levava e recolheu tanta água como a que cabia no cântaro e levou para sua mãe. E ela, ao vê-lo, cada dia se surpreendia mais, sonhava e guardava tudo isso no seu coração.

XXXIV

Outro dia Jesus foi para o campo e colheu um pouco de trigo do celeiro de sua mãe e o semeou. O trigo germinou, cresceu e se multiplicou de uma maneira incrível. Depois, ele mesmo o colheu e recolheu três medidas de grão que deu aos seus numerosos parentes.

XXXV

Tem um caminho que sai de Jericó e vai até o Rio Jordão, no lugar onde passaram os filhos de Israel; diz-se que é ali onde parou a Arca da Aliança. Jesus tinha oito anos, saiu de Jericó e ia para o Jordão. E tinha, ao lado do caminho, perto da orla do Jordão, uma caverna na qual uma leoa alimentava seus filhotes; ninguém podia seguir esse caminho e estar em segurança. Então Jesus, que vinha de Jericó, ao tomar conhecimento que uma leoa tinha parido nessa caverna, entrou, à vista de todos. Os leões, ao verem Jesus, correram ao seu encontro e o adoraram. E Jesus estava sentado na caverna, e os leãozinhos corriam daqui para ali ao redor dos pés de Jesus, acariciavam-no e brincavam com ele. Os leões velhos, em troca, mantinham-se afastados, com a cabeça baixa; adoravam-no e moviam suavemente o rabo diante dele. Então o povo, que estava longe e não via Jesus, disseram: "Se não tivesse cometido grandes pecados, ele ou sua família, não tinha se oferecido ele mesmo aos leões." E enquanto o povo se dedicava a pensar em tudo isto e estava triste, de repente, e na presença de todos, Jesus saiu da caverna, precedido dos leões e os leãozinhos brincavam aos seus pés. Os pais de Jesus permaneciam longe, com a cabeça inclinada e olhavam; e o povo se mantinha também distanciado por medo dos leões e não se atreviam a se aproximarem. Então Jesus disse ao povo: "Valem muito mais estas feras que reconhecem a seu Mestre e o glorificam que vós, homens, que tendo sido criados à imagem e semelhança de Deus, ignorais. As bestas me reconhecem e ficam mansas. Os homens me vêem e não me conhecem."

XXXVI

Depois, Jesus atravessou o Jordão com os leões, na presença de todos e a água do Jordão se separou da direita para à esquerda. Então disse aos leões, de maneira que todos ouviram: "Vão em paz e não façam mal a ninguém; e que ninguém lhes faça mal até que cheguem ao lugar de onde saíram." E aqueles, saudando-o, não com a voz mas com um atitude do corpo, voltaram para a caverna. E Jesus voltou junto com sua mãe.

XXXVII

1. José era carpinteiro e fabricava canga para os bois, arados, instrumentos próprios de lavoura e camas de madeira. Aconteceu que chegou um jovem e lhe pediu que fizesse uma cama de seis côvados. José disse ao aprendiz que cortasse

a madeira com uma serra de ferro, conforme a medida que tinha sido pedida. Mas este não respeitou a medida e fez um trecho de madeira mais curto que outro. E José ficou agitado e começou a pensar o que poderia fazer a respeito.

2. E quando Jesus o viu agitado por este pensamento, falou, para o consolar, dizendo: "Vem, peguemos os extremos das duas peças de madeira, coloquemos uma ao lado da outra assim juntas, puxemos até nós e poderemos fazê-las iguais." José obedeceu a ordem, já que sabia que podia fazer tudo o que queria. E José pegou os extremos dos pedaços de madeira e os colocou contra a parede, perto dele, e Jesus pegou os outros, tirou do pedaço mais curto e ficou igual ao maior. E disse para José: "Vai trabalhar e faz o que tinhas prometido que farias." E José fez o que tinha prometido.

XXXVIII

1. Aconteceu que, pela segunda vez, o povo rogou a José e Maria que enviasse Jesus para aprender as letras na escola. Eles não recusaram fazê-lo e seguindo a ordem dos anciãos, conduziram-no ante um mestre para que fosse instruído na ciência humana. E então o mestre começou a lhe ensinar com um tom imperioso, dizendo: "Diz Alfa." Mas Jesus disse-lhe: "Diga-me primeiro que é Beta que eu direi o que é Alfa." E então o mestre irritado bateu em Jesus e, ao bater, morreu.

2. E Jesus voltou junto com sua mãe. Então José, assustado, chamou Maria e lhe disse: "Quero que saibas que minha alma está triste até à morte por causa deste menino." Mas Maria respondeu dizendo: "Homem de Deus, não acreditas que isto possa acontecer. É melhor que acredites firmemente que aquele que foi enviado para nascer entre os homens,

proteger-te-á de toda a maldade e o conservará em seu nome ao abrigo do mal."

XXXIX

1. Pela terceira vez os judeus pediram para Maria e para José que levassem o menino a um mestre para que este o ensinasse. E José e Maria, temendo um pouco a insolência dos príncipes e as ameaças dos sacerdotes, conduziram-no outra vez para a escola, mesmo sabendo que não podia aprender nada de homem algum, ele, que possuía de Deus mesmo uma ciência perfeita.

2. Assim, uma vez que Jesus entrou na escola, guiado pelo Espírito Santo, pegou o livro da mão do mestre, que ensinava a lei, e na presença de todo o povo que o via e o escutava pôs-se a ler, mas não o que estava escrito no livro, mas o que falava com o espírito de Deus, como se fosse uma torrente de água que brotava de uma fonte viva e como se a fonte estivesse sempre cheia. E ensinava ao povo com tanta força as grandezas de Deus vivo que, inclusive, o mestre caiu por terra e o adorou. Mas o coração dos que ali estavam e o tinham escutado falar encheu-se de estupor. E quando José soube, foi correndo junto de Jesus temendo que o mestre morresse. Ao vê-lo, o mestre lhe disse: "Não me deste um discípulo mas um mestre e quem pode resistir as suas palavras?" Então, se cumpriu o que tinha dito o Salmista: "A fonte divina está cheia de água. Tu preparaste seu alimento, porque é assim que se prepara."

XL

Depois José foi-se dali com Maria e com Jesus para a orla, a Cafarnaum, na borda do mar, por causa da maldade dos que eram seus inimigos. E quando José vivia em Cafarnaum, tinha nesta cidade um homem chamado José, muito rico. Mas tinha sucumbido a sua doença e estava estendido, morto na cama. Quando Jesus ouviu na cidade os que gemiam, choravam e se lamentavam de sua morte, disse a José: "Por que não prestas a este homem, que leva o mesmo nome que tu, o socorro de tua bondade?" E José respondeu: "Que poder, que meios tenho para lhe prestar socorro?" E Jesus disse-lhe: "Pega um lenço que levas na cabeça, vai e põe na cabeça do morto e lhe diz: 'Que o Cristo te cure.' E, em seguida, o morto curar-se-á e se levantará da cama." Depois de ouvir isto, José foi correndo cumprir a ordem de Jesus; entrou na casa do morto e colocou lenço que levava na cabeça sobre o rosto do morto, que estava deitado na cama e lhe disse: "Que Jesus te cure." E no mesmo instante o morto levantou-se da cama e perguntou quem era Jesus.

XLI

1. E foram para a cidade que se chamava Belém, e José estava em sua casa com Maria e Jesus estava com eles. E um dia, José chamou Santiago, seu primogênito, e o enviou à horta para colher legumes para fazer um ensopado. Jesus seguiu seu irmão Santiago até ao jardim, sem José e Maria saber. E enquanto Santiago colhia legumes, saiu de repente uma víbora de um buraco e mordeu a mão de Santiago, que se pôs a gritar por causa de uma grande dor. E desmaiando, com uma voz cheia de amargura, dizia: "Ai de mim, uma víbora malvada mordeu a minha mão."

2. Mas Jesus, que estava do outro lado, correu para junto de Santiago ao ouvir seu grito de dor pegou a sua mão, e não fez outra coisa senão soprar em cima e a refrescar. E no mesmo instante Santiago sarou e a serpente morreu. E José

e Maria ignoravam o que acontecia; mas com os gritos de Santiago e por ordem de Jesus correram para o jardim e encontraram a serpente morta e Santiago curado.

3. Quando José ia a um banquete com seus filhos, Santiago, José, Judéia e Simeão e com suas duas filhas, e Jesus e Maria, sua mãe, iam também, e irmão desta, Maria, filha de Cleofás, que o Senhor Deus tinha dado a seu pai Cleofás e a sua mãe Ana, porque tinham oferecido Maria ao Senhor, a mãe de Jesus. E esta Maria tinha sido chamada com o mesmo nome de Maria para consolar seus pais.

4. Sempre que estavam reunidos, Jesus santificava-os e os abençoava e começava ele primeiro a comer e a beber. Nenhum deles ousava comer ou beber nem se sentar à mesa nem partir o pão até que Jesus, após os abençoar, tivesse feito ele primeiro estas coisas. Se, por casualidade não estava ali, esperavam que ele fizesse. E cada vez que ele queria aproximar-se da comida, aproximavam-se também Maria e José e seus irmãos, os filhos de José. E estes irmãos, tendo-o diante dos olhos como uma luminária, observavam-no e o temiam. E quando Jesus dormia, tanto de dia como de noite, a luz de Deus brilhava nele. Seja louvado e glorificado pelos séculos dos séculos. Amém.

Livro Sobre a Natividade de Maria

Trata-se, sem dúvida, de uma refundição do Evangelho do Pseudo Mateus e como ele serviu de base a numerosas lendas e histórias medievais.

Neste livro, vemos depuradas - e até eliminadas - muitas coisas que podiam ferir a sensibilidade de seu tempo, como o primeiro matrimônio de José, a prova da "água do Senhor," a comprovação de Salomé, etc. Apresenta muitos dos conceitos incluídos em seus predecessores, mas manifesta uma devoção mais delicada sobre a Virgem Maria.

Durante a Idade Média, foi atribuído a São Jerônimo e ainda hoje figura entre as obras deste Doutor da Igreja. Seja como for, em sua forma atual, parece bastante posterior aos anteriores.

Livro Sobre a Natividade de Maria

Prefácio

Esta incumbência que me dás, não é para mim grande trabalho, mas sim uma grande responsabilidade, já que exige muito cuidado para discernir o verdadeiro do falso. Pedes-me que faça uma relação escrita dos dados que encontrei sobre o nascimento da santa e bem-aventurada Virgem Maria (e do restante de sua vida) até o dia de seu incomparável parto e os inícios da vida de Cristo. Esta não e uma incumbência difícil, mas sim arriscada, como acabo de dizer, pelo perigo que acarreta em relação à verdade. Bem sabes que estas coisas, cuja relação me pedes, agora que tenho a cabeça esbranquiçada, li-as quando pequeno, em certo livro, que então caiu em minhas mãos. Pelo que te darás conta que, depois de tanto tempo, e ocupado como tenho estado em assuntos de notável envergadura, podem facilmente se ter apagado da memória alguns detalhes. Assim pois, acredito que ninguém poderá reprovar as omissões, trocas e os acréscimos nos quais incorra ao ceder a teu pedido; já que, assim como admito sua possibilidade, da mesma maneira nego que as cometa com deliberação.

I

1. A bem-aventurada e gloriosa sempre virgem Maria descendia da família real e pertencia à família de Davi. Nasceu em Nazaré e foi educada no templo do Senhor, na cidade de Jerusalém. Seu pai chamava-se Joaquim e sua mãe Ana.

2. A vida destes esposos era simples e justa ante o Senhor e irrepreensível e piedosa diante dos homens. Seus bens eram divididos em três partes: uma a destinavam para o templo de Deus e seus ministros; outra davam aos pobres e peregrinos, a terceira ficava reservada para as necessidades de seus criados e para si mesmos.

3. Entretanto, este matrimônio, tão querido de Deus e piedoso para com seu próximo, fazia vinte anos de vida conjugal em casto matrimônio sem obter descendência. Entretanto, haviam feito voto de que, se Deus concedesse-lhes um re-

bento, o consagrariam ao serviço divino. Por este motivo, acostumaram-se ir ao templo de Deus nas festas.

II

1. Aproximava-se a festa do templo e Joaquim dirigiu-se a Jerusalém em companhia de alguns conhecidos seus. O sumo sacerdote era então Isacar. Este, ao ver Joaquim entre os demais dispostos como eles a oferecer seus bens, menosprezou-o desdenhando seus presentes, perguntando como se atrevia a apresentar-se entre eles, sendo estéril. Disse-lhe, também, que suas oferendas não deviam ser aceitas por Deus pois o considerava indigno de ter descendência e, conforme o testemunho da Escritura, que declarava maldito o que não tivesse gerado um descendente. Disse-lhe que devia primeiro ver-se livre dessa maldição, tendo filhos, e que somente então podia apresentar-se com oferendas diante da vista do Senhor.

2. Joaquim sofreu muito diante de tamanha injúria e se retirou para os campos onde estavam os pastores com seus rebanhos, sem querer voltar para casa, para não se expor ao desprezo de seus conhecidos que tinham presenciado a cena e que tinham ouvido o que o sumo sacerdote tinha dito.

III

1. Fazia já algum tempo que estava retirado no campo, quando um dia apareceu um anjo de Deus, rodeado de um imenso resplendor. Ele ficou perturbado diante de sua visão, mas o anjo o livrou do termo dizendo: "Joaquim, não tenhas medo nem te assustes por minha presença. Saberás que sou um anjo do Senhor. Ele me enviou a ti para te anunciar que tuas orações foram escutadas e que tuas esmolas subiram até sua presença. Ele pôs os olhos em tua confusão depois

que chegou até seus ouvidos o opróbrio da esterilidade que injustamente se dirigia a ti. Deus castiga o delito mas não a natureza. E por isso, quando tem que fechar uma matriz o faz para poder abri-la de novo de uma maneira mais admirável, e para que fique bem claro que a descendência não é fruto da paixão mas da vontade divina.

2. Acaso Sara, a mãe de vossa estirpe, não foi estéril até aos oitenta anos? E, não obstante, deu à luz em extrema velhice a Isaac, que receberia a bênção de todas as gerações. Também Raquel, apesar de ser tão grata a Deus e tão querida do santo Jacó, foi estéril durante longo tempo. Sem que isso fosse obstáculo para que engravidasse depois de José, que foi, não somente o Senhor do Egito, mas também o libertador do seu povo. E quem houve entre os judeus mais forte que Sansão ou mais santo que Samuel? Entretanto, ambos tiveram mães estéreis. Se, pese isso, a razão contida em minhas palavras não consegue convencer-te, tem por certo que as concepções longamente esperadas e os partos provenientes da esterilidade costumam ser os mais maravilhosos.

3. Sabes pois que Ana, tua mulher, vai dar à luz a uma filha, a quem porá o nome de Maria. Viverá consagrada a Deus desde sua infância, em consonância com o voto que fizestes; e já desde o ventre de sua mãe ver-se-á cheia do Espírito Santo. Não comerá e nem beberá coisa alguma impura; nem passará sua vida entre a balburdia das pessoas, mas no recolhimento do templo do Senhor, para que ninguém possa chegar a suspeitar nem dizer coisa alguma desfavorável a ela. E, quando for crescendo em idade, da mesma maneira que ela nasceu de mãe estéril, assim, sendo virgem, conceberá por sua vez, de maneira incomparável ao Filho do Altíssimo. O nome deste será Jesus, e há de ser o salvador de todos os povos.

4. Este será para ti o sinal de que é verdade tudo quanto eu acabo de te dizer: quando chegues na porta Dourada de Jerusalém encontrar-te-ás com Ana, tua mulher, que vira ao teu encontro. Ela, que agora está preocupada por tua tardança em regressar, alegrar-se-á profundamente de poder te ver de novo." E uma vez que lhe disse isso, o anjo se afastou dele.

IV

1. Depois o anjo apareceu para Ana, esposa de Joaquim e lhe disse: "Não tenhas medo Ana, nem acredites que é um fantasma o que tens diante de ti. Sou o anjo que apresentou suas orações e esmolas diante de Deus. Agora acabo de ser enviado a vós para anunciar o nascimento de sua filha cujo nome será Maria e que há de ser bendita entre todas as mulheres. Desde o momento mesmo de nascer, transbordará nela a graça do Senhor e permanecerá na casa paterna os três primeiros anos, até que termine sua lactância. Depois viverá consagrada ao serviço de Deus e não abandonará o templo até que chegue o tempo da rendição. Ali permanecerá servindo a Deus com jejuns e orações, de noite e de dia, e abstendo-se de toda a coisa impura. Jamais conhecerá homem, senão que ela sozinha, sem prévio exemplo, e livre de toda a nódoa, corrupção ou união com homem algum, dará à luz, sendo virgem, ao filho, e sendo escrava, ao Senhor que com sua graça, seu nome e sua obra será salvador de todo o mundo.
2. Levanta-te, sobe até Jerusalém. E quando chegues na porta dourada, encontrarás ali, confirmando o que te digo, teu marido, por cuja saúde estás aflita. Fique certa que o conteúdo de minha mensagem realizar-se-á sem dúvida alguma."

V

1. Ambos obedeceram ao mandato do anjo e se puseram a caminho de Jerusalém, desde os pontos onde respectivamente achavam-se. E quando chegaram ao lugar assinalado pelo anjo, encontraram-se mutuamente. Então alegres por se verem de novo, e firmes na certeza que lhes dava a promessa de um futuro rebento, deram graças a Deus.

2. E depois de adorar ao Senhor, voltaram para casa onde esperaram a realização da divina promessa, cheios de confiança e de alegria. Por fim concebeu Ana e deu à luz a uma filha, a quem seus pais deram o nome de Maria, conforme o mandato do anjo.

VI

1. Aos três anos, quando tinha terminado o tempo da amamentação, levaram a Virgem juntamente com suas oferendas, ao templo do Senhor. Tinha este quinze degraus, de modo que, como o templo estava edificado sobre um monte, não se podia chegar ao altar dos holocaustos, que estava fora de seu recinto, mas só por meio destes degraus.

2. Num desses degraus, colocaram, pois, seus pais a bem-aventurada Virgem Maria, criança ainda de tenra idade. E, enquanto eles estavam entretidos em trocar suas vestes de viagem por outras mais limpas, a Virgem do Senhor foi subindo um a um todos os degraus, sem que ninguém lhe desse a mão para levantá-la ou guiá-la. E é que já o Senhor fazia coisas magníficas na infância de sua Virgem e dava a conhecer, de antemão, com este maravilhoso sinal, quão grande deveria ser no futuro.

3. Depois de celebrar o sacrifício prescrito pela lei, cumprido já seu voto, deixaram a Virgem no recinto do templo para que fosse ali educada com as demais donzelas, e voltaram para casa.

VII

1. A Virgem do Senhor foi crescendo em virtudes, ao mesmo tempo em que em idade, e conforme as palavras do salmista, seu pai e sua mãe a abandonaram, mas Deus a tomou consigo. Diariamente tinha encontros com os anjos. Assim mesmo, alegrava-se todos os dias com a visão divina, a qual a imunizava contra toda a classe de males e a inundava de bens. Assim chegou até aos quatorze anos, fazendo com sua conduta que os maus não pudessem imaginar nela nada mau, e que os bons tivessem sua vida e seu comportamento dignos de admiração.

2. Acontecia, então, anunciar, publicamente, o sumo pontífice que todas as donzelas que viviam oficialmente no templo e tivessem cumprido a idade estabelecida, retornassem a suas casas e contraíssem matrimônio, de acordo com os costumes do povo e do tempo de cada uma. Todas se submeteram docilmente a esta ordem menos Maria, a Virgem do Senhor, que disse que não podia fazer aquilo. Deu como razão que estava consagrada ao serviço de Deus, espontaneamente, e por vontade de seus pais e que, além disso, tinha feito ao Senhor voto de virgindade, pelo que não estava disposta a quebrá-lo com uma união matrimonial. Viu-se então em grande aperto o sumo sacerdote pensando, em parte, que não devia violar aquele voto para não contrariar a Escritura, e disse: Fizestes votos ao Senhor e os cumprireis; eu não me atrevo, de outra forma, a introduzir um costume desconhecido para o povo,

ordeno pois que, por ocasião da festa já perto, apresentem-se todos os homens de Jerusalém e seus arredores para que, neste conselho, possa ser dada uma luz sobre a determinação que tinha de tomar em assunto tão difícil.

3. Realizado o plano, foi a opinião de todos que devia consultar o Senhor sobre esta questão. Puseram-se, pois, em oração e o sumo sacerdote aproximou-se para consultar a Deus. E neste instante fez-se sentir, nos ouvidos de todos, uma voz proveniente do oráculo e do lugar das oferendas. Dizia esta voz que, em conformidade com o vaticínio de Isaías, devia encontrar-se alguém que se responsabilizasse e que esposasse aquela virgem. Pois bem, é sabido que Isaías disse: "Brotará um talo da raiz de Davi e elevar-se-á uma flor de seu tronco. Sobre ela repousará o espírito do Senhor: espírito de sabedoria e de entendimento, espírito de conselho e de fortaleza, espírito de ciência e piedade. E será inundada do espírito do termo do Senhor."

4. De acordo, pois, com esta profecia, mandou que todos os varões pertencentes à casa da família de Davi, aptos para o matrimônio e não casados, levassem varas ao altar. E disse que o dono da vara, que uma vez depositada, fizesse germinar uma flor e em cujo extremo pousasse o Espírito do Senhor, em forma de pomba, seria o designado para ter a custódia e esposo da Virgem.

VIII

1. Ali estava com um dos tantos, José, homem de idade avançada, que pertencia à casa de David. E enquanto todos, por ordem, foram depositando suas varas, este retirou a sua. Ao não ocorrer o fenômeno extraordinário anunciado pelo oráculo, o sumo sacerdote pensou que devia consultar de novo o

Senhor. Este respondeu que, precisamente, tinha deixado de levar sua vara aquele com quem deveria desposar a Virgem. Com isto ficou José descoberto, que teve que depositar sua vara, e no mesmo momento pousou sobre sua extremidade uma pomba procedente do céu. Isto demonstrou claramente que era ele com quem a Virgem deveria desposar.

2. Celebraram-se, pois, os esponsais como de costume, e José retirou-se da cidade de Belém para arrumar a casa e dispor tudo o necessário para a boda. Maria, por sua parte, a Virgem do Senhor, retornou para a casa de seus pais na Galiléia, acompanhada de sete donzelas companheiras desde sua infância, que lhe haviam sido dadas pelo sumo sacerdote.

IX

1. Nestes mesmos dias (isto é: no princípio de sua chegada à Galiléia), foi enviado por Deus o anjo Gabriel para que anunciasse a concepção do Senhor e para que a pusesse a par da maneira e ordem como iria desenrolar-se este acontecimento. E assim, chegando até ela, inundou o quarto onde se encontrava de um fulgor extraordinário. Depois a saudou amavelmente nestes termos: "Deus te salve Maria, virgem gratíssima do Senhor, virgem cheia de graça; o Senhor esteja contigo; tu és bendita entre todas as mulheres e entre todos os homens que tenham nascido até agora."

2. A Virgem, que estava bem acostumada a ver rostos angélicos, e a quem lhe eram familiares, ao ver-se circundada de resplendores celestiais, não se assustou pela visão do anjo nem ficou aturdida pela magnitude do resplendor, senão que unicamente viu-se surpreendida pela maneira de falar daquele anjo. E, assim, se pôs a pensar pelo que

vinha saudação tão insólita, que prognóstico poderia trazer e que desenlace teria finalmente. O Anjo, por inspiração divina, veio ao encontro de tais pensamentos e lhe disse: "Não tenhas medo, Maria, de que minha saudação tenha algo contra tua castidade. Precisamente por ter escolhido o caminho da pureza encontrastes graça aos olhos do Senhor. E por isso vais conceber e dar à luz a um filho sem pecado algum de tua parte.

3. Este será grande, pois estenderá seu domínio de mar a mar e desde o rio até aos confins da terra. Será chamado Filho do Altíssimo, porque quem vai nascer será humilde na terra e estará reinando cheio de majestade no céu. O Senhor Deus lhe dará o trono de Davi, seu pai, e reinará eternamente na casa de Jacó. Seu reinado não terá fim. Ele é o rei dos reis e senhor dos que dominam. Seu trono durará pelos séculos dos séculos."

4. Então a Virgem, não pela incredulidade das palavras do anjo, mas desejando unicamente saber como teria que ser seu cumprimento, respondeu: "E como verificar-se-á isto? Como vou poder dar à luz senão vou conhecer nunca varão, de acordo com meu voto?" Respondeu o anjo: "Não penses, Maria, que vais conceber de maneira humana, pois o fará sem união marital alguma, engravidarás sendo virgem e amamentarás permanecendo virgem. O Espírito Santo virá, com efeito, sobre ti e a virtude do Altíssimo te cobrirá com sua sombra contra todos os ardores da concupiscência. Portanto, somente teu rebento será santo, porque sendo o único concebido e nascido sem pecado, chamar-se-á Filho de Deus." Maria então estendeu seus braços e elevou seus olhos ao céu, dizendo: "Eis aqui a escrava do Senhor; faça-se em mim conforme sua palavra."

5. Certamente, resultaria demasiadamente longo e, para alguns leitores, fastidioso que nós puséssemos a inserir, agora, neste opúsculo o que precedeu ou seguiu à natividade do Senhor conforme este escrito. Portanto, omitimos tudo aquilo que está bastante detalhado já no evangelho e narramos, em continuação, outras coisas que não estão ali suficientemente explicadas.

X

1. José, pois, saiu da Judéia para Galiléia, pensando contrair matrimônio com sua esposa virgem, depois de haver transcorrido já três meses e estando a ponto de se cumprir o quarto, desde que celebraram os esponsais. Entretanto, ao ir aumentado pouco a pouco a gravidez, começaram a se manifestar os sinais de sua maternidade. Isto não podia ficar escondido de José, que, como esposo que era, veio a se dar conta de que estava definitivamente grávida. E começou a ficar agitado e aflito, não sabendo que ação tomar. De um lado, sua condição de homem justo não permitia entregá-la; e, do outro, piedoso como era, não queria difamá-la com a suspeita de um coito. Por isso, inclina-se ao matrimônio e abandoná-la em segredo.

2. Mas, enquanto pensava isso, o anjo do Senhor apareceu em seus sonhos, dizendo-lhe: "José, filho de Davi: não temas (isto é: não admitas suspeita de coito da Virgem, nem penses mal dela), porque o que ela carrega no ventre agora, que é causa de angústia para tua alma, não é obra de um homem, senão do Espírito Santo. Ela será a única virgem entre todas as mães e vai dar à luz ao Filho de Deus, a quem darás o nome de Jesus (isto é: Salvador), porque ele salvará o povo de seus próprios pecados." Assim, pois, José seguiu

o mandato do anjo e contraiu matrimônio com Maria. Mas não a possuía, mas proporcionou-lhe castamente amparo e abrigo. Já estava no ponto de se cumprir o nono mês da concepção, quando José, pegando Maria e todas as coisas que eram necessárias, dirigiu-se para a cidade de Belém, que era seu lugar de origem. E aconteceu que, enquanto se encontrava ali, cumpriram-se os dias de dar à luz. E nasceu seu filho primogênito, nosso Senhor Jesus Cristo, como ensinaram os evangelistas, o qual, juntamente com o Pai e o Espírito Santo, vive e reina por todos os séculos dos séculos. Amém.

O Evangelho de Tomás

Considerando como oriundo do meados do Século II, este "Evangelho de Tomás" do qual se conservam versões em grego, siríaco, armênio, eslavo e latim, deve ter sido escrito por algum cristão mediamente versado na língua e literatura judaicas. Relata a infância de Jesus, seus feitos e milagres, com pitoresca ingenuidade e simplicidade. Inclui muitos dos episódios repetidos em outros "evangelhos da infância," que mostram o menino Jesus geralmente caprichoso e vingativo, que fazia, com freqüência, alarde de seus poderes mais para castigar aos outros do que para curar ou fazer o bem.

Sem ter relação com o gnóstico "Evangelho segundo Tomás"- que mais adiante veremos - este apócrifo foi de grande popularidade, como o acreditam as numerosas versões e traduções chegadas até nós, e também os afãs de Orígenes e outras autoridades da primitiva Igreja, por desautorizaçãr em seus escritos e homilias.

O Evangelho de Tomás

Narrações sobre a infância do Senhor, por Tomás, Filósofo e Israelita

I

Eu, Tomás Israelita, venho dar a conhecer a todos a infância de Nosso Senhor Jesus Cristo e quantas maravilhas realizou depois de nascer em nossa terra. Assim começa meu relato:

II

1. O menino Jesus, tinha então cinco anos, e se encontrava um dia brincando no leito de um arroio. Recolhendo da corrente pequenos charcos de água, tornava-a cristalina de imediato e a dominava somente com sua palavra.

2. Depois fez uma massa de barro e formou com ela doze pássaros. Era dia de sábado e tinha outros meninos brincando com ele.

3. Mas um judeu, vendo o que Jesus acabava de fazer em dia de festa, foi correndo até seu pai José e contou tudo: "Olha, teu filho está no arroio e pegou um pouco de barro fez doze pássaros, profanando com isso o sábado."

4. Foi José até o rio para ver e o repreendeu dizendo: "Por que fazes no sábado o que não é permitido fazer?" Mas Jesus bateu palmas e se dirigiu às figuras gritando: "Andem!" E os passarinhos foram-se todos cantando.

5. Os judeus ao verem isto se encheram de admiração e foram contar o que tinham visto Jesus fazer.

III

1. Encontrava-se ali presente o filho de Anás, o escriba, e veio dar saída com um pau às águas empoçadas por Jesus.
2. Ao ver isto se indignou e lhe disse: "Malvado, ímpio e insensato! Incomodam-te as poças e a água? Pois agora vais ficar tu tão seco como uma árvore seca, sem que possas levar folhas nem raiz nem fruto."
3. Imediatamente ficou o rapaz completamente seco. E os pais pegaram o infeliz, chorando sua tenra idade e o levaram diante de José, culpando-o por ter um filho que fazia tais coisas.

IV

1. Outra vez ia Jesus pelo povoado e um rapaz que vinha correndo chocou-se contra suas costas. Irritado, Jesus disse-lhe: "Não continuarás teu caminho." E imediatamente caiu morto o menino. Alguns, que viram o sucedido, disseram: "De onde virá esse menino, que todas suas palavras se tornam atos consumados?"
2. E aproximando-se de José os pais do defunto, culpavam-no dizendo: "Tendo um filho como este não podes viver conosco no povoado, ou tens que o acostumar a abençoar e não amaldiçoar; pois causa a morte de nossos filhos."

V

1. José chamou Jesus e ralhou desta maneira: "Por que fazes tais coisas, sendo isso a causa de que nos odeiem e persigam?" Jesus replicou: "Bem sei que estas palavras não procedem de ti. Mas por respeito a tua pessoa calarei. Esses outros, em troca, receberão seu castigo." E no mesmo instante ficaram cegos os que tinham falado mal dele.

2. As testemunhas desta cena encheram-se de pavor e ficaram perplexos, confessando que, qualquer palavra que saía de sua boca, fosse boa ou má, transformava-se em feito e se convertia em realidade. Quando José deu-se conta do que Jesus tinha feito, agarrou-o pela orelha e o tirou dali fortemente.

3. O rapaz então se indignou e lhe disse: "Tu já tens bastante em procurar sem encontrar. Realmente, te comportaste com pouca prudência. Não sabes que sou teu? Não me causes aflição."

VI

1. Encontrava-se então ali certo rabino chamado Zaqueu, o qual, ouvindo Jesus falar dessa maneira com seu pai, encheu-se de admiração ao ver que, sendo menino, dizia tais coisas.

2. Passados uns dias, aproximou-se de José e lhe disse: "Vejo que tens um filho cordato e inteligente, confia-o a mim para que ensine as letras. E junto com elas ensinarei toda a classe de sabedoria e também a saudar os avançados em idade, a os respeitar como maiores e pais e a amar a seus iguais."

3. E lhe disse todas as letras com grande esmero e clareza desde o Alfa até o Ômega. Mas Jesus fixou seu olhar no rabino Zaqueu e lhe disse: "Como te atreves a explicar aos demais a Beta, se tu ignoras mesmo a natureza de Alfa? Hipócrita!, explica primeiro o A, se sabes, e logo te acreditaremos do quanto digas em relação ao B." Depois começou a interrogar o mestre a respeito da primeira letra, mas este não pôde lhe responder.

4. Então disse a Zaqueu na presença de todos: "Escuta, mestre, a constituição da primeira letra e olha como tem linhas e traços medianos, os que vês unidos transversalmente, conjuntos, elevados, divergentes... Os traços que tem o A têm três sinais: homogêneos, equilibrados e proporcionais."

VII

1. O mestre Zaqueu, quando ouviu a exposição que fez o menino à respeito de tantas e tais alegorias em torno da primeira das letras, ficou desconsertado diante da resposta e a erudição que manifestava. E disse aos presentes: "Ai pobre de mim! Não sei que fazer; pois eu mesmo procurei a confusão ao trazer para junto de mim este rapaz."
2. "Leva-o, pois, irmão José, rogo-te. Não posso suportar a severidade de seu olhar. Não consigo entender seu discurso. Este rapaz não nasceu na terra. É capaz de dominar até mesmo o fogo. Talvez tenha nascido da criação do mundo. Não sei que ventre pôde tê-lo carregado e que seio pôde tê-lo nutrido. Ai de mim!, meu amigo; estou aturdido. Não posso seguir o vôo de sua inteligência. Enganei-me, miserável de mim: queria um aluno e encontrei um mestre."
3. "Percebo, amigos, minha confusão; pois depois de velho me deixei levar por um menino. É para ficar mortificado e morrer por causa deste menino, pois, neste momento, sou incapaz de o olhar fixamente. Que vou explicar quando todos me digam que me deixei vencer por um menino? Que vou explicar a respeito do que me disse sobre as linhas da primeira letra? Não sei, amigos, porque ignoro a origem e o destino desta criatura."
4. "Por isso, rogo-te, irmão José, que o leves para casa. É algo extraordinário ou um Deus, ou um anjo ou não sei o quê possa ser."

VIII

1. E enquanto os judeus entretinham-se em dar conselhos a Zaqueu, o menino começou a rir e disse: "Frutifiquem agora

tuas coisas e abram seus olhos para a luz os cegos de coração. Eu vim de cima para amaldiçoar e chamá-los depois do alto, pois esta é a ordem Daquele que por vós me enviou."

2. Quando o menino terminou de falar, sentiram-se imediatamente curados todos aqueles que tinham caído sob sua maldição. E, desde então, ninguém ousava irritá-lo, pois ele o amaldiçoaria e o deixaria cego.

IX

1. Dias depois, encontrava-se Jesus num terraço brincando. E um dos meninos que com ele estava caiu do alto e morreu. Os outros meninos, ao verem isto, foram-se todos, e ficou sozinho Jesus.

2. Depois chegaram os pais do defunto e culpavam Jesus (mas Jesus disse-lhes: "Não, não. Eu não o atirei.") Mas eles o maltratavam.

3. Deu um pulo então Jesus desde cima, vindo cair junto do cadáver. E se pôs a gritar muito alto: "Zenon - assim se chamava o rapaz - levanta-te e responde-me: Fui eu que te empurrei." O morto se levantou no mesmo instante e disse: "Não, Senhor. Tu não me empurraste. Senão que me ressuscitaste." Ao ver isto, ficaram consternados todos os presentes e os pais do rapaz glorificaram a Deus por aquele feito maravilhoso e adoraram Jesus.

X

1. Uns poucos dias depois aconteceu que um jovem, que estava cortando lenha nas redondezas, escapou-lhe o machado e cortou a planta do pé. O infeliz morria, por momentos, por causa da hemorragia.

2. Sobreveio, por isto, um grande alvoroço e juntou muita gente. Jesus acudiu também ali. Depois de abrir caminho, passo a passo, por entre a multidão, chegou junto do ferido e apertou com sua mão o pé machucado do jovem, que subitamente ficou curado. Disse então ao moço: "Levanta-te já; continua partindo lenha e lembras-te de mim." A multidão ao se dar conta do ocorrido, adoraram o menino dizendo: "Verdadeiramente neste menino habita o Espírito de Deus."

XI

1. Quando tinha seis anos, uma vez a mãe lhe deu um cântaro para que fosse lá fora enchê-lo de água e que trouxesse para casa. Mas Jesus esbarrou com as pessoas no caminho e o cântaro caiu e espatifou-se.

2. Então estendeu o manto com que ia coberto, encheu-o de água e o levou para sua mãe. Esta, ao ver tal maravilha, pôs-se a beijar Jesus. E ia conservando em seu interior todos os mistérios que via ele realizar.

XII

Outra vez, sendo tempo de plantio, saiu Jesus com seu pai para plantar trigo em sua propriedade. E enquanto José esparramava a semente, resolveu também Jesus plantar uma semente de trigo. E depois da ceifa e da debulha sua colheita foi de cem côvados. José depois levou o restante. E Jesus tinha oito anos quando fez este milagre.

XIII

1. Seu pai, que era carpinteiro, fazia arados e cangas. Uma vez foi encarregado de fazer um leito para certa pessoa de boa posição. Mas ocorreu que um dos varais era mais curto

do que outro; pelo que José estava preocupado e não sabia como fazer. Então o menino Jesus disse ao seu pai: "Coloca na terra ambos os paus e os iguala pela metade."

2. Assim fez José. Jesus colocou a outra parte, tomou um varal mais curto e o estirou, deixando-o tão grande como o outro. José, seu pai, encheu-se de admiração ao ver o prodígio e acumulou o menino de abraços e de beijos dizendo: "Feliz de mim, porque Deus me deu este menino."

XIV

1. Percebendo José que a inteligência do menino ia amadurecendo juntamente com sua idade, quis de novo impedir que ficasse analfabeto; pelo que o levou a outro mestre e o colocou à sua disposição. Este lhe disse: "Ensinarei em primeiro lugar as letras gregas, depois as hebraicas." É de se notar que o mestre conhecia bem a capacidade do menino e tinha-lhe receio. E depois que escreveu o alfabeto, entretinha-se com ele durante longo tempo sem obter resposta dos seus lábios.

2. Por fim Jesus disse: "Se de verdade és mestre e conheces perfeitamente as letras, diz-me qual é o valor de Alfa e logo te direi qual é o valor de Beta." Irritado, então, o mestre bateu na sua cabeça. Quando o menino sentiu a dor, amaldiçoou-o e, imediatamente, desvaneceu-se o mestre o caiu por terra, de bruços.

3. O rapaz voltou para a casa de José. Este se encheu de pesar e disse para sua mãe que não o deixaria sair de casa, porque todos os que o incomodavam morriam.

XV

1. Passado algum tempo, outro mestre, que era amigo íntimo de José, disse-lhe: "Traga-me teu filho para a escola: talvez à força

de doçura possa ensinar-lhe as letras." José replicou: "Se te atreves, irmão, leva-o contigo." E pegou, com muito temor e preocupação, mas o menino caminhava de muito boa vontade.

2. Este entrou decididamente na classe e encontrou um livro, posto sobre o púlpito. Pegou e sem parar para ler as letras que nele estavam escritas, abriu sua boca e se pôs a falar pelo Espírito Santo, ensinando a Lei aos que o escutavam. E uma grande multidão, que tinha se juntado, o ouvia, cheios de admiração pela bela doutrina e a clareza de seus raciocínios, levando em consideração que era um menino que assim falava.

3. José, ao saber, encheu-se de medo e correu, em seguida, para a escola, temendo que tivesse também sido amaldiçoado aquele mestre. Mas este lhe disse: "Irmão, eu recebi este menino como se fosse um aluno qualquer e ocorre que está esbravejando graça e sabedoria. Leva-o, por favor, para tua casa."

XVI

1. Outra vez, José mandou seu filho Santiago que fosse juntar montes de lenha para trazer para casa. O menino (Jesus) o acompanhou. Mas ocorreu que, enquanto Santiago recolhia os sarmentos (hastes de trepadeiras), mordeu-o uma víbora na mão.

2. Tendo se jogado no solo de todo o comprimento e estando já para morrer, chegou Jesus e soprou a mordida. Imediatamente desapareceu a dor, matou o réptil e Santiago recobrou repentinamente a saúde.

XVII

1. Depois aconteceu que um menino doente, vizinho de José, morreu. Sua mãe chorava inconsolável. Jesus, ao se inteirar

da pena dela e do tumulto que se formava, correu ali precipitadamente. E encontrando já morto o menino, tocou o seu peito e lhe disse: "Menino, a ti te falo. Não morras, mas vive melhor e fica com tua mãe." O menino abriu os olhos e sorriu. Então disse Jesus para a mulher: "Anda, toma-o, dá leite para ele e te lembra de mim."

2. Ao ver isto os presentes encheram-se de admiração e exclamaram: "Verdadeiramente que este menino ou é um Deus ou um anjo de Deus, pois tudo o que sai de sua boca realiza-se em seguida." Jesus saiu dali e se pôs a brincar com outros meninos.

XVIII

1. Dias depois, sobreveio um grande tumulto no lugar onde estava sendo construída uma casa. Jesus levantou-se e se dirigiu até àquele lugar. E, vendo ali um cadáver caído no chão, pegou a sua mão e se dirigiu a ele nestes termos: "Homem, a ti te digo, levanta-te e retoma teu trabalho." O homem levantou-se e, em seguida, adorou-o.

2. A multidão que viu isto se encheu de admiração e disse: Este rapaz deve ter vindo do céu, pois livrou muitas almas da morte e ainda vai continuar livrando durante sua vida.

XIX

1. Quando tinha doze anos, seus pais foram, como de costume, para Jerusalém para assistir às festas da Páscoa, participando de uma caravana. Já acabadas as festas, voltavam de novo para casa. Mas no momento mesmo de partir, o menino Jesus retornou de novo para Jerusalém, enquanto seus pais pensavam que se encontrava na comitiva.

2. Depois do primeiro dia de caminhada puseram-se a procurá-lo entre seus parentes. Como não o encontraram, afligiram-se muito e voltaram para Jerusalém para o procurar. Finalmente, encontraram-no no templo depois do terceiro dia, sentado no meio dos doutores, escutando-os e fazendo perguntas. Todos estavam inclinados sobre ele e se admiravam de ver que, sendo um menino, deixava sem palavra aos anciãos e mestres do povo, destrinchando os pontos principais da lei e as parábolas dos profetas.

3. E, aproximando-se Maria, sua mãe, disse-lhe: "Filho meu, por que te comportaste assim conosco? Olha com que preocupação viemos te procurar." Mas Jesus replicou: "E por que me procurais? Não sabeis acaso que devo ocupar-me das coisas do meu Pai?"

4. E os escribas e fariseus diziam-lhe: "És tu, por ventura, a mãe deste menino?" Ela respondeu: "Assim é." E eles responderam: "Pois feliz tu entre as mulheres, já que o Senhor abençoou o fruto do teu ventre, porque glória, virtude e sabedoria semelhantes não as temos ouvido nem visto jamais."

5. Jesus levantou-se e seguiu sua mãe. E era obediente com seus pais. Sua mãe, por sua parte, retinha todos estes acontecimentos em seu coração. Enquanto isso, Jesus ia crescendo em idade, sabedoria e graça. A ele sejam tributados louvores por todos os séculos dos séculos. Amém.

APÊNDICE

Os três primeiros capítulos do evangelho de Tomás.

I. De como Maria e José fugiram para o Egito com Ele.

1. Como havia uma grande agitação porque Herodes estava fazendo averiguações para encontrar nosso Senhor Jesus Cristo e tirar-lhe a vida, disse um anjo para José: "Pega Maria com seu filho e foge para o Egito, longe desses que querem matá-lo." Tinha Jesus dois anos quando chegou no Egito.

2. Uma vez ia caminhando por uma plantação de milho e, soltando sua mão, colheu algumas espigas. Depois as assou no fogo, triturou e começou a comê-las.

3. Ao entrar no Egito, hospedaram-se na casa de uma viúva e ali permaneceram durante um ano inteiro.

4. Jesus completou três anos. E, vindo brincar outros meninos, pôs-se a fazer coisas com eles. Pegou um peixe salgado, o jogou na água e mandou que começasse a nadar. O peixe assim fez. Jesus dirigiu-se outra vez ao peixe nestes termos: "Anda, sacode o sal e pula para a água." E tudo aconteceu exatamente como ele falou. Então alguns vizinhos que o tinham visto foram contar para a mulher, em cuja casa se hospedava sua mãe, Maria. E ela, ao ouvir, expulsou-os imediatamente da casa.

II. De como um mestre o enviou fora da cidade.

1. Ia uma vez Jesus passeando com Maria, sua mãe, pelo centro da cidade, quando viu um mestre que estava dando aula a

alguns alunos. De repente, alguns pardais que renhiam entre si vieram cair no colo daquele professor que dava aula aos meninos. Jesus ao ver, deu mostras de alegria e parou.

2. O mestre, que notou a alegria de Jesus, ficou encolerizado e disse aos alunos: "Vão e mo tragam aqui." Pegaram Jesus pela orelha e disseram: "O que viste para rir desse jeito?" Ele respondeu: "Olha, eu tinha esta mão cheia de trigo. Joguei e esparramei sobre a grama. Um pássaro foi pegar e o outro também quis e esta foi a causa da rinha." Então o mestre o mandou para fora da cidade junto com sua mãe.

III. De como Jesus foi expulso do Egito.

1. Um anjo do Senhor saiu ao encontro de Maria e lhe disse: "Pega o menino e volta de novo para a terra dos judeus, pois morreram os que queriam matá-lo." Assim, Maria, juntamente com Jesus, pôs-se a caminho de Nazaré, cidade que está localizada nas propriedades de seu pai.

2. José saiu do Egito já morto Herodes. E levou o menino para o deserto até que em Jerusalém deixassem de querer a vida do menino. E deu graças a Deus por ter dado a ele e também ter encontrado graças diante do Senhor Deus.

O Evangelho Árabe da Infância

O Protoevangelho de Santiago e o Evangelho de Tomás originaram muitos outros evangelhos da infância, cada um deles ampliando as narrações destas duas fontes e somando outras novas. Um dos mais significativos exemplos é este Evangelho Árabe da Infância, que em sua primeira parte, está claramente baseado no Protoevangelho de Santiago e na segunda parte no Evangelho de Tomás, acrescentando outros incidentes milagrosos, surpreendentes e, algumas vezes, até grotescos, como o dos meninos convertidos em cabritos.

Em todos estes evangelhos destaca-se o papel preponderante representado por Maria, contrastando com a pouca relevância que sua figura é mostrada nos evangelhos canônicos.

Nele se evidencia claramente como a devoção da Virgem Maria surgiu e cresceu entre os fiéis dos primeiros séculos, de um modo totalmente espontâneo. Neste Evangelho Árabe da Infância o papel principal representado por Maria é o de mediadora dos favores concedidos por seu filho.

O Evangelho Árabe da infância

Em nome do Pai, do Filho e do Espírito Santo, um só Deus. Com o auxílio e o favor da Divindade Suprema, começamos a escrever o livro dos milagres de Jesus Cristo, Dono, Senhor e salvador nosso, que leva por título Evangelho da Infância, na paz do Senhor. Amém.

I. Palavras de Jesus no berço

1. Encontramos, o que se segue, no livro do pontífice Joséfo, sacerdote que viveu no tempo de Cristo e a quem alguns identificam como Caifás.
2. Nele se conta que Jesus falou quando se encontrava precisamente reclinado no berço, e que disse a sua mãe: "Eu sou Jesus, o filho de Deus, o Verbo, a quem tu desde à luz de acordo com o anunciado pelo anjo Gabriel. Meu Pai me enviou para a salvação do mundo."

II. Viagem a belém

1. No ano 309 da era de Alexandro, decretou Augusto que cada qual fosse para sua cidade de origem para fazer o censo. Assim pois, José, pegando Maria, sua esposa, saiu de Jerusalém e veio para Belém, com intenção de participar do censo com sua família, na sua cidade natal.
2. Chegando a uma cova, disse Maria para José: "Se a hora de dar à luz aproximar-se e não me for possível prosseguir até à cidade, se te parece bem, ficarei nesta gruta." Ocorreu isto no final da tarde. José apressou-se em buscar uma

mulher para assistir Maria. E encontrou uma anciã, da raça hebréia, vinda de Jerusalém, para quem disse: "Bendita seja; apressa-te e entra nessa gruta, onde se encontra uma donzela quase dando à luz."

III. A parteira de jerusalém

1. Quando o sol já estava se escondendo chegou a anciã na gruta na companhia de José. Ambos entraram. O recinto estava iluminado com uma luz mais intensa que a luminosidade de lâmpadas e tochas e mais fulgurante que a luz do sol. Um menino em lençóis e reclinado no presépio estava mamando o leite de sua mãe, Maria.

2. Admirados os dois desta luz, perguntou a anciã para Maria: "És tu por acaso a mãe deste recém nascido?" Ao responder Maria afirmativamente, disse-lhe: "Pois tu não és como as demais filhas de Eva." A que Maria replicou: "O mesmo que meu filho não é igual aos outros meninos, sua mãe não tem semelhança entre as mulheres." Disse então a anciã: "Eu vim aqui, minha senhora, em busca de alguma recompensa, pois faz muito tempo que me encontro adoentada de paralisia." Disse então Maria: "Põe tuas mãos sobre o menino." E nada mais do que isto, a mulher ficou curada. Então saiu dizendo: "De agora em diante serei a escrava e a criada deste menino durante todos os dias de minha vida."

IV. Adoração dos pastores

1. Naquele momento chegaram uns pastores, os quais acenderam fogo e se entregaram a regozijados atos de alegria. Simultaneamente vieram exércitos celestiais que louvavam

e glorificam a Deus. Os pastores começaram a os imitar. E assim, aquela cova parecia o templo de um mundo sublime, já que línguas do céu e da terra glorificavam a Deus pela natividade de Cristo, nosso Senhor.

2. E ao ver a anciã hebréia estes milagres tão patentes, expressou seu agradecimento a Deus desta maneira: "Graças, Senhor, Deus de Israel, porque meus olhos têm visto o nascimento do Salvador do mundo."

V. Circuncisão

1. Ao chegar o tempo da circuncisão, isto é, o dia oitavo, o menino teve de submeter-se a esta prescrição da lei. A cerimônia aconteceu na mesma cova. E aconteceu que a anciã hebréia tomou a partezinha da pele circuncidada (outros dizem que foi o cordão umbilical) e a colocou numa pequena redoma de bálsamo envelhecida de nardo. Tinha ela um filho que fazia perfumes e entregando para ele fez esta recomendação com todo o encarecimento: "Tenha muito cuidado de não vender para ninguém esta redoma de ungüento de nardo por mais que ofereçam por ela até trezentos denários." E esta é aquela redoma que comprou Maria, a pecadora, e que derramou sobre a cabeça e os pés de Nosso Senhor Jesus Cristo, enxugando-os logo com seus próprios cabelos.

2. Ao cabo de dez dias, levaram o menino Jesus e ao completar-se os quarenta depois de seu nascimento, apresentaram-no ao templo para o oferecer a Deus. Fizeram por ele sacrifícios, de acordo com a Lei Mosaica: "Todo o rapaz primogênito será consagrado a Deus."

VI. Apresentação no Templo

1. E quando sua mãe, a Virgem Maria, levava-o alegre em seus braços, chegou o ancião Simão, resplandecente como uma coluna de luz. Os anjos estavam ao seu redor louvando-o, como costuma estar a guarda de honra na presença de seu rei. Simão, pois, aproximou-se prazerosamente de Maria e, estendendo seus braços para ela, dirigiu-se ao Cristo nestes termos: "Agora, meu Senhor, podes despedir seu servo em paz, de acordo com tua promessa. Pois meus olhos viram a prova de tua clemência que preparaste para a salvação de todos os povos; luz para todos os gentios e glória para teu povo de Israel."

2. Também interferiu naquela cerimônia a profetisa Ana, a qual se aproximou dando graças a Deus e felicitando Maria.

VII. Adoração dos Magos

1. E aconteceu que, tendo nascido o Senhor Jesus em Belém da Judéia, durante o reinado de Herodes, vieram a Jerusalém uns magos conforme a predição do Zaratrusta. E trouxeram como presente ouro, incenso e mirra. E o adoraram e ofereciam seus bens. Então Maria pegou um daqueles panos e entregou como recompensa. Eles se sentiram muito honrados em aceitá-lo de suas mãos. Na mesma hora, apareceu o anjo que tinha a mesma forma daquela estrela que havia lhes servido de guia no caminho. E seguindo o rastro de luz, partiram dali até chegar a sua pátria.

VIII. Chegada dos Magos a sua terra

E saíram ao encontro de reis e príncipes, perguntando que era o que tinham visto ou feito, como tinham efetuado a ida e a volta e que tinham trazido consigo. Eles mostraram o pano que lhes havia dado Maria, pelo que celebraram uma festa e, conforme o costume, acenderam fogo e o adoraram. Depois jogaram o pano sobre a fogueira e no mesmo instante foi arrebatado pelo fogo. Mas quando este se extinguiu, tiraram o pano no mesmo estado no qual estava quando o jogaram sobre o fogo, como se este não tivesse sido tocado pelo fogo. Pelo que começaram a beijá-lo e a colocá-lo sobre suas cabeças, dizendo: "Esta sim que é uma verdade sem sombra de dúvida. Certamente é fabuloso que o fogo não tenha podido devorá-lo ou destruí-lo." Pelo que tomaram aquela prenda e com grandes honras a depositaram entre seus tesouros.

IX. Cólera de Heródes

1. Mas Herodes, ao tomar conhecimento que tinha sido enganado pelos Magos, já que não tinham voltado a visitá-lo, chamou os sacerdotes e sábios, dizendo: "Indicai-me aonde deve nascer o Cristo." E tendo eles respondido que "em Belém de Judéia," começou a tramar a morte de Jesus Cristo.

2. Então apareceu para José, nos seus sonhos, o anjo do Senhor e lhe disse: "Levanta-te, pega o menino e sua mãe e vai para o Egito." Levantou-se quando o galo cantou, e partiu.

X. Fuga para o Egito

1. Quando já tinha percorrido um bom trecho do caminho aproximaram-se de uma grande cidade na qual se encontrava

um ídolo, para o qual todos os demais ídolos e divindades egípcias ofereciam dotes e votos. A serviço deste ídolo havia um sacerdote, que se encarregava de transmitir aos habitantes do Egito e de suas regiões, quando Satanás falava por sua boca. Tinha este sacerdote um filho de três anos possuído de vários demônios, o qual falava e dizia muitas coisas. E ao se apoderar dele os espíritos infernais, rasgavam suas vestes, ficando despido e se lançava contra as pessoas a pedradas.

2. Tinha na cidade um asilo dedicado àquele ídolo. E ao ir para ali José e Maria com intenção de se hospedarem, os habitantes encheram-se de medo, e todos os homens principais e sacerdotes idólatras juntaram-se em frente ao ídolo maior e disseram: "O que é esta agitação e tremor que acaba de sobrevir a nossa terra?" Respondeu o ídolo: "Chegou aqui um deus disfarçado que é o Deus verdadeiro, já que a ninguém, além Dele, deve-se tributar honras divinas. Ele, na verdade, é o Filho de Deus. Esta terra, ao pressenti-lo, pôs-se a tremer e, diante de sua chegada, estremeceu comovido. Nós nos sentimos também sobrecarregados de pavor diante da grandeza de seu poder." E no mesmo instante desmanchou-se; e a sua derrubada acudiram todos os habitantes do Egito e de outras regiões.

XI. Cura do Menino Endemoniado

1. Mas o filho do sacerdote, ao se sentir atacado por sua enfermidade habitual, entrou no asilo e encontrou ali José e Maria, de quem todos os demais tinham fugido. A Senhora Santa Maria tinha acabado de lavar os panos de Nosso Senhor Jesus Cristo e os tinha estendido sobre umas madeiras. Chegou, pois, o menino possuído pelo demônio e tomando

um destes panos o colocou sobre sua cabeça. Então os demônios começaram a sair de sua boca, fugindo em forma de corvos e serpentes, ao mandato de Jesus, ficando o menino curado. E este começou a louvar a Deus e a dar graças ao Senhor que o tinha curado.

2. Seu pai, ao vê-lo já curado, disse-lhe: "Filho meu, que é que te aconteceu?, com é que te curaste?" Respondeu o filho: "Ao me jogarem os demônios por terra, fui ao asilo e ali encontrei uma augusta senhora com um menino, cujos panos recém lavados tinham sido estendido sobre umas madeiras. Tomei um destes panos e ao colocá-lo sobre a cabeça os demônios me deixaram e fugiram." Seu pai encheu-se de alegria e lhe disse: "Filho meu, bem pode ser que este menino seja o filho de Deus vivo, criador dos céus e da terra, pois ao vir para nós se desfez o ídolo e caíram todos os demais deuses, perecendo todos pela força de sua majestade."

XII. Temores da Sagrada Família

E com isto se cumpriu aquela profecia que diz: "Do Egito chamei meu filho." Mas José e Maria, ouvindo que o ídolo tinha caído e se feito em pedaços, encheram-se de temor e de espanto e exclamaram: "Quando estávamos na terra de Israel, Herodes queria matar Jesus, e por isso matou todos os meninos de Belém e de suas redondezas. Não há dúvida que agora, quando os egípcios souberam deste ídolo, vão querer nos queimar vivos."

XIII. Os Bandidos

1. E saindo dali, chegaram num lugar infestado de ladrões. Os bandidos tinham atacado uns viajantes, despojando-lhes de

suas vestes e bagagens e amarando-os com cordas fortes. Os malfeitores ouviram então um ruído muito grande, como se tratasse de um rei magnífico que tinha saído de sua cidade com todo o seu exército e cavalos ao som de tambores, ficaram por isso consternados e abandonaram tudo quanto tinham roubado.

2. Então os cativos desataram-se uns aos outros e recolhendo seus equipamentos foram embora. Mas, vendo aproximarem-se José e Maria, perguntaram-lhes: "De onde é esse rei cuja vinda alarmante e magnífica foi a causa dos bandidos nos deixarem livres, de maneira que podemos escapar?" Respondeu-lhes José: "Vem de nós."

XIV. A Endemoniada

1. Depois chegaram à outra cidade, onde se encontrava uma mulher endemoniada que, tendo uma noite saído da água, tinha sido acometida pelo maldito e rebelde Satanás. Não era capaz de agüentar seus vestidos e não tinha maneira de fazê-la ficar em casa. Sempre que tentavam segurá-la com correias ou cordas, rompia-as e fugia para lugares selvagens. Ficava nas encruzilhadas dos caminhos e entre sepulcros, jogando pedras nas pessoas e causando a seus familiares males sem conta.

2. Ao vê-la, Maria compadeceu-se dela, pelo que Satanás a deixou no mesmo instante e fugindo em forma de um jovem, dizia: "Ai de mim, Maria, por tua culpa e de teu Filho!" Desta maneira, viu-se livre aquela mulher de seu flagelo. Já dona de si, sentiu vergonha de sua própria nudez e retornou para casa, evitando encontrar-se com as pessoas. E quando ficou decentemente vestida contou para seu pai e aos seus

tal como tinha acontecido. Estes, sendo como eram os mais nobres da cidade, deram honradíssima hospitalidade para José e Maria.

XV. A jovem muda

1. No dia seguinte, bem providos de comida farta, separaram-se deles. Ao anoitecer chegaram a outra cidade, onde estavam celebrando umas bodas. Mas a noiva, por virtude do maldito Satanás e por arte de encantamentos, tinha perdido o uso da palavra e não podia falar.
2. E quando a pobre infeliz viu Maria, que entrava na cidade levando seu filho, Nosso Senhor Jesus Cristo, dirigiu até ela o seu olhar. Depois, estendeu suas mãos para Cristo e o tomou em seus braços, apertou-o contra seu coração e o beijou. E, mexendo seu corpinho de um lado para outro, inclinou-se sobre ele. No mesmo momento, desfez-se a mudez de sua língua e abriram-se seus ouvidos. Então glorificou e deu graças a Deus por ter-lhe sido devolvida a saúde. E os habitantes daquela cidade encheram-se de regozijo e pensaram que era Deus com seus anjos que tinha baixado sobre eles.

XVI. Outra Endemoniada

1. Permaneceram ali três dias consecutivos, sendo honrados e homenageados esplendidamente pelos esposos. E providos de farta comida partiram dali e chegaram em outra cidade, onde, como de costume, resolveram pernoitar. Tinha, na localidade, uma mulher de muito boa fama que, tendo saído uma noite para se lavar no rio, foi surpreendida pelo

maldito Satanás. Este se balançou sobre ela e se enroscou no seu corpo, depois, sempre que se aproximava a noite, a submetia a terríveis torturas.

2. Esta mulher, ao ver Maria, nossa Senhora, com o menino que levava reclinado em seu colo, disse-lhe: "Senhora, deixe-me esse menino para que eu o carregue e o beije." Deixou, pois, que a mulher fizesse o que pediu. Quando esta o aproximou junto a si, viu-se livre de Satanás, que a abandonou fugindo, sem que nunca, desde então, voltasse para essa mulher. Pelo que todos os presentes louvaram a Deus Sumo e esta mulher tratou muito bem aos viajantes.

XVII. Uma Leprosa

No dia seguinte, esta mulher pegou água perfumada para lavar o Senhor Jesus. Quando isto foi feito, pegou parte daquela água e a levou para uma jovem que ali vivia, cujo corpo estava branco pela lepra. Ao ser derramada sobre ela, a jovem ficou imediatamente limpa de sua lepra. E seus pais disseram: "Não cabe a menor dúvida de que José, Maria e o Menino são deuses, não homens." E quando os viajantes preparavam-se já para ir embora, esta jovem aproximou-se, rogando-lhes que a admitissem como companheira de viagem.

XVIII. Um Menino Leproso

1. Recebendo seu consentimento, a moça partiu com eles. Depois, chegaram a uma cidade onde se encontrava um príncipe muito esclarecido que morava no seu palácio e que também dispunha de algumas moradias destinadas a hóspedes. Entraram nesta moradia. Mas a moça chegou até onde

estava a esposa do príncipe e encontrando-a chorosa e aflita, perguntou-lhe pela causa de seu pranto. "Não te admires do meu pranto, - disse ela. Estou vivendo uma terrível angústia que ainda não vi em homem algum." "Talvez, se me disseres o que é, encontrarei remédio para isso." disse a moça.

2. Disse então a mulher do príncipe: "Guarda, pois segredo do que vou te dizer. Eu estou casada com este príncipe, que é o rei e tem muitas cidades submetidas a seu mando. Vivia muito tempo com ele sem ter filhos. Quando por fim tive um, ele ficou leproso e isto o aborreceu como também a mim. "Ou o matas," disse-me, "ou se não vou enviá-lo para uma ama para que o crie longe daqui, de maneira que eu não volte a ter notícia alguma dele. De minha parte, não tenho já nada que ver contigo nem voltarei a te olhar." Por isso, encontro-me sem saber o que fazer e presa desta angústia. Ai de meu filho! Ai de meu esposo!" A isto replicou a moça: "Já sei do remédio para tua desgraça e agora eu te indicarei. Sabes que também eu fui leprosa e que me limpou um deus que se chama Jesus, filho de Maria." E, perguntando-lhe a mulher, onde se encontrava este Deus ao qual se referia, respondeu a moça: "Aqui mesmo, dentro de tua casa mesmo." "E como isso é possível?," disse ela. "Onde se encontra?" Respondeu a moça: "Aqui estão José e Maria. Pois bem, o menino que levam se chama Jesus e é ele precisamente que me livrou a mim de minha atormentada enfermidade." "E como tu foste curada da lepra?" disse ela; "não me darás a conhecer?" "Por que não?," replicou a donzela; "peguei um pouco de água com a qual sua mãe o tinha lavado e a derramei sobre mim. Desta maneira, vi-me livre da lepra."

3. Então se levantou a mulher do príncipe, convidou a se hospedarem em sua própria casa e preparou para José um

esplêndido festim em meio a uma nutrida concorrência de cavalheiros. Na manhã seguinte, tomou água perfumada para lavar o menino Jesus. Depois, tomando a mesma água, fez o mesmo com seu filho, que no mesmo instante ficou limpo da lepra. Tributando, pois, louvores e graças a Deus, disse: "Feliz a mãe, oh Jesus!, que te deu à luz. Assim deixas limpos com a água que tu tomas banho aos homens teus semelhantes?" Finalmente cobriu de presentes a Maria, nossa Senhora, e despediu-se dela com grandes honras.

XIX. Um Sortilégio

1. E chegando em outra cidade, decidiram passar ali a noite. Hospedaram-se, pois, na casa de um homem que recentemente tinha contraído matrimônio, mas que estava separado de sua esposa por malefícios. E tendo ali passado a noite, cessou a influência do malefício.

2. E como tentaram pela manhã arrumar suas coisas para continuar a viagem, o homem não consentiu antes de oferecer-lhes um grande banquete.

XX. História de um Mulo

1. No dia seguinte, partiram dali e, nas redondezas de outra cidade, encontraram três mulheres que voltavam chorando do cemitério. Ao vê-las, Maria disse à donzela que os acompanhava: "Pergunta-lhes em que circunstâncias se encontram e que calamidade lhes sobreveio." Elas não quiseram responder às perguntas da donzela, mas a interrogaram por sua vez: "De onde vós vindes para onde ides?, pois já está acabando o dia e se faz logo a noite." Respondeu a moça:

"Nós somos uns viajantes que procuramos um lugar para pernoitar." Elas então disseram: "Pois vinde conosco e os hospedaremos em nossa casa."

2. Eles as seguiram e foram introduzidos numa casa nova, elegante e ricamente mobiliada. Era a estação do tempo de inverno. A moça penetrou na sala onde se encontravam as donas da casa e as encontrou aflitas e chorando. Estava ao seu lado um mulo coberto de brocados, diante dele tinham posto gergelim e a quem beijavam e davam de comer. Ao lhes perguntar a moça: "Que é o que acontece com este mulo, senhoras minhas?," elas responderam: "Este mulo, que aqui vês, era nosso irmão, filho da mesma mãe. Ao falecer nosso pai e ficarmos unicamente com ele, pensamos proporciona-lhe um bom casamento, como é costume entre as pessoas. Mas umas mulheres, servindo-se de malefícios, o encantaram sem sabermos."

3. "E uma noite, pouco antes do amanhecer, estando fechadas todas portas da casa, encontramo-nos com o que se tinha convertido, em mulo, já que não temos um pai com que nos consolarmos. Por ele não deixamos mago algum, doutor ou encantador sem consultar em todo o mundo, mas de nada nos valeu. Quantas vezes nosso peito se sente oprimido pela angústia, levantamo-nos e vamos com nossa mãe chorar junto à sepultura de nosso pai e logo voltamos para casa."

XXI. Volta a ser Homem

1. Ao ouvir tais coisas, a moça disse-lhes: "Animem-se e não chorem. O remédio de vosso mal o tendes muito perto; mais ainda, entre vós, em vossa casa mesmo, eu, por minha vez, já fui leprosa, mas, quando vi aquela mulher que levava nos

braços um ilustre infante chamado Jesus, peguei a água com a qual ela o lavava, derramei sobre mim e fiquei curada. Estou certa que Ele pode também por remédio a vosso mal. Assim, pois, levantem-se, vão ver a minha senhora Maria e contai vosso segredo, rogando-lhe que se compadeça de vós."

2. Quando as mulheres ouviram as palavras da moça, aproximaram-se rapidamente de nossa senhora Maria, fizeram-na entrar em seu quarto e se sentaram junto dela, dizendo entre soluços: "Oh Senhora nossa, Maria!, tem compaixão de nós, pois não temos, na nossa família, uma pessoa maior ou principal, nem pai, nem irmão que nos proteja. Este mulo que aqui vês era nosso irmão, a quem umas malvadas mulheres, com seus sortilégios, reduziram-no a este estado em que agora se encontra. Rogamos-te, pois, que te compadeças de nós. Então Maria pegou o menino, colocou-o sobre o lombo do mulo, começou a chorar com aquelas mulheres e disse para Jesus Cristo: " Filho meu!, cura por tua grande misericórdia a este mulo e o faz homem racional como o era antes."

3. Enquanto saía esta voz da boca de Maria, o mulo trocou de forma e se converteu em homem: um jovem sem defeito. Então ele mesmo, sua mãe e suas irmãs adoraram a Maria e levantando o menino Jesus começaram a beijá-lo, dizendo: "Feliz tua mãe, oh Jesus!, Salvador do mundo. Felizes os olhos que gozam do encanto de tua vista."

XXII. Uma Boda Ruidosa

1. Disseram finalmente as duas irmãs para sua mãe: "Já vês que nosso irmão tomou de novo a forma humana graças ao auxílio de Jesus Cristo e a intervenção saudável desta donzela, que foi a que nos apresentou Jesus e Maria. Agora,

como é solteiro, o melhor que podemos fazer é lhe dar em matrimônio esta donzela." E como Maria consentiu no seu pedido, prepararam umas suntuosas bodas para a moça. E se transformou a tristeza em alegria e o pranto em cânticos festivos. E começaram todos a dar mostras da felicidade que os embargava, cantando e vestindo-se com trajes belíssimos. Depois recitaram umas quadras que diziam: "Jesus, Filho de Davi. Tu és o que troca a tristeza em alegria e os lamentos em gritos de júbilo."

2. E permaneceram ali José e Maria dez dias consecutivos. Depois, despediram-se com grandes honras, por parte daquelas pessoas, as quais os acompanharam até à saída e voltaram chorando, particularmente a moça.

XXIII. Os Bandidos

1. E dali foram para uma região deserta que, no dizer das pessoas, estava infestada de ladrões. Apesar disso, decidiram José e Maria atravessá-la à noite. E durante a caminhada vieram dois ladrões postados no caminho e com eles muitos outros malfeitores do mesmo bando que estavam dormindo. Os dois primeiros se chamavam Tito e Dúmaco. Disse, pois, aquele a este: "Rogo-te que os deixes passar livremente, de maneira que passem despercebidos de nossos companheiros." Opondo-se a isso Dúmaco, disse-lhe Tito de novo: "Olha, podes contar com quarenta drácmas; agora toma isto de prenda!" E botou na faixa que levava na cintura. Tudo isto fazia com a finalidade de que seu companheiro não falasse e os delatasse.

2. E Maria, vendo o favor que este ladrão tinha-lhe feito, dirigiu-se a ele e lhe disse: "O Senhor te protegerá com sua direita e te

concederá a remissão de teus pecados." Então Jesus interferiu e disse para sua mãe: "Minha mãe, daqui a trinta anos irão me crucificar os judeus, em Jerusalém, e estes dois ladrões serão colocados na cruz juntamente comigo. Tito estará a direita, Dúmaco à esquerda. Tito me precedera no paraíso." Ela respondeu: "Afaste isso de teu Deus, filho meu."

3. E se afastaram dali em direção à cidade dos ídolos, a qual, com sua chegada, converteu-se em colinas de areia.

XXIV. A Sagrada Família em Matarieh

Dali dirigiram-se até o "sicómoro" que hoje em dia se chama Matarieh. Ali o Senhor fez brotar uma fonte e Maria lavou nela a túnica de Jesus. E do suor espargido produziu-se um bálsamo para toda aquela região.

XXV. A Sagrada Família em Mêmfis

Dali foram para Mêmfis; e depois de visitar o Faraó, permaneceram três anos no Egito, onde Jesus fez muitos milagres que não estão relatados nem no Evangelho da Infância e nem no Evangelho Completo.

XXVI. Volta para Israel

1. E, ao cumprir-se os três anos, retornaram do Egito. Mas, tendo ouvido dizer, ao chegarem aos confins da Judéia, que embora Herodes estivesse morto, seu filho Arquelão tinha-lhe sucedido no trono, José teve medo de entrar. Não obstante, dirigiu-se para lá. E nisto lhe apareceu o anjo de Deus que lhe disse: "José, vai para a cidade de Nazaré e fica ali."

2. Não é de admirar que fosse peregrinando por todos os países o que é dono de todos eles.

XXVII. Peste em Belém

1. E, ao entrar depois em Belém, encontraram a cidade infestada de uma peste que atacava os olhos das crianças e lhes causava a morte.
2. Tinha ali uma mulher que tinha seu filho doente. Ao vê-lo já agonizante, levou-o para Maria, que se encontrava banhando Jesus Cristo, e lhe disse: "Oh Maria, Senhora minha!, dá uma olhada de compaixão para este meu filho que sofre de dores muito agudas."
3. Maria a escutou e lhe disse: "Toma a água que acabo de lavar meu filho e lava o teu com ela." Pegou a boa mulher a água e fez tal como lhe tinha indicado Maria. Cessou imediatamente a agitação do menino e depois de um breve sono despertou salvo e são. Sua mãe, cheia de alegria, levou-o de novo para Maria e esta lhe disse: "Dá graças a Deus, porque é Ele quem devolveu a saúde para teu filho."

XXVIII. Outro Menino Agonizante

1. Vivia ali outra mulher, vizinha daquela cujo filho tinha sido curado. Seu filho também tinha a mesma doença e a pobre criatura, quase sem visão, passava os dias e as horas em lamento contínuo. Disse-lhe a mãe do menino curado anteriormente: "Por que não levas teu filho para Maria, como eu fiz com o meu, que estava já agonizante? Ficou bom somente com o contato com a água com que Jesus tinha tomado banho."

2. Ouvindo isto a mulher foi e lavou seu filho com a mesma água. No mesmo instante o corpinho e os olhos do menino recobraram a saúde. E quando esta boa mulher foi visitar Maria para lhe contar o ocorrido, a Virgem recomendou-lhe encarecidamente que desse graças a Deus pela cura do menino e que não contasse a ninguém o sucedido.

XXIX. Um Menino no Forno

1. Tinha, na mesma cidade, duas mulheres casadas com o mesmo homem. Cada uma tinha um filho e ambos estavam atacados pela febre. Uma delas se chamava Maria e seu filho Cleofás. Esta foi ver Maria, a mãe de Jesus, para lhe oferecer um lindo véu e lhe dizer: "Oh, Maria, senhora minha!, aceita este véu e me dê em retorno somente um dos panos do seu filho." Consentiu Maria e se foi a mãe de Cleofás. Esta, fez da prenda uma túnica, e a pôs no menino o qual sarou no mesmo instante de sua doença. Mas o filho da sua rival morreu vinte e quatro horas depois. Por este motivo as duas ficaram inimigas.

2. Era costume que cada uma se encarregasse dos trabalhos domésticos em semanas alternadas. Tocou, pois, o turno à Maria, mãe do Cleofás. Ocupada nestes afazeres, acendeu o forno e deixando seu filho junto do fogo foi buscar a massa para fazer o pão. A rival, ao ver que o menino estava só, pegou e o jogou no forno, cuja temperatura tinha se elevado muito. Depois se retirou sorrateiramente. Quando Maria voltou, encontrou seu filho sorridente no meio do fogo e parecia como se o forno tivesse se congelado. Percebeu então que sua rival o tinha jogado ali. Tirou pois o menino e, em seguida, foi correndo onde estava Maria (a mãe de Jesus)

para contar-lhe o acontecido. Esta lhe disse: "Fica quieta e não contes a ninguém, pois temo por ti se o divulgas." Outra vez saiu a rival a pegar água no poço. Deu a casualidade de que estava Cleofás na beira do poço e percebendo que ninguém estava por ali por perto o jogou dentro e foi embora. Foram uns homens pegar água no poço e encontraram o menino sentado na superfície. Baixaram e o tiraram de lá, muito admirados diante do caso. E todos louvaram a Deus. Então veio sua mãe, pegou-o e o levou chorando para nossa Senhora, dizendo: "Oh, senhora minha!, olha o que fez minha rival com meu filho e como o jogou no poço. Pode ser que um dia acabe com ele." Disse-lhe Maria: "Deus te vingará dela." Posteriormente, teve que ir a rival ao poço para pegar água. Mas, com tanta má sorte, enredaram-se seus pés nas cordas e caiu no fundo. É verdade que vieram alguns homens para tirá-la, mas encontraram-na com a cabeça esmigalhada e os ossos fraturados. Assim pereceu e se cumpriu nela aquele ditado: "Cavaram um poço muito fundo e caíram na fossa que tinham preparado." (Os. 7, 16).

XXX. Um Futuro Apóstolo

1. Outra mulher da localidade tinha dois filhos gêmeos. Ambos foram atacados pela doença. Um morreu e o outro se encontrava muito mal. Pegou este sua mãe e o levou para Maria, dizendo-lhe: "Oh, senhora minha!, socorre-me, pois de dois filhos que tinha um há pouco o sepultei e o outro está para morrer. Assim terei de rogar a Deus desta maneira: Oh Senhor!, tu és misericordioso, clemente e cheio de piedade. Deste-me dois filhos, já que me tiraste um, deixa-me ao menos o outro."

2. A Virgem Maria compadeceu-se ao ver a amargura de seu pranto e lhe disse: "Coloca teu filho na cama do meu e o cobre com as vestes deste." Assim o fez, pôs no berço onde Cristo repousava, depois que tinha fechado já os olhos e era cadáver. E por causa do perfume que exalava das vestes de Jesus, abriu o menino os olhos e se pôs a chamar bem alto a sua mãe. Depois pediu pão e comeu. Então sua mãe exclamou: "Oh senhora minha!, agora reconheço que a virtude de Deus habita em ti, já que teu filho devolve a saúde a seus semelhantes somente com contato de suas vestes." Este menino, devolvido à vida, é aquele que no evangelho leva o nome de Bartolomeu.

XXXI. Uma Mulher Leprosa

1. Foi testemunha desta cena uma mulher leprosa que por ali se encontrava, a qual se dirigiu à mãe de Jesus nestes termos: "Oh senhora minha!, ajuda-me." Respondeu-lhe Maria: "E que é que precisas?, ouro prata ou bem ver teu corpo livre da lepra?" A mulher exclamou: "Mas quem será capaz de me obter este último?" Ao que repôs nossa senhora, a Virgem Maria: "Espera um momento enquanto dou um banho em meu filho Jesus e o deposito no berço."

2. Esperou a mulher conforme lhe tinha sido indicado. E quando Maria terminou de arrumar o menino, dirigiu-se para a mulher e lhe deu um pouco da água que tinha banhado Jesus, dizendo-lhe: "Toma esta água e derrama sobre teu corpo." E ao fazer isto ficou limpa, com o que rendeu a Deus as cumpridas graças e louvores.

XXXII. Outra Leprosa

1. Foi-se embora aquela mulher, então, depois de passar três dias na casa de Maria. E ao chegar na cidade encontrou-se com um homem principal que tinha contraído matrimônio recentemente com a filha de outro personagem de sua casta. Mas em pouco tempo de casado, percebeu o marido uma manchinha de lepra, como uma estrela, entre as sobrancelhas de sua esposa. E se separou dela, dissolvendo o casamento. Ao vê-los a boa mulher assim, neste estado de abatimento e de tristeza, perguntou-lhes a causa de seu pranto. Mas eles responderam: "Não pretendas esquadrinhar nossa situação, pois não estamos dispostos a deixar nenhum mortal saber a causa de nossa dor." Insistiu ela, não obstante, e rogou que lhe dessem a conhecer, pois talvez tinha a sua disposição algum remédio contra o mal que os afligia.

2. Apresentaram-lhe, por fim, a moça; e, ao ver os sinais da lepra que apareciam entre suas sobrancelhas, disse a mulher: "Eu mesmo, tal como me vês, estava com essa doença, quando, por alguns assuntos que casualmente surgiram, fui fazer uma viagem para Belém. Ao chegar na cidade vi, numa caverna, uma senhora de nome Maria com seu filho chamado Jesus. Ela, ao me ver leprosa, compadeceu-se de mim e me proporcionou um pouco da água com que acabava de banhar seu filho. Lavei com ela meu corpo e fiquei boa." Disseram, pois, à mulher: "Não seria possível que viesses conosco para indicarmos quem é a senhora que se chama Maria?" E, obtido seu consentimento, todos se puseram a caminho, levando consigo esplêndidos presentes.

3. Entraram, finalmente, onde estava Maria e depois de lhe oferecer seus dotes apresentaram a moça leprosa. Ao vê-

la, exclamou Maria: "Que a misericórdia do Senhor Jesus Cristo desça sobre vós." Depois, ofereceu-lhes um pouco daquela água que tinha servido para banhar Jesus e mandou que a derramasse sobre aquela pobrezinha. Quando isto foi feito, ficou curada a doente e todos em couro puseram-se a louvar a Deus. E, ao ouvir o príncipe que sua esposa estava curada, recebeu-a em sua casa, celebrou pela segunda vez as núpcias e deu graças a Deus pela cura.

XXXIII. Uma Jovem Endemoniada

1. Vivia também ali uma jovenzinha que era atormentada continuamente por Satanás. O maldito aparecia-lhe, com freqüência, em forma de dragão que se dispunha a engoli-la e chupava seu sangue, de maneira que a pobrezinha estava quase reduzida a cadáver. Sempre que se aproximava o maligno, juntava suas mãos sobre a cabeça e dizia em alta voz: "Infeliz de mim!, porque não há nada capaz de me livrar deste dragão." Seus pais, e todos os que estavam ao seu redor, doíam-se de sua desgraça. Muitas pessoas rodeavam-na e se lamentavam entre soluços ao vê-la chorar e dizer: "Oh irmãos e meus amigos! Não há nada que possa me livrar deste criminoso?"

2. Ouviu-a um dia a nobre, aquela que tinha sido curada da lepra. Subiu até ao terraço do palácio, de onde viram-na chorando com as mãos na cabeça e também a gente que a rodeava. Perguntou, pois, o marido da endemoniada, se vivia ainda sua sogra, ao que respondeu que viviam ainda seus pais políticos. Então lhe disse: "Faz vir aqui a mãe de tua esposa." E enquanto a teve a seu lado, perguntou-lhe: "É tua filha esta pobrezinha?" "Assim é," disse a mulher toda

triste e chorosa. Replicou então a filha do nobre: "Guarda o segredo que vou te confiar. Participo-te que eu fui leprosa, mas me devolveu a saúde Maria, a mãe de Jesus. E se tu queres ver curada tua filha, leva-a a Belém, procura esta senhora e espera com confiança que tua filha será curada. Por minha parte, estou certa que voltarás para mim cheia de alegria, vendo tua filha usufruir perfeita saúde." A mulher, que ouviu as palavras daquela dama, pegou imediatamente sua filha e se pôs a caminho até o lugar designado e, ao chegar na presença de Maria, manifestou o estado de sua filha. Quando Maria escutou suas palavras, deu-lhe um pouco da água com que tinha lavado o corpo de Jesus e mandou que a derramasse sobre sua filha. Depois, deu-lhe uma das faixas que Jesus usava, dizendo-lhe: "Toma esta prenda e mostre-a ao inimigo quantas vezes o veja." E com uma saudação as despediu.

XXXIV. Outra Possessão

1. Partiram dali em direção a sua cidade. E chegando o momento em que a jovem costumava ficar submetida à ação diabólica, apareceu-lhe o maldito em forma de um dragão terrível, de cuja presença a moça encheu-se de medo. Sua mãe disse-lhe: "Não temas, filha; quando se aproximar, mostra esta prenda que nos presenteou a Senhora Maria e vamos ver o que é que acontece."

2. Aproximou-se, pois, Satanás na forma daquele maldito dragão e a jovem começou a tremer dos pés à cabeça. Mas, em seguida, tirou a faixa, colocou sobre sua cabeça e cobriu com ela os olhos. Então começaram a sair da prenda brasas e chamas que eram lançadas contra o dragão. – Oh,

que grande milagre aconteceu quando o maligno dirigiu sua olhada àquela faixa, da qual saía fogo que vinha para a sua cabeça! Exclamou então com voz alta: "Que tenho que ver eu contigo, Jesus, filho de Maria? Para onde fugirei de ti?" E, consternado, afastou-se da moça e não voltou a lhe aparecer. Esta enfim usufruiu paz e tributou graças e louvores a Deus. E todos os que presenciaram o milagre acompanharam-na em sua oração.

XXXV. Judas Escariote

1. Vivia ali mesmo outra mulher cujo filho era atormentado por Satanás. Seu nome era Judas. Quantas vezes a pobre criatura fosse possuída pelo demônio, punha-se a morder a todos quantos se aproximavam. E, se não encontrava nada a seu alcance, mordia suas próprias mãos e membros. Ao chegar, pois, a fama da Virgem Maria e de seu filho Jesus, a mãe do desgraçado levantou-se e levou Judas diante da presença de Nossa Senhora.

2. Entretanto, Santiago e José tinham tirado o menino Jesus para fora de casa para brincar com outros meninos. E, estando todos sentados, aproximou-se Judas, o endemoniado, e ficou à direita de Jesus. Então foi atacado por Satanás, como de costume, e quis morder Jesus, mas não pôde. Entretanto, fez-lhe mal no lado direito e Jesus se pôs a chorar. Mas, de repente, saiu Satanás do endemoniado sob a forma de um cachorro raivoso. E este menino era Judas Escariote, o que havia de o entregar aos judeus. É de notar que o lado que Judas machucou Jesus é o mesmo que transpassaram os judeus com uma lança.

XXXVI. As Figurinhas de Barro

1. Completou Jesus sete anos e estava um dia entretido brincando com os meninos da mesma idade. Todos se divertiam fazendo de barro figurinhas de asnos, bois, pássaros e outros animais. Cada qual fazia alarde de suas habilidades e aplaudia seu trabalho. Então, disse Jesus aos demais: "Eu vou mandar correr minhas figurinhas." Admirados os outros, perguntaram-lhe se, por ventura, era filho do Criador.

2. Então Jesus mandou as figurinhas movimentarem-se e elas começaram a saltar. Logo, a uma indicação sua, voltaram a ficar paradas. Tinha feito também figuras de pássaros e aves que, ao ouvirem sua voz, começaram a voar; mas quando as mandava ficarem quietas, paravam. E, sempre que colocava algo de comer ou de beber elas comiam ou bebiam. Ao irem embora, os meninos contaram tudo isto em casa e seus pais disseram-lhes: "Tenham cuidado, filhos, e não brinquem com ele. Fujam e não brinquem mais em sua companhia, pois é um encantador."

XXXVII. As Cores Do Tintureiro

1. Brincando um dia com os meninos, passaram na frente da tenda de um tintureiro chamado Salém, que tinha ali depositado muitos panos para tingir.

2. Entrou Jesus na oficina e se interteve a colher todos os panos que ali tinha e os colocou num recipiente cheio de azul índigo. Ao chegar Salém e ver o estropício, pôs-se a gritar desaforadamente a ralhar com Jesus, dizendo: "Que é o que fizeste, filho de Maria? Desonraste-me diante dos vizinhos, pois cada um deseja uma cor a seu gosto e você os

colocou todos a perder." Respondeu Jesus: "Todas as cores que queres trocar, eu me comprometo a trocá-las." E em seguida começou a tirar os panos do recipiente, cada um da cor que queria o tintureiro, até que estejam todos fora. Os judeus, ao verem o portento, louvaram a Deus.

XXXVIII. Jesus na Carpintaria

1. José, sempre que saía da cidade, costumava levar consigo Jesus. É de se saber que por sua profissão, as pessoas encomendavam portas, ordenhadeiras, catres e arcas. Aonde quer que fosse, sempre o acompanhava Jesus.

2. E acontecia que quando José tinha necessidade de alargar ou cortar alguma madeira (mesmo se tratando de um côvado ou de um palmo), para fazer mais largo ou mais estreito, Jesus não fazia mais que estender suas mãos até o objeto e este se ajustava à medida, sem que José tivesse necessidade de pôr ele a mão. É de notar que este não estava demasiado prático na arte da carpintaria.

XXXIX. Uma Encomenda para o Rei

1. Certo dia, chamou-o o rei de Jerusalém para lhe dizer: "José, quero que me faças um trono na medida do lugar onde costumo me sentar." Obedeceu José e permaneceu dois anos no palácio, a partir do dia em que pôs as mãos na obra até que a deu por terminada. E, estando já para removê-la para o lugar deu-se conta que faltavam dois palmos para a medida proposta. Ao ver isto, o rei se incomodou com o José; e este, preso de grande temor, passou a noite sem dormir nem provar comida alguma.

2. Perguntando-lhe Jesus a causa do seu temor, respondeu: "Perdi o trabalho de dois anos inteiros." Disse-lhe Jesus: "Não tenhas medo e nem te deixes dominar pelo abatimento. Pega um lado do trono e eu do outro e vamos ver se o alargamos." José pôs em prática o que tinha dito Jesus; e aconteceu que ao puxar cada um seu lado, ficou o trono alongado e proporcional às medidas do lugar. Os que presenciaram este prodígio encheram-se de estupor e louvaram a Deus.
3. A madeira do trono procedia das árvores tão apreciadas nos tempos de Salomão, filho de Davi, por sua variedade e suas múltiplas aplicações.

XL. Uma Artimanha de Rapazes

1. Outro dia, saiu Jesus na rua e vendo os meninos reunidos para brincar quis segui-los. Mas eles se esconderam. Então perguntou a uma das mulheres que estavam na porta de uma casa, onde eles tinham passado. Elas responderam que ali não estavam, ao que Jesus replicou: "Quem são, pois, estes que vês no forno?" As mulheres disseram que se tratavam de cabritos de três anos. Então exclamou Jesus: "Venham aqui cabritos, em torno de seu pastor." Acabando de pronunciar estas palavras, saíram os rapazes em forma de cabritos e se puseram a se inclinar ao seu redor. Vendo isto as mulheres encheram-se de admiração e de temor e se lançaram aos pés de Jesus, dizendo: "Oh Jesus, Senhor nosso, filho de Maria. Tu és de verdade o pastor de Israel, tem compaixão das servas que estão diante de ti e que nunca duvidaram, pois tu, oh Senhor, vieste para curar e não para ferir."
2. E como tivesse respondido Jesus que os filhos de Israel eram como os etíopes entre ao demais povos, replicaram as mu-

lheres: "Tu, Senhor, sabes todas as coisas e nada se oculta de ti, rogamos-te, apelando para tua piedade, que devolvas estes meninos teus servos, a seu primitivo estado." Disse, pois o Senhor Jesus: "Meninos, brinquem!" E, à vista das mulheres, ficaram, neste instante, os cabritos transformados em meninos.

XLI. Jesus Rei

E no mês de Adar, Jesus reuniu os meninos em torno de si, como um rei. Estes puseram no chão suas vestes e Ele se sentou sobre elas. Depois teceram uma grinalda, cingiram com ela suas fontes e formaram em ambos lados Dele como súditos na presença do rei. E todos os que transitavam por aquele caminho, obrigavam a interromper a sua caminhada dizendo: "Antes de prosseguir tua viagem, rende homenagem e adora o rei."

XLII. Simão, o Cananeu

1. E enquanto estavam assim entretidos, aproximaram-se daquele lugar uns homens que levavam um menino. Este tinha ido com seus companheiros ao monte em busca de lenha; e ao divisar um ninho de perdiz, estendeu suas mãos para apoderar-se dos ovos. Mas com tão má sorte que, no mesmo momento, saiu do ninho uma serpente e lhe picou. Deu então gritos pedindo auxílio, e seus companheiros correram para seu lado, encontrando-o já estendido por terra morto. Chegaram depois seus pais e o levantaram para o levarem.

2. E chegaram no lugar onde estava Jesus sentado à maneira de rei, rodeado dos demais meninos que lhe serviam de

ministros. Estes saíram em passo de cortejo e disseram aos portadores: "Venham render homenagens ao Rei." Eles se negaram por causa da aflição que estavam, mas os meninos os arrastaram à força, mesmo os contrariando.

3. Quando, por fim, estavam na presença de Jesus, este inquiriu sobre o motivo de levar assim o menino. E ao saber que lhe tinha picado uma serpente, disse aos seus: "Vamos e demos-lhe morte." Os pais do ferido suplicaram-lhe que lhes permitisse ir embora, já que seu filho se encontrava em agonia; mas os meninos os encararam e disseram: "Mas não ouviste que disse o Rei? Vamos e demos morte à serpente. Acaso estão negando a obedecer?" E assim, muito a contragosto, voltaram atrás com a liteira.

4. Ao chegar no lugar do ninho, Jesus perguntou aos meninos: "É aqui onde estava a serpente?" Eles responderam afirmativamente. E, em seguida, simplesmente, ao ouvir a voz de Jesus, saiu o réptil humildemente. Então lhe disse Jesus: "Olha, vem e chupa todo o veneno que inoculaste neste menino." A serpente foi-se arrastando até ele e chupou todo o veneno. Depois Jesus jogou uma maldição sobre ela e ela rebentou. O menino pôs-se a chorar depois de ser curado; mas Jesus disse-lhe: "Não chores, pois um dia hás de ser meu discípulo." Este é precisamente Simão Cananeu, de quem se faz menção no Evangelho.

XLIII. Jesus e Santiago

Outro dia, enviou José seu filho Santiago para recolher lenha. Jesus ofereceu-se para o acompanhar. E, chegando no bosque, começou Santiago seu trabalho; mas foi mordido em sua mão por uma víbora maligna e se pôs a falar, chorando. Ao perceber o que se passava, correu Jesus para seu lado e soprou no lugar aonde tinha sido mordido pela víbora. Depois disso, ficou curado.

XLIV. Um Menino Despojado

Outro dia, encontrava-se Jesus brincando com outros meninos em cima de um terraço. Um destes caiu do alto e morreu no mesmo instante. Os demais fugiram e Jesus ficou sozinho no terraço. Chegaram então os pais do defunto e lhe disseram: "Tu empurraste nosso filho lá de cima." Jesus negou; mas eles se puseram a gritar, dizendo: "Nosso filho está morto e este é o que o matou." Replicou Jesus: "Não me calunieis; e se é que não quereis me acreditar, vamos perguntar ao menino para que ele ponha as coisas no claro." Então baixou Jesus e se aproximou do morto e lhe disse em voz alta: "Zenon, quem foi que te atirou para baixo?" E o defunto respondeu e disse: "Não foste Tu, Senhor, senão o terror." Todos louvaram a Deus por este milagre.

XLV. O Cântaro Quebrado

1. Mandou uma vez Maria Jesus pegar água na fonte. Mas na volta, quando trazia o cântaro cheio, recebeu este um grande golpe e se quebrou.

2. Então Jesus estendeu seu pano, recolheu a água nele e a levou para sua mãe. Esta se encheu de admiração e conservava, dentro do seu coração, escondido, tudo o que seus olhos viam.

XLVI. Brincando com o Barro

1. Uma vez estava Jesus brincando com outros meninos na beira de um arroio. Todos se entretinham formando pe-

quenas poças. O Senhor tinha feito doze pássaros de barro e os havia colocado de três em três em ambos os lados da poça. E era dia de sábado.

2. Aproximou-se por ali o filho de Hanan, vendo-os nesta brincadeira, incomodou-se muito. E indignado disse: "Estão nos dando vergonha fazerem figuras de barro no dia de sábado." E no mesmo instante destruiu as peças. Deu então Jesus umas palmadas nos seus pássaros e estes saíram voando e piando.

3. Ao vê-los, o filho de Hanan aproximou-se também da poça de Jesus e a pisoteou, deixando escapar a água estancada. Disse-lhe então Jesus: "Assim como se há dissipado esta água, dissipar-se-á também sua vida." E, no mesmo instante, ficou seco aquele menino.

XLVII. Uma Morte Repentina

Em outra ocasião, já era de noite e voltava Jesus para sua casa em companhia de José. De súbito, apresentou-se um menino que vinha correndo em direção contrária e deu em Jesus um golpe tão forte que o fez cair. Então lhe disse o Senhor: "Assim como me atiraste no chão, da mesma maneira cairás tu para não mais te levantares." E no mesmo instante despencou-se o menino e expirou.

XLVIII. O Mestre Confundido

1. Tinha em Jerusalém um tal Zaqueu que se dedicava a ensinar os meninos. Um dia disse para José: "Por que não me trazes Jesus para que aprenda as letras?" Concordou José, e foi dizer para Maria, e o levaram na casa do mestre. Este,

simplesmente ao vê-lo, perguntou-lhe o alfabeto e o mandou que pronunciasse Alfa e que pronunciasse Beta. Replicou então Jesus: "Diga-me primeiro tu o que significa a letra Alfa e então te pronunciarei eu para ti o Beta."

2. Ao ver que o mestre o ameaçava com o látego, Jesus expôs a significação das letras Alfa e Beta. E também quais as figuras das letras que eram retas, quais torcidas, quais em forma de espiral, quais pontudas e quais não; por que uma letra precedia a outra. E muitas coisas do mesmo estilo que o mestre não tinha ouvido nem lido em sua vida. Disse finalmente Jesus ao mestre: "Presta atenção enquanto eu vou te explicando." E começou a recitar claramente Alpha, Beta, Gama, Delta até Tau. O mestre, cheio de admiração, exclamou: "Este menino nasceu antes que Noé, penso eu." Em seguida, dirigiu-se a José nestes termos: "Trouxeste-me um menino para que lhe desse instrução, e resulta que é mais douto que todos os mestres." E disse finalmente para Maria: "Teu filho não tem necessidade de instrução alguma."

XLIX. O Professor Castigado

1. Levaram-no depois a um mestre muito instruído, o qual, ao vê-lo, o mandou pronunciar Alpha. Quando pronunciou, disse-lhe: "Diz agora Beta." Ao que replicou Jesus: "Diz-me primeiro o significado da letra Alpha e, em seguida, pronunciar-te-ei a Beta." Então o mestre levantou a mão para castigá-lo, mas esta ficou seca e ele morreu imediatamente.

L. Jesus Mestre

1. Ao cumprir doze anos, levaram-no para Jerusalém para a festa. Terminada esta, seus pais voltaram. Mas ele ficou entre os doutores e eruditos de Israel, aos quais fazia perguntas relativas as suas respectivas especialidades, respondendo por sua vez às questões que lhe propunham.
2. E entre outras coisas perguntou-lhes: "De quem é o filho do Messias?" Responderam-lhe: "De Davi." Disse-lhes: "E como, pois, este o chama seu Senhor, dizendo: Disse o Senhor ao meu Senhor: senta-te a minha direita até que ponhas os teus inimigos sob teus pés?"
3. Disse-lhe de novo o principal entre os doutores: "Tu lês livros?" "Sim, leio, disse Jesus, e tudo o que neles se contém." E imediatamente começou a lhes explicar os livros da Lei (Thorá), os preceitos, os estatutos e os mistérios contidos nos profetas, coisas que inteligência de nenhuma criatura alcançava. Disse, pois, o doutor àquele: "Eu, de minha parte, confesso que até agora não tinha tido ocasião de aprender nem ouvir nunca tais coisas. Quem pensa que este menino é?"

LI. Jesus e o Astrônomo

1. Encontrava-se ali um filósofo entendido em astronomia, que perguntou a Jesus se tinha estudado esta ciência.
2. A resposta de Jesus consistiu em fazer uma exposição do número de esferas e de corpos que há no firmamento, de sua natureza e propriedades, de sua contraposição, de seu aspecto triangular, quadrangular e hexagonal, de sua trajetória de ida e vinda, de suas posições em minutos e segundos e de outras muitas coisas a que não alcança a razão.

LII. Jesus e o Físico

1. Tinha também entre os presentes um filósofo muito sabido nas ciências naturais, o qual perguntou a Jesus se por ventura tinha estudado medicina.

2. Ele, por resposta, explicou-lhe a física, a metafísica, a hiperfísica e a hipo-física; as forças do corpo, seus humores e efeitos de ambos: os efeitos do calor e da seca, do frio e da umidade e de tudo o que deles provém; a atuação da alma no corpo, seu sentido e seus efeitos; em que consiste a faculdade de falar, de irritar-se, de apetecer; a articulação e desacurtilação e, finalmente, outras muitas coisas que não alcança o entendimento de nenhuma criatura.

3. Então, levantou-se o filósofo e se prostrou diante dele, dizendo: "Senhor, de aqui em diante serei teu discípulo e teu servo."

LIII. Invento de Jesus

1. Enquanto falavam entre si estas coisas e outras do estilo chegou ali Maria, que fazia três dias consecutivos que procurava por Jesus em companhia de José. Ao vê-lo, finalmente, ali sentado no meio dos doutores, perguntando algumas vezes e outras respondendo, disse-lhe: "Filho meu, por que fizeste isso conosco? Teu pai e eu vimos a tua procura com grande fadiga." Mas ele respondeu: "Por que me procurais? Não sabeis que me é conveniente estar na casa de meu Pai?" Mas eles não compreenderam suas palavras. Então os doutores perguntaram para Maria se aquele era seu próprio filho. E confirmando, disseram-lhe: "Bem-aventurada tu, Maria, porque deste à luz a um menino como este."

2. E voltou com eles para Nazaré, dando-lhes prazer em todas as coisas. E sua mãe, por sua vez, conservava tudo isto dentro de seu coração. Enquanto Jesus ia crescendo na idade, na sabedoria e na graça diante de Deus e diante dos homens.

LIV. Vida Oculta

Desde então, começou a esconder os milagres e a se dedicar ao estudo da lei, até que cumpriu trinta anos, que foi quando o Pai lhe deu a conhecer publicamente na beira do Jordão com esta voz vinda do céu: "Este é meu filho amado, em quem repouso," estando presente o Espírito Santo, em forma de pomba branca.

LV. Doxologia

Este é Aquele a quem adoramos suplicantes, o que nos deu o ser e a vida, o que nos tirou do seio de nossa mãe, o que tomou um corpo humano por nós e nos redimiu para nos dar o abraço eterno de sua misericórdia e nos manifestar sua clemência pela liberdade, a beneficência, o poder e o império, agora e sempre por todos os séculos dos séculos. Amém.

Aqui termina o evangelho íntegro da infância, com o auxílio de Deus supremo, e de acordo com o que encontramos no original.

O Evangelho de Nicodemo

O Evangelho de Nicodemo ou Atos de Pôncio Pilatos mostra claramente o desejo de minimizar a culpa de Pilatos, que já se adverte no Evangelho conforme São Pedro. Este personagem ocupou um lugar muito importante no pensamento dos primeiros cristãos. Tertuliano manifesta que Pôncio Pilatos informou com detalhe, ao imperador Tibério, da injusta sentença de morte pronunciada por ele contra um ser inocente e divino. Sempre, de acordo com Tertuliano o imperador, ficou tão impressionado que propôs que Cristo fosse admitido entre os deuses de Roma, mas o Senado opôs-se. Nos autores dos primeiros séculos é muito evidente o empenho por fazer do governador romano uma testemunha da morte de Cristo e, ao mesmo tempo, da verdade do cristianismo.

O Evangelho de Nicodemo se compõe de três partes claramente delimitadas: na primeira expõe-se com todo o detalhe o julgamento, a crucificação e a sepultura de Cristo; a segunda mostra os detalhes que tiveram lugar no "Sanedrín" a respeito da ressurreição e a terceira, intitulada "Descensus Christi ad infernos," narra a descida de Cristo ao inferno, contada por duas testemunhas que ressuscitaram dentre os mortos: os filhos de Simião.

Existem manuscritos gregos, siríacos, coptos, árabes e latinos. Como conseqüência da grande influência deste evangelho, os cristãos da Síria e do Egito veneram Pôncio Pilatos como santo e mártir, figurando ainda hoje no calendário litúrgico da Igreja copta.

Possivelmente foi redigido na primeira metade do Século IV, se bem que durante a época medieval efetuaram-se numerosos acréscimos, como a Anaphora Pilati, a Carta de Pilatos a Tibério e outros que não incluímos aqui por serem evidentemente muito posteriores a sua versão ou versões iniciais.

O Evangelho de Nicodemo

Primeira Parte

História de Nosso Senhor Jesus Cristo composta no tempo de Pôncio Pilatos

Prólogo

Eu, Ananias, tive conhecimento de Nosso Senhor Jesus Cristo e me aproximei Dele pela fé, e me concedeu o santo batismo. Estas memórias, relativas a Nosso Senhor Jesus Cristo, que foram feitas naquela época, e que os judeus deixaram em depósito para Pôncio Pilatos, encontrei-as escritas como estavam em hebreu e, com o beneplácito divino, traduzi-as para o grego, para conhecimento de todos os que invocam o nome de Nosso Senhor Jesus Cristo, durante o reinado de Flávio Teodósio, nosso senhor, no ano 17, e sexto de Flávio Valentino, na indicação novena.

Todos, pois, quantos leiam e traduzam para outros livros, concordem e peçam por mim para que o Senhor seja piedoso comigo e me perdoe os pecados que cometi contra ele.

No ano décimo quinto do governo de Tibério César, imperador dos romanos, no ano décimo nono do governo de Herodes, rei da Galiléia: no dia oitavo dos calendários de abril, correspondente ao dia 25 de março, durante o consulado de Rufo e Rubelião: no ano quarto da olimpíada 202; sendo então sumo sacerdote dos judeus José Caifás. Todo o que narrou Nicodemo, a raiz do tormento da cruz e a paixão do Senhor, transmito aos príncipes e sacerdotes e aos demais judeus, depois de ter redigido eu mesmo em hebreu.

I

1. Depois de ter-se reunido no conselho dos príncipes e dos sacerdotes e dos escribas, Anás, Caifás, Semes, Dothaim, Gamaliel, Judas, Levi, Meftali e Alejandro Jairo e os restantes entre os judeus, apresentaram-se diante de Pilatos acusando Jesus de muitos feitos, dizendo: Sabemos que este é filho de José, o carpinteiro, e que nasceu de Maria, e se chama a si mesmo de filho de Deus e rei; além disso, profana o sábado e até pretende abolir a lei de nossos pais." Disse-lhes Pilatos: "E que é o que faz e o que pretende abolir?" Disseram os judeus: "Temos uma lei que proíbe de curar alguém no sábado; pois bem, este, servindo-se de artes maléficas curou no sábado a coxos, corcundas, impedidos, cegos, paralíticos, surdos e endemoniados." Disse-lhes Pilatos: "Por que tipo de artes maléficas?" Eles disseram: "E um mago; por virtude de Belzebu, príncipe dos demônios, expulsa estes e todos se submetem." Disse-lhes Pilatos: "Isto não é expulsar os demônios por virtude de um espírito imundo, senão por virtude do deus Esculápio."

2. Disseram os judeus a Pilatos: "Rogamos a tua majestade que seja apresentado diante de teu tribunal para que possa-

mos ser ouvidos." Chamando-os então Pilatos, disse-lhes: "Dizei-me vós a mim como eu, que sou um mero governador, vou a submeter a interrogatório a um rei." Eles responderam: "Nós não dissemos que seja rei, senão que se dá ele mesmo esse título." Pilatos chamou então o mensageiro para dizer-lhe: "Seja-me apresentado aqui Jesus com toda a deferência." Saiu, pois, o mensageiro e ao identificar-se o adorou; pegou depois o manto que levava em sua mão e o estendeu no chão, dizendo: "Senhor, passa por cima e entra, que te chama o governador." Vendo os judeus o que tinha feito o mensageiro, levantaram gritos contra Pilatos, dizendo: "Por que te serviste de um mensageiro para fazê-lo entrar, e não de um simples pregador? Deves saber que o mensageiro, assim que o viu, o adorou e estendeu-lhe seu manto sobre o chão, fazendo-o caminhar por cima como se fosse um rei."

3. Mas Pilatos chamou o mensageiro e lhe disse: "Por que fizeste isso e estendeste teu manto sobre o chão, fazendo passar por cima Jesus?" Respondeu o mensageiro: "Senhor governador, quando em enviaste a Jerusalém ao lado de Alexandre, eu o vi sentado sobre um asno e os meninos hebreus iam clamando com ramos em suas mãos, enquanto outros estendiam suas vestes no chão dizendo: Salva-nos, tu que estás nas alturas; bendito o que vem em nome do Senhor."

4. Os judeus então começaram a gritar e disseram ao mensageiro: "Os rapazes hebreus clamavam na sua língua. Como pois tomaste conhecimento de sua equivalência em grego?" Disse-lhes Pilatos: "Como soa em hebreu o que eles diziam a altas vozes?" Responderam os judeus: "Hosanna membrome, baruchamma; adonai." Disse-lhes então Pilatos: "E o que significa Hosanna e o resto?" Responderam os judeus:

"Salva-nos tu que estás nas alturas, bendito o que vem em nome do Senhor." Disse-lhes Pilatos: "Se vós mesmos dais testemunho das vozes que saíram dos rapazes, em que faltou o mensageiro?" Eles calaram. Disse então o governador ao mensageiro: "Sai e introduz de maneira que te apraz." Saiu, pois, o mensageiro e fez o mesmo que na vez anterior, dizendo a Jesus: "Senhor, entra, o governador te chama."

5. Mas no momento em que entrava Jesus, enquanto os porta-estandartes sustentavam os estandartes, estes se inclinaram e adoraram Jesus. Os judeus que viram a atitude dos porta-estandartes, como se tinham inclinado e adorado Jesus, começaram a gritar desaforadamente contra os eles. Mas Pilatos disse-lhes: "Não lhes causa admiração ao ver como inclinam os corpos e adoram a Jesus?" Responderam os judeus a Pilatos: "Nós mesmos temos visto como os porta-estandartes inclinam-se e o adoram." O governador chamou então os porta-estandartes e lhes disse: "Por que fizestes assim?" Eles responderam a Pilatos: "Nós somos gregos e servidores das divindades, como pois, íamos adorá-lo? Sabeis que, enquanto estávamos eretos, nossos corpos por si mesmos inclinaram-se e o adoraram."

6. Disse então Pilatos aos arquissinagogos e anciãos do povo: "Escolhei vós mesmos uns quantos fortes e robustos; que eles segurem os porta-estandartes e vejamos se estes se inclinam por si mesmos." Tomaram, pois, os anciãos dos judeus doze homens fortes e robustos, aos quais obrigaram a segurar os porta-estandartes em grupo de seis e ficaram em pé diante do tribunal do governador. Disse então Pilatos ao mensageiro: "Leva-o para fora do pretório e o introduz da maneira que te aprouver." E saiu Jesus do pretório acompanhado do mensageiro. Chamou então Pilatos aos que anteriormente

estavam eretos e lhes disse: "Jurei pela saúde de César que, se não se inclinam os porta-estandartes com a entrada de Jesus, cortarei suas cabeças." E ordenou de novo o governador que entrasse Jesus. O mensageiro observou a mesma conduta que no princípio e rogou encarecidamente a Jesus que passasse por cima de seu manto. E caminhou sobre ele e penetrou dentro. Mas no momento de entrar, dobraram-se de novo os porta-estandartes e adoraram Jesus.

II

1. Quando Pilatos viu isto, encheu-se de medo e se dispôs a deixar o tribunal. Mas, enquanto estava ainda pensando em se levantar, sua mulher enviou-lhe esta missiva: "Não te metas por nada com este justo, pois durante a noite sofri muito por sua causa." Pilatos então chamou a todos os judeus e lhes disse: "Sabeis que minha mulher é piedosa e que se propõe a assessorá-los em vossos costumes judeus?" Eles disseram: "Sim, sabemos." Disse-lhes Pilatos: "Pois bem, minha mulher acaba de enviar-me este recado: Não te metas por nada com este justo, pois durante a noite sofri muito por sua causa." Mas os judeus responderam a Pilatos dizendo: "Não falamos que é um mago? Sem dúvida enviou um sonho quimérico para tua mulher."

2. Pilatos chamou então Jesus e lhe disse: "Como é que estes dão testemunho contra ti? Não dizes nada?" Jesus respondeu: "Se não tivessem poder para isso, nada diriam, pois cada um é dono de sua boca para falar as coisas boas e as más, eles verão."

3. Mas os anciãos dos judeus responderam dizendo para Jesus: "Que é o que nós vamos ver? Primeiro, que tu vieste ao mundo por fornicação; segundo, que teu nascimento em

Belém trouxe como conseqüência uma matança de crianças; terceiro, por que teu pai José e tua mãe Maria fugiram do Egito por se encontrarem coibidos diante do povo."

4. Disseram então alguns dos ali presentes, que eram judeus piedosos: "Nós não estamos concordando com que ele nasceu de fornicação, mas sabemos que José desposou Maria e que não foi concebido desse modo." Disse Pilatos aos judeus que afirmavam aquilo: "Não é verdade isso que dizeis, posto que celebram os esponsais, segundo vos mesmos compatriotas afirmam." Disseram então Anás e Caifás para Pilatos: "Todos, em massa, estamos falando e não acreditam no que dizemos; estes são prosélitos e discípulos seus." Chamou Pilatos a Anás e Caifás e lhes disse: "Que significa a palavra Prosélitos?" Eles responderam: "Que nasceram de pais gregos e agora são judeus." Ao que replicaram os que afirmavam que Jesus não tinha nascido de fornicação (isto é: Lázaro, Astério, Antônio, Santiago, Amnes, Zeras, Samuel, Isaac, Fineas, Crispo, Agripa e Judas): "Nós não temos nascido prosélitos, mas somos filhos de judeus e dizemos a verdade, pois nos encontrávamos presentes nos esponsais de José e Maria."

5. Chamou Pilatos a estes doze que afirmavam não ter nascido Jesus de fornicação, e lhes disse: "Conjuro-os pela saúde de César, dizei-me, é verdade o que afirmastes, que não nasceu de fornicação?" Eles responderam: Nós temos uma lei que proíbe jurar, porque é pecado; deixa que estes jurem pela saúde do César que não é verdade o que acabamos de dizer e seremos mortos." Disse então Pilatos a Anás e Caifás: "Não respondeis nada a isto?" Eles replicaram: "Tu dás crédito a estes doze que afirmam que o nascimento de Jesus é legítimo, enquanto todos em massa estamos dizendo aos

gritos que é filho de fornicação, que é mago e que se chama ele mesmo filho de Deus."

6. Mandou então Pilatos que saísse toda a multidão, excetuados os doze que negavam sua origem por fornicação; e ordenou que Jesus fosse separado. Depois lhes disse: "Por que razão querem dar-lhe morte?" Eles responderam: "Têm-lhe inveja porque cura aos sábados." Ao que replicou Pilatos: "E por uma boa obra querem matá-lo?"

III

1. E, cheio de ira, saiu fora do pretório e lhes disse: "Ponho por testemunha o sol de que não encontro culpa alguma neste homem." Responderam os judeus e disseram ao governador: "Se não fosse malfeitor, não o tínhamos te entregue." E disse Pilatos: "Pega-o e o julguem conforme vossas leis." Disseram então os judeus a Pilatos: "A nós não é permitido matar ninguém." Ao que respondeu Pilatos: "A vós os proíbe Deus de matar, mas e a mim?"

2. E entrando de novo Pilatos no pretório, chamou Jesus por separado e lhe disse: "Tu és o rei dos judeus?" Respondeu Jesus: "Dizes isto por conta própria ou te disseram outros à respeito de mim?" Pilatos replicou: "Mas que sou eu, acaso também judeu? Teu povo e os pontífices te puseram nas minhas mãos, que é o que tens feito?" Respondeu Jesus: "Meu reino não é deste mundo, pois do contrário, meus servidores teriam lutado para que eu não fosse entregue aos judeus; mas meu reino não é daqui." Disse então Pilatos: "Logo tu és rei?" Respondeu Jesus: "Tu dizes que eu sou rei; pois para isto nasci e vim ao mundo, para que tudo o que é da verdade ouça minha voz." Disse-lhe Pilatos: "Que é a verdade?" Respondeu Jesus: "A verdade provém do céu." Disse Pilatos: "Não há

verdade sobre a terra?" E respondeu Jesus a Pilatos: "Estás vendo como são julgados os que dizem a verdade pelos que exercem o poder sobre a terra."

IV

1. E, deixando Jesus no interior do Pretório, saiu Pilatos até os judeus e lhes disse: "Eu não encontro culpa alguma nele." Replicaram os judeus: "Este disse: Eu sou capaz de destruir este templo e reedificá-lo em três dias." Disse Pilatos: "Que templo?" Responderam os judeus: "Aquele que edificou Salomão em quarenta e seis anos, este disse que o vai destruir e reedificar no término de três dias." Disse Pilatos: "Sou inocente do sangue deste justo, vós vereis." E disseram os judeus: "Que seu sangue caía sobre nós e sobre nossos filhos."

2. Pilatos então chamou os anciãos, os sacerdotes e os levitas e lhes disse em segredo: "Não façais isso, pois nenhum de vossas acusações merece a morte, já que estas se referem às curas e à profanação do sábado." Responderam os anciãos, os sacerdotes e os levitas: "Se um blasfema contra o César, é digno da morte ou não?" Disse-lhes Pilatos: "Digno é de morte." Disseram os judeus. "Pois se um por blasfemar contra César é digno da morte, deves saber que este blasfemou contra Deus."

3. Mandou depois o governador que saíssem os judeus do pretório e chamando Jesus lhe disse: "Que vou fazer contigo." Respondeu Jesus: "Faz como te foi dito." Disse Pilatos: "E como me foi dito?" Respondeu Jesus: "Moisés e os profetas falaram à respeito de minha morte e de minha ressurreição." Os judeus e os ouvintes perguntaram então a Pilatos, dizendo: "Para que vais continuar ouvindo suas blasfêmias?" Respondeu Pilatos, dizendo: "Se estas palavras são blasfêmias, prende-o vós por

blasfêmia, leva-o a vossa Sinagoga e o julguem conforme vossa lei." Replicaram os judeus: "Está escrito em nossa lei que se um homem peca contra outro homem merece receber quarenta açoites menos um; mas que se um blasfema contra Deus, merece ser lapidado."

4. Disse Pilatos: "Toma-o por vossa conta e castiga-o como quereis." Replicaram os judeus: "Nós queremos que seja crucificado." Repôs Pilatos: "Não merece a crucificação."

5. Lançou então o governador uma olhada ao se redor sobre as turbas de judeus que estavam presentes e ao ver que muitos choravam, exclamou: "Não toda a multidão quer que ele morra." Disseram os anciãos dos judeus: "Para isto temos vindo todos em massa, para que morra." Perguntou-lhes Pilatos: "E por que vai morrer?" Responderam os judeus: "Por que se chamou a si mesmo de Filho de Deus e rei."

V

1. Mas, certo judeu, de nome Nicodemo, colocou-se diante do governador e lhe disse: "Rogo-te, bondoso como és, permita-me dizer umas palavras." Respondeu Pilatos: "Fala." E disse Nicodemo: "Eu falei nestes termos com os anciãos, com os levitas e com a multidão inteira de Israel reunida na sinagoga. Que pretendeis fazer com este homem? Ele faz muitos milagres e portentos que nenhum outro foi nem será capaz de fazer. Deixai-o em paz e não maquineis nada contra ele: se seus prodígios têm origem divina, continuarão firmes; mas se têm origem humana, dissipar-se-ão. Pois também Moisés, quando foi enviado por Deus para o Egito fez muitos prodígios, assinalados previamente por Deus, na presença do Faraó, rei do Egito. E estavam ali uns homens a serviço do Faraó, James e Jambres, os quais fizeram por

sua vez uns poucos prodígios como os de Moisés, e os habitantes do Egito tinham por deuses James e Jambres. Mas, como seus prodígios não provinham de Deus, pereceram eles e os que acreditaram. E agora deixai livre este homem, pois não é digno de morte."

2. Disseram então os judeus para Nicodemo: "Tu te tornaste discípulo dele e assim falas a seu favor." Disse-lhes Nicodemo: "Mas é que também o governador fez-se discípulo seu e fala em sua defesa. Não pusestes César nesta dignidade?" Estavam os judeus raivosos e rangiam os dentes contra Nicodemo. Disse-lhes Pilatos: "Por que fazeis ranger vossos dentes contra ele ao ouvir a verdade?" Disseram os judeus para Nicodemo: "Para ti sua verdade é sua parte." Disse Nicodemo: "Amém, amém; seja para mim como haveis dito."

VI

1. Mas um dos judeus adiantou-se e pediu a palavra ao governador. Este lhe disse: "Se queres dizer algo, diga-o" E o judeu falou assim: "Eu estive trina e oito anos fechado numa liteira, cheio de dores. Quando Jesus veio, muitos estavam endemoniados e sujeitos a diversas doenças e foram curados por ele. Então se compadeceram de mim uns jovens e pegando-me com a liteira e tudo levaram-me até ele. Jesus, ao me ver, compadeceu-se de mim e me disse. Pega tua maca e anda. E peguei minha maca e me pus a andar." Disseram então os judeus para Pilatos: "Pergunta-lhe que dia era quando foi curado." E disse o interessado: "Era um sábado." Disseram os judeus: "Não te tínhamos dito já que curava aos sábados e tirava demônios?"

2. Outro judeu adiantou-se e disse: "Eu era cego de nascimento, ouvia vozes, mas não via nada; e, ao passar Jesus,

gritei a altas vozes: Filho de Davi, apiede-se de mim. E se compadeceu de mim e impôs suas mãos sobre meus olhos e recobrei em seguida a visão." E outro judeu adiantou-se e disse: "Estava encurvado e me indireitou com uma palavra." E outro disse: "Tinha contraído a lepra e me curou com uma palavra."

VII

E certa mulher chamada Verônica começou a gritar desde longe dizendo: "Encontrando-me doente com fluxo de sangue, toquei a borda do seu manto e cessou a hemorragia que tinha fazia doze anos consecutivos." Disseram os judeus: "Há um preceito que proíbe apresentar como testemunha uma mulher."

VIII

E alguns outros, multidão de varões e de mulheres, gritavam dizendo: "Este homem é profeta e ao demônio o submetem." Disse Pilatos aos que isto afirmavam: "Por que não se submeteram também vossos mestres?" Eles responderam: "Não sabemos." Outro afirmaram que tinha ressuscitado do sepulcro Lázaro, defunto de quatro dias. Cheio então de modo o governador disse para toda a multidão de judeus: "Por que se empenham em derramar sangue inocente?"

IX

1. E, depois de chamar Nicodemo e aqueles doze varões que afirmavam a origem limpa de Jesus, disse-lhes: "Que devo fazer, pois se está deflagrado um alvoroço entre o povo?" Disseram-lhe: "Nós não sabemos, eles verão." Convocou de novo Pilatos toda a multidão de judeus e lhes disse: "Sabeis que tenho o costume de soltar um encarcerado

na festa dos Ázimos. Pois bem, está preso no cárcere e condenado um assassino chamado Barrabás, e tenho também este, Jesus, que está na vossa presença, contra o qual não encontro culpa alguma. A quem quereis que solte?" Eles gritaram: "A Barrabás." Disse-lhes Pilatos: "Que farei pois de Jesus, o chamado Cristo?" Responderam os judeus: "Seja crucificado." E alguns dentre eles disseram: "Não és amigo de César se soltas este, porque se chamou a si mesmo de Filho de Deus e rei; conforme isto, quereis este por rei e não a César."

2. Pilatos então, encolerizado disse aos judeus: "Vossa raça é revoltosa por natureza e fazeis frente a vossos benfeitores." Disseram os judeus: "A que benfeitores?" Respondeu Pilatos: "Vosso Deus os tirou do Egito, livrando-os de uma cruel escravidão; manteve-os incólumes através do mar como através da terra; alimentou-os com maná no deserto e lhes deu codornas; tirou água de uma rocha e lhes deu uma lei; e depois de tudo isto vós encolerizastes vosso Deus, fostes atrás de um bezerro fundido, exasperastes a vossos Deus e Ele se dispunha e exterminá-los, mas intercedeu Moisés por vós e não fostes entregues à morte. E agora me denunciais a mim por odiar o imperador." E levantando-se do tribunal dispôs-se a sair. Mas começaram a gritar os judeus, dizendo: "Nós reconhecemos por rei a César e não a Jesus. Mas, além disso, os Magos vieram oferecer-lhe dotes trazidos do Oriente como se fosse um rei; e quando Herodes se inteirou, por estas pessoas, que tinha nascido um rei, tentou acabar com ele. Mas soube disso seu pai José e o pegou juntamente com sua mãe e fugiram todos para o Egito. E quando soube disso Herodes, exterminou as crianças dos hebreus que tinham nascido em Belém."

3. Quando Pilatos ouviu estas palavras, ficou com medo, e depois de impor silêncio à turba, pois estavam gritando, disse-lhes: "De maneira que é este aquele a quem Herodes procurava?" Responderam os judeus: "Sim, é este." Então Pilatos pegou água e lavou suas mãos, dizendo: "Sou inocente do sangue deste justo." E de novo começaram a gritar os judeus: "Seu sangue caía sobre nós e sobre nossos filhos."

4. Então mandou Pilatos que fosse levantado o véu do tribunal onde estava sentado e disse a Jesus: "Teu povo te desmentiu como rei. Por isso decretei que em primeiro lugar sejas flagelado, de acordo com o antigo costume dos reis piedosos e que depois sejas dependurado na cruz no horto onde foste aprisionado. E Dimas e Gestas, ambos malfeitores, serão crucificados juntamente contigo."

X

1. Saiu pois Jesus do pretório, acompanhado dos malfeitores. E chegando no lugar convencionado tiraram-lhe as vestes, cingiram-no com um lenço e puseram ao redor de sua cabeça uma coroa de espinhos. Aos dois malfeitores penduraram de maneira semelhante. Entretanto, Jesus dizia: "Pai, perdoa-os, pois não sabem o que fazem." E se repartiram os soldados suas vestes e todo o povo estava de pé contemplando. E escarneciam Dele os pontífices, os chefes, dizendo: "A outros salvou; salve-se pois a si mesmo; se fores o Filho de Deus que baixes da cruz." Os soldados, por sua vez, aproximavam-se lhes dizendo coisas jocosas e ofereceram-lhe vinagre misturado com fel, enquanto diziam: "Tu és o rei dos judeus; salva-te a ti mesmo." E depois de proferir a sentença, mandou o governador que, à maneira de título, se escrevesse em cima da cruz sua acusação em

grego, latim e hebreu, de acordo com o que tinham dito os judeus: "És o rei dos judeus."

2. E um daqueles ladrões que tinham sido pregados, disse-lhe assim: "Se tu és o Cristo salva-te a ti mesmo e a nós." Mas Dimas, em resposta, o incomodava dizendo: "Tu não temes mesmo a Deus, mesmo estando o ponto de condenar-te? E nós certamente bem estamos, pois recebemos a justa recompensa por nossos feitos; mas este nada de mal fez?" E dizia: "Lembra-te de mim, Senhor, em teu reino." E lhe disse Jesus: "Em verdade, em verdade te digo que hoje mesmo vais estar comigo no paraíso."

XI

1. Era como a hora sexta, quando se fecharam as trevas sobre a terra até a hora nona por se ter escurecido o sol; e o véu do templo se rasgou pela metade. Jesus então deu um grito e disse: "Pai, madach efkid ruel.," que significa: "Em tuas mãos encomendo meu espírito." E dizendo isso, entregou sua alma. Ao ver o centurião o ocorrido, louvou a Deus dizendo: "Este homem era justo." E todas as turbas que assistiam o espetáculo, ao contemplar o ocorrido, começaram a bater no peito.

2. O centurião, por sua vez, contou ao governador o acontecido. Este, ao ouvi-lo, entristeceu-se, o mesmo que sua mulher, e ambos passaram todo aquele dia sem comer nem beber. Depois Pilatos chamou os judeus e lhes disse: "Vistes o que ocorreu?" Mas eles responderam: "Foi um simples eclipse do sol, como de costume."

3. Entretanto, seus conhecidos estavam longe; e as mulheres que o tinham acompanhado desde a Galiléia estavam

contemplando tudo isto. Mas tinha um homem chamado José, senador, oriundo de Arimatéia, o qual esperava o reino de Deus. Este, pois, aproximou-se de Pilatos e lhe pediu o corpo de Jesus. Depois foi tirar o cadáver, envolveu-o em um pano limpo e o depositou em um sepulcro talhado na pedra que estava ainda sem usar.

XII

1. Quando os judeus ouviram dizer que José tinha pedido o corpo de Jesus, começaram a procurá-lo, assim como também àqueles que tinham declarado que Jesus não tinha nascido de fornicação, Nicodemo e a muitos outros que tinham se apresentado diante de Pilatos para dar a conhecer suas boas obras. E tendo todos se escondido, somente apareceu Nicodemo, porque era o varão principal entre os judeus. Disse-lhes, pois, Nicodemo: "Como entrastes na sinagoga?" Responderam os judeus: "E tu? Como entraste na sinagoga? Posto que és seu cúmplice, seja também sua parte contigo no século vindouro." E disse Nicodemo: "Seja assim, seja assim." José, por sua vez, apresentou-se de maneira parecida e lhes disse: "Por que tendes se incomodado contra mim por ter reclamado o corpo de Jesus? Pois sabeis que o depositei em meu sepulcro novo, depois de o haver envolto em um manto branco, e fiz correr a pedra sobre a entrada da gruta. Mas vós não vos portastes bem como ele, posto que não contentes em o crucificar, os transpassastes também com uma lança." Os judeus então detiveram José e mandaram que ficasse bem distante até o primeiro dia da semana. Depois lhe disseram: "Bem sabeis que o avançado da hora não nos permite fazer nada contra ti, mas o sábado já está aí se anunciando; mas nem sequer te faremos dar graça de uma

sepultura como também que exporemos teu corpo às aves do céu." Repôs José: "Esta maneira de falar é a do soberbo Golias, que injuriou a Deus vivo e ao Santo Davi. Pois disse o Senhor por meio do profeta: A mim me corresponde a vingança e eu retribuire. E poucos são incircuncisos segundo a carne mas circuncisos de coração, tomou água, lavou as mãos e disse: Sou inocente do sangue deste justo. Mas vós respondestes a Pilatos: Seu sangue caía sobre nós e sobre nossos filhos. Agora, pois, temo que a ira do Senhor virá sobre vós e sobre vossos filhos, como dissestes." Ao ouvir os judeus estas palavras encheram-se de raiva em seu coração e depois de pegar José detiveram-no e o encerraram numa casa ando não tinha nenhuma janela; depois trancaram a porta e deixaram uns guardas junto a ela.

2. E, no sábado, deram um aviso aos arquissinagogos, aos sacerdotes e aos levitas para que, no dia seguinte, se encontrassem todos na sinagoga. E muito de madrugada a multidão inteira se pôs a deliberar que tipo de morte iriam lhe dar. E estando sentado no conselho, ordenaram que se fizesse comparecer com grande desonra. E abriram a porta. Mas não o encontraram. Ficou, pois, o povo fora de si e se encheram de admiração ao encontrar as fechaduras intactas e ver que a chave estava em poder de Caifás. Com o que não se atreveram mais pôr as mãos em cima daqueles que tinham falado diante de Pilatos em defesa de Jesus.

XIII

1. E, enquanto estavam ainda sentados na sinagoga, cheios de admiração pelo que ocorreu a José, vieram alguns guardas, aqueles que os judeus tinham encomendado, da parte de Pilatos, a custódia do sepulcro de Jesus, pois foram que vieram

seus discípulos o levaram o corpo. E foram a dar conta aos arquissinagogos, aos sacerdotes e aos levitas dizendo-lhes o sucedido; isto é, como "sobreveio um terremoto e vimos um anjo que baixava do céu, o qual retirou a pedra da boca da gruta, sentando-se depois sobre ela. E brilhou como neve e como relâmpago. Com o que nós, cheios de medo, ficamos como mortos. Então ouvimos a voz do anjo que falava às mulheres que se encontravam junto do sepulcro: Não tendes medo, sei que buscais Jesus, o que foi crucificado. Não está aqui: ressuscitou tinha dito; vindes, vedes o lugar aonde jazia o Senhor. E agora ides rapidamente e dizeis aos seus discípulos que ressuscitou dentre os mortos e que está na Galiléia."

2. Disseram então os judeus: "A que mulheres falavas?" Responderam os da guarda: "Não sabemos quem eram." Disseram os judeus: "A que horas tinha isto acontecido?" Responderam os guardas: "À meia-noite." Disseram os judeus: "E por que não as detivestes?" Responderam os guardas: "Ficamos como mortos pelo medo, não esperando poder ver a luz do dia, como íamos detê-las?" Disseram os da guarda: "Tantos sinais vistes naquele homem e não acreditastes, como ides dar-nos créditos? E com razão tendes jurado pela vida do Senhor, pois ele vive também." E acrescentaram os guardas: "Temos ouvido dizer que encerrastes aquele que reclamou o corpo de Jesus, trancando a porta, e que ao abrir não o tendes encontrado. Entregais pois vós José que entregamos Jesus." Disseram os judeus: "José foi embora para sua cidade." E replicaram os guardas: "Também Jesus ressuscitou, como temos ouvido o anjo e está na Galiléia."

3. E ao ouvir os judeus estas palavras, ficaram com medo e disseram: "Não vá isto se propagar e todos se inclinarem diante de Jesus." E convocado o conselho reuniram muito dinheiro

e deram aos soldados, dizendo: "Digam: enquanto nós dormíamos, vieram seus discípulos de noite e o levaram. E se isto chega aos ouvidos do governador, nós os persuadiremos e os livraremos de toda a responsabilidade." Eles pegaram o dinheiro e falaram da maneira que lhes tinham indicado.

XIV

1. Mas um sacerdote chamado Fineas, um médico chamado Adas e Ageo, levita, desceram da Galiléia até Jerusalém e contaram aos arquissinagogos, aos sacerdotes e aos levitas: "Vimos Jesus, em companhia de seus discípulos, sentado no monte chamado Mamilch, e dizia a estes: Ides por todo o mundo e pregai a toda a criatura; o que acredita seja batizado, salvar-se-á; mas o que não acreditar, será condenado. E aos que tiverem acreditado os acompanharam estes sinais; tirarão os demônios em meu nome; falarão em novas línguas; pegarão serpentes; e se ainda beberem alguma coisa que causar morte não morrerão; porão suas mãos sobre os doentes e estes se sentirão bem. E quando ainda os estava falando, vimos que ia se elevando ao céu."

2. Disseram os anciãos, os sacerdotes e os levitas: "Glorificai e confessai ao Deus de Israel se é que tiveste ouvido e visto que acabais de dizer." Disseram os que tinham falado: "Vive o Senhor Deus em nossos pais Abraão, Isaac e Jacó, que ouvimos isto e que vimos elevar-se ao céu." Disseram os anciãos, os sacerdotes e os levitas: "Tens vindo a nos dar conta de tudo isso ou a cumprir algum voto feito a Deus?" Replicaram então os anciãos, os pontífices e os levitas: "Se tendes vindo cumprir um voto a Deus, a que vêm estas mentiras que tendes contado diante de todo o povo?" Disseram Fineas, sacerdote, Adas, doutor e Ageo, levita, aos

arquissinagogos e levitas: "Se estas palavras que temos dito, e das que temos sido testemunhas oculares, constituem-se em pecado, aqui nos tendes na vossa presença, fazei conosco o que pareça bom diante de vossos olhos." Então eles tomaram o livro da lei e os fizeram jurar que não contariam a ninguém estas coisas. Depois deram de comer e de beber e os tiraram da cidade, não sem antes lhes haver dado dinheiro e haver-lhes dado três homens que os acompanharam, os quais acompanharam até aos confins da Galiléia. E se foram em paz.

3. E depois de que foram aqueles homens para a Galiléia, reuniram-se os pontífices, os arquissinagogos e os anciãos na sinagoga, fechando atrás de si a porta; e davam grandes mostras de pezar, dizendo: "É possível que tenha acontecido isso em Israel?" Então Anás e Caifás disseram: "Por que estais alvoroçados? Por que chorais? Ou é que não sabeis que seus discípulos os compraram com uma boa quantidade de ouro o os instruíram para que digam que um anjo do Senhor baixou e tirou a pedra da entrada do sepulcro?" Mas os sacerdotes e os anciãos disseram: "Pode ser que os discípulos roubaram seu corpo: mas como entrou sua alma no corpo e está vivendo na Galiléia?" E eles, na impossibilidade de dar resposta a estas coisas, disseram, por fim, a duras penas: "Não nós é permitido darmos crédito a uns incircuncisos."

XV

1. Mas levantou-se Nicodemo e se pôs de pé diante do conselho, dizendo: "Falais corretamente. Não desconheceu, oh povo do Senhor!, aos varões que desceram da Galiléia, homens de recursos, temerosos de Deus, inimigos da avareza,

amigos da paz. Pois bem, eles disseram, sob juramento, que viram Jesus no monte Mamilch, em companhia de seus discípulos, que estavam ensinando quantas coisas ouvistes de sua boca e que viram no momento de se elevar ao céu. E ninguém lhes perguntou de que forma fez isso. Pois, como nos ensinava a nós, estava contido no livro das Sagradas Escrituras que Elias ascendeu ao céu e que Eliseu gritou com força, com o que Elias jogou sua capa sobre o Jordão e, assim, Eliseu pôde atravessar o rio e chegar até Jericó. Saíram então ao seu encontro os filhos dos profetas e lhe disseram: Eliseu, onde esta Elias, teu senhor? Ele respondeu que tinha ascendido ao céu. E eles disseram a Eliseu: "Não lhe terá arrebatado o espírito e o jogado sobre algum dos montes? Peguemos nossos criados conosco e vamos a sua procura. E convenceram Eliseu, que foi com eles. E andaram procurando-o três dias inteiro, sem o encontrar, pelo que deduziram que tinha sido arrebatado por um espírito e tinha sido jogado depois em um destes montes." Agradou a todos esta proposição e enviaram uma expedição por todos os confins de Israel em busca de Jesus, e não o encontram. A quem encontraram foi José de Arimatéia, mas ninguém se atreveu a detê-lo.

2. E foram dar conta aos anciãos, aos sacerdotes e aos levitas, dizendo: "Demos a volta até aos confins de Israel e não achamos Jesus, mas sim encontramos José de Arimatéia." Ouvindo falar de José, os arquissinagogos, os sacerdotes e os levitas se encheram de alegria, deram glória a Deus e se puseram a deliberar de que maneira poderiam se encontrar com José. E pegaram um rolo de papel, nele escreveram assim para José: "A paz seja contigo, sabemos que pecamos contra Deus e contra ti. E rogamos a Deus de Israel que te

permita vir ao encontro de teus pais e de teus filhos. Pois deves saber que todos estávamos aflitos por não te encontrar ao abir a porta. E agora percebemos que tínhamos tomado uma perversa determinação contra ti; mas o Senhor veio em tua ajuda e ele mesmo se encarregou de dissipar nosso mau propósito; honrável José."

3. E escolheram, dentre todo o Israel, sete varões amigos de José a quem este mesmo conhecia, e lhes disseram os arquissinagogos, os sacerdotes e os levitas: "Olha, se ao receberdes nossa carta, ao ledes, sabeis se virá na vossa companhia até nós; mas, se não a ledes, entenderemos que estais chateado conosco, e depois de dar-vos um ósculo de paz, volteis aqui." Em seguida, abençoaram aos emissários e os despediram. Chegaram, pois, estes ao lugar onde estava José e fazendo-lhe uma reverência disseram-lhe: "A paz esteja contigo." E ele disse por sua vez: "Paz para vós e a todo o povo de Israel." Eles então lhe entregaram o volume da carta. José a aceitou, leu, beijou a carta e abençoou a Deus, dizendo: "Bendito o Senhor Deus, que livrou Israel de derramar sangue inocente e bendito o Senhor que enviou seu anjo e me cobriu sob suas asas." Depois preparou a mesa e eles comeram, beberam e dormiram ali.

4. No dia seguinte, levantaram-se muito cedo e fizeram orações. Depois José aparelhou sua mula e se pôs a caminho com aqueles homens e vieram para a cidade de Jerusalém. E o povo, em massa, saiu ao encontro de José, gritando: "Entra em paz." Ele disse, dirigindo-se a todo o povo: "Paz a vós." E eles lhe deram um ósculo, orando depois juntamente com José. E ficaram todos fora de si ao poder contemplar a este. Nicodemo o hospedou em sua casa e fez, em sua honra, uma grande recepção, convidando a

Anás, Caifás, aos anciãos, aos sacerdotes e aos levitas. E se alegraram comendo e bebendo em companhia de José; e depois de entoar hinos, cada qual foi para sua casa. Mas José permaneceu com Nicodemo.

5. Mas, no dia seguinte, que era sexta-feira, madrugaram os arquissinagogos, os sacerdotes e os levitas para ir para a casa de Nicodemo. Estes lhes saíram ao encontro e lhes disse: "Paz a vós." E eles disseram por sua vez: "Paz para ti e para José, a toda tua casa e a toda a casa de José." Então eles os introduziu em seu domicílio. Estava reunido o conselho e José veio sentar-se no meio de Anás e Caifás. E ninguém se atreveu a lhe dizer uma palavra. Então José disse: "A que obedece ao que tendes me convocado?" Eles fizeram sinais a Nicodemo para que falasse para José. Ele então abriu sua boca e falou assim: "Sabes que os veneráveis doutores, assim como os sacerdotes e os levitas desejam saber de ti uma coisa." E José disse: "Perguntai." Então Anás e Caifás tomaram o livro da lei e conjuraram José, dizendo: "Glorifica e confessa a Deus de Israel. Sabei que Achar, ao ser conjurado pelo profeta Jesus, não perjurou, mas anunciou tudo e não ocultou nem uma só palavra. Tu, pois, tampouco nos ocultes nem uma só palavra." E disse José: "Não ocultarei uma só palavra." Então eles disseram: "Experimentamos uma grande contrariedade quando pedistes o corpo de Jesus e o envolvestes em um manto limpo e o puseste em um sepulcro. Por isso te pusemos preso em um recinto onde não havia janela alguma. Deixamos, além disso, trancadas as portas e fechadas com chave e ficaram uns guardas custodiando a prisão onde estavas encerrado. Mas, quando fomos abrir, no primeiro dia da semana, não te encontramos e nos afligimos ao extremo e já espalhando

o espanto sobre todo o povo de Deus até ontem. Agora, pois, conta-nos o que foi feito de ti."

6. E disse José: "Na sexta-feira, sobre a hora décima, encerraste-me e permaneci ali o sábado inteiro. Mas, à meia-noite, enquanto estava eu de pé em oração, a casa na qual me deixaste encerrado ficou suspensa pelos quatro ângulos e vi como um relâmpago de luz diante dos meus olhos. Atemorizado então, caí por terra. Mas alguém me pegou a mão e me levantou do lugar onde tinha caído. Depois, senti que se derramava água sobre mim, desde a cabeça até aos pés, e veio aos meus narizes uma fragrância de ungüento. E aquele personagem desconhecido me enxugou o rosto, me deu um ósculo e me disse: Não temas, José; abre teus olhos e olha quem é que está falando. Abrindo então meus olhos, vi Jesus, mas, em meu estremecimento, supus que era um fantasma e me pus a recitar os mandamentos. E ele se pôs a recitá-los juntamente comigo. Como sabeis muito bem, se um fantasma vai ao seu encontro e ouve os mandamentos foge rapidamente. Vendo, pois, que os recitava juntamente comigo, disse-lhe: Mestre Elias. Mas ele me disse: Não sou Elias, Disse eu então: Quem és pois, Senhor? E ele me disse: Eu sou Jesus, aquele cujo corpo tu pediste a Pilatos; e me envolveste num manto limpo, e puseste um sudário sobre a minha cabeça e me colocaste numa gruta nova, e correstes uma grande pedra na boca desta. E disse ao que me falava: Mostra-me o lugar aonde te coloquei. E ele me levou e me mostrou o lugar onde eu o havia colocado, nele estava estendido o manto e o sudário que tinha servido para seu rosto. Então reconheci que era Jesus. E, depois, tomou minha mão e deixou a portas fechadas no meio de minha casa; em seguida, levou-me para

o meu leito e me disse: A paz seja contigo. Depois me deu um ósculo, dizendo-me: Até dentro de quarenta dias não saias da tua casa, pois daqui eu me vou para Galiléia ao encontro dos meus irmãos."

XVI

1. Quando ouviram os arquissinagogos, sacerdotes e levitas estas palavras dos lábios de José, ficaram como mortos e caíram por terra. E jejuaram até a hora nova. Então Nicodemo, em companhia de José, pôs-se a animar a Anás e Caifás, aos sacerdotes e aos levitas, dizendo: "Levantai-vos, pondes sobre seus pés e robusteceis vossas almas, pois amanhã é o sábado do Senhor." E com isto se levantaram, fizeram orações a Deus, comeram, beberam e cada qual se foi para sua casa.

2. No sábado seguinte, reuniram-se em conselho nossos doutores, assim como os sacerdotes e levitas, discutindo entre si e dizendo: "Que é esta cólera que caiu sobre nós? Porque, por nossa parte, conhecemos bem a seu pai e a sua mãe." Disse então Levi, doutor: "Conheço a seus pais e sei que são temerosos de Deus, que não descuidam seus votos e que dão três vezes ao ano seus dízimos. Quando nasceu Jesus, trouxeram-no a este lugar e ofereceram a Deus sacrifícios e holocaustos. E o grande doutor Simão, ao tomá-lo nos braços, disse: Agora despede em paz ao teu servo, Senhor, segundo tua palavra, pois meus olhos viram tua salvação, que preparaste na frente de todos os povos; luz para a revelação dos gentios e glória ao teu povo de Israel. E os abençoou Simão e disse para Maria, sua mãe: "Dou-te boas novas com relação a este menino." Disse Maria: "Boas, senhor" E respondeu Simão: "Boas; olha, este está marcado

para a ressurreição de muitos em Israel e para ser digno de contradição. Tua mesma alma será transpassada por uma espada, de maneira que fiquem a descoberto os pensamentos de muitos."

3. Disseram então para Levi, doutor: "Como sabes tu disse?" Ele respondeu: "Não sabeis que aprendi de seus lábios a lei?" Disseram os do conselho: "Queremos ver teu pai." E chamaram o seu pai. E quando o interrogaram, ele respondeu: "Por que não destes crédito ao meu filho? O bem-aventurado e justo Simão em pessoa o ensinou a lei." E disse o conselho: "Mestre Levi, é verdade o que disseste?" Ele respondeu: "É verdade." E disseram os arquissinagogos, sacerdotes e levitas: "Enviemos à Galiléia, pelos três varões que vieram a nos dar conta de sua doutrina e de sua ascensão e que nos digam de que maneira vieram a se elevar." E foi de agrado de todos esta proposta. Enviaram, pois, os três varões que os haviam acompanhado anteriormente à Galiléia, com esse propósito: "Dizei ao mestre Adas, ao mestre Fineas e ao mestre Ageo: Paz a vós e aos que estão em vossa companhia. Tendo tido uma grande discussão no conselho, fomos enviados a vós para os citar a este lugar santo de Jerusalém."

4. Puseram-se, pois os homens a caminho da Galiléia e os encontraram sentados e concentrados no estudo da lei. E deram-lhes um abraço de paz. Disseram então os varões galileus aos que tinham ido a sua procura: "Paz sobre todos de Israel." E disseram os enviados: "Paz para vós." E disseram aqueles de novo: "Como é que viestes?" Responderam os enviados: "Chama-lhes o conselho à santa cidade de Jerusalém." Quando ouviram aqueles homens, que eram procurados pelo conselho, fizeram orações a Deus, sentaram-se na mesa com os enviados, comeram,

beberam e levantaram-se e se puseram tranqüilamente a caminho até Jerusalém.

5. No dia seguinte, reuniu-se o conselho na sinagoga, e interrogaram dizendo: "É verdade que vistes Jesus, sentado no monte Mamilch, dando instruções aos seus onze discípulos e que presenciastes sua ascensão?" E os homens responderam assim: "Da mesma maneira que o vimos elevar-se, assim temos falado."

6. Disse então Anás: "Ponha-os afastados um do outro e vejamos se coincidem suas declarações." E os separaram. Depois chamaram a Adas, em primeiro lugar, e lhe disseram: "Mestre, como contemplaste a ascensão de Jesus?" Respondeu Adas: "Enquanto estava ainda sentado no monte Mamilch e dava instruções aos seus discípulos, vimos uma nuvem que cobriu a todos com sua sombra; depois a mesma nuvem elevou Jesus ao céu, enquanto os discípulos jaziam com suas face na terra." Em seguida, chamaram a Fineas, sacerdote, e lhe perguntaram assim mesmo: "Como contemplaste a ascensão de Jesus?" E ele falou de maneira semelhante. Então disse o conselho: "Está contido na lei de Moises: Sobre a boca de dois ou três estará firme toda a palavra." E acrescentou o mestre Buthlem: "Está escrito na lei: e passeava Henoc com Deus, e já não existe, porque Deus o tomou para si." Disse assim mesmo o mestre Jairo: "Também ouvimos falar da morte de Moisés, mas a ele não o vimos, pois está escrito na lei do Senhor: E morreu Moisés pela palavra do Senhor e ninguém jamais conheceu, até o dia de hoje, seu sepulcro." E o mestre Levi disse: "E que significa o testemunho que deu mestre Simão quando viu Jesus: É aqui que está posto para derrubada e ressurreição de muitos em Israel e como

sinal de contradição?" E o mestre Isaac disse: "Está escrito na lei: É aqui que eu envio meu mensageiro diante de ti, o qual te irá precedendo para te guardar em todo o caminho bom, pois meu nome é invocado nele."

7. Então disseram Anás e Caifás: "Justamente tendes recitado o escrito na lei de Moisés, que ninguém viu a morte de Henoc e que ninguém mencionou a morte de Moisés. Mas Jesus falou para Pilatos, e nós sabemos que o temos visto receber golpes e cuspes em sua cara; que os soldados o cingiram com uma coroa de espinhos; que foi flagelado; que recebeu sentença por parte de Pilatos; que foi crucificado no Calvário em companhia de dois ladrões; que lhe deram para beber fel e vinagre; que o soldado Longinos abriu seu peito com uma lança; que José, nosso honrado pai, pediu seu corpo e que, como disse, ressuscitou; que, como dizem os três mestres, o vimos ascender ao céu e, finalmente, que o mestre Levi deu testemunho do que disse o mestre Simão, que disse: "Eis aqui o que está posto para derrubada e ressurreição de muitos em Israel, e como sinal de contradição." E disseram todos os doutos, em bloco, ao povo inteiro de Israel: "Se esta ira provém do Senhor e é admirável aos nossos olhos, conceda sem lugar a dúvidas, oh casa de Israel!, que está escrito: Maldito todo o que pende de uma madeira. E outro lugar da escritura diz: "Deuses que não fizeram o céu perecerão na terra." E disseram os sacerdotes e levitas entre si: "Se dura sua memória até Sommos (outro nome Jobel), sabei que seu domínio será eterno e que suscitará para si um povo novo." Então os arquissinagogos, sacerdotes e levitas exortaram a todo o povo de Israel, dizendo: "Maldito aquele que adora as criaturas ao lado do Criador." E o povo em massa respondeu: "Amém, amém."

8. Depois a multidão entoou um hino ao Senhor nesta forma: "Bendito o Senhor, que proporcionou descanso ao povo de Israel em conformidade com o que tinha prometido; não caiu no vazio nem uma só de todas as coisas boas que disse ao seu servo Moisés. Continua ao nosso lado o Senhor, nosso Deus, da mesma maneira que estava ao lado de nossos pais. Não nos entregue à perdição, para que possamos inclinar nosso coração até ele, para que possamos seguir todos seus caminhos e para que possamos praticar os preceitos e critérios que inculcou a nossos pais. Naquele dia o Senhor será rei sobre toda a terra; não haverá outro ao seu lado; seu nome será unicamente Senhor, nosso rei. E nos salvará. Não há semelhante a ti, Senhor, grande és, Senhor, e grande teu nome. Curamos por tua virtude e seremos curados; salvamos Senhor e seremos salvos, pois somos tua parte e tua herança. Não abandonará jamais ao seu povo o Senhor pela magnitude do seu nome, pois começou a fazer de nós o seu povo." E depois de todos cantarem o hino em coro, foram embora cada qual para sua casa louvando a Deus, porque sua glória permanece pelos séculos dos séculos. Amém."

Descida de Cristo aos Infernos

I

1. Disse então José: "E por que vos admirais de que Jesus tenha ressuscitado? O admirável não é isso; o admirável é que não ressuscitou somente ele, mas também que devolveu a vida a um grande número de mortos, aos quais foram vistos por muitos em Jerusalém. E se não conheceis aos outros, conheceis pelo

menos Simão, aquele que tomou Jesus em seus braços, assim como também a seus dois filhos, que tinham sido igualmente ressuscitados. Pois a estes, demos nós sepultura faz pouco e agora se podem contemplar seus sepulcros abertos e vazios, enquanto eles estão vivos e habitam em Arimatéia." Enviaram, pois, uns quantos e comprovaram que os sepulcros estavam abertos e vazios. Disse então José: "Vamos para Arimatéia ver se os encontramos."

2. E levando os pontífices Anás, Caifás, José, Nicodemo, Gamaliél e outros em sua companhia, foram para Arimatéia, onde encontraram àqueles a quem se referia José. Fizeram, pois, oração e se abraçaram mutuamente. Depois regressaram a Jerusalém em companhia deles e os levaram para a sinagoga. E, colocados ali, fecharam as portas, colocou-se o Antigo Testamento dos judeus no centro e lhes disseram os pontífices: "Queremos que jureis por Deus de Israel e por Adonai, para que assim digais a verdade, de como ressuscitastes e quem os tirou dos mortos."

3. Quando estes ouviram os ressuscitados, fizeram sobre seus rostos o sinal da cruz e disseram aos pontífices: "Dai-nos papel, tinta e pena." Trouxeram, pois, e sentando-se escreveram desta maneira.

II

1. Oh Senhor Jesus Cristo, ressurreição e vida do mundo!, damos graças para fazer o relato de tua ressurreição e das maravilhas que fizestes no inferno. Estávamos, pois, nós, no inferno, em companhia de todos os que tinham morrido desde o princípio. E, na hora da meia-noite, amanheceu naquelas obscuridades algo assim como a luz do sol, e com seu brilho fomos todos iluminados e pudemos ver-nos uns

aos outros. E, no mesmo instante, nosso pai Abrahão, os patriarcas, profetas e todos se encheram de regozijo e disseram entre si: Esta luz provém de um grande resplendor. Então o profeta Isaías, presente ali, disse: Esta luz procede do Pai, do Filho e do Espírito Santo; sobre ela profetizei eu, quando ainda estava na terra, desta maneira: Terra de Zabulão e terra de Neftali, o povo que estava sumido nas trevas viu uma grande luz.

2. Depois saiu um asceta do deserto e lhe perguntaram os patriarcas: Quem és? Ele respondeu: Eu sou João, o último dos profetas, o que indicou os caminhos do Filho de Deus e pregou penitência ao povo para remissão dos pecados. O Filho de Deus vivo veio a meu encontro e, ao vê-lo de longe, disse ao povo: Eis aqui o cordeiro de Deus, o que apaga o pecado do mundo. E com minha própria mão o batizei no rio Jordão e vi o Espírito Santo em forma de uma pomba que descia sobre ele. E ouvi assim mesmo a voz de Deus Pai, que dizia assim: Este é meu Filho, o amado; em quem me tenho comprazido. E por isso mesmo me envio também a vós, para anunciar a chegada do Filho de Deus unigênito nesse lugar, a fim de que quem acredite Nele será salvo; e quem não acredite, será condenado. Por isso os recomendo a todos vós que, enquanto o vejais, o adoreis, porque esta é a única oportunidade de que disponhais para fazer penitência pelo culto que rendeste aos ídolos, enquanto vivias no mundo vão de antes e pelos pecados que cometestes, isto não poderá jamais ser feito em outra ocasião.

III

Ao ouvir o primeiro dos criados e pai de todos, Adão, a instrução que estava dando João aos que se encontravam no inferno, disse a seu filho Set: Filho meu, quero que digas aos progenitores do gênero humano e aos profetas aonde eu te enviei quando caí no transe da morte. Set disse: Profetas e patriarcas, escutai: Meu pai Adão, o primeiro dos criados, caiu uma vez no perigo da morte, enviou-me para fazer oração para Deus, muito perto da porta do paraíso, para que se dignásseis a fazer-me chegar, por meio de um anjo, até à árvore da misericórdia , onde tinha de tomar óleo para ungir com ele o meu pai e, assim, pudesse este refazer-se de sua doença. Assim o fiz: E depois de fazer minha oração, veio um anjo do Senhor e me disse: O que é que pedes Set? Procuras o óleo para a cura dos doentes ou a árvore que o destila para a enfermidade do teu pai? Isto não se pode encontrar agora. Vai, pois, e diz a teu pai que depois de cinco mil e quinhentos anos, a partir da criação do mundo, vai descer o Filho de Deus humanizado: Ele se encarregará de ungir com este óleo e teu pai levantar-se-á; e depois o purificará, tanto a ele como a seus descendentes, com água e com o Espírito Santo; então assim ver-se-á curado de toda a doença, mas por agora isto é impossível.

Os patriarcas e os profetas que ouviram isto, alegraram-se muito.

IV

1. Enquanto estavam todos regozijados desta maneira veio Satã, o herdeiro das trevas, e disse ao Inferno: Oh tu, devorador insaciável de todos!, ouve minhas palavras: Anda por aí certo judeu, por nome Jesus, que se chama a si mesmo Filho de Deus, mas como é um homem puro, os judeus deram-lhe morte na cruz; graças a nossa cooperação. Agora, pois, que acaba de morrer, está preparado para que possamos pô-lo aqui bem recuado; pois eu sei que não é mais que um homem, e até o ouvi dizer: Minha alma está muito triste até à morte. Além disso, causou a mim muitos males no

mundo, enquanto vivia com os mortais; pois, aonde queira que encontrasse os meus servos, perseguia-os; e a todos os homens que eu deixava mutilados, cegos, coxos, leprosos ou coisa parecida, ele os curava com somente sua palavra; e, inclusive, muitos dos que eu já tinha disposto para a sepultura, fazia-os reviver com somente sua palavra.

2. Disse então o Inferno: E tão poderoso é este como para fazer tais coisas com somente suas palavras? E sendo ele assim, tu te atreves, por ventura, a fazê-lo frente? Eu acho que a um como este ninguém poderá se opor. E isso que dizes de ter ouvido exclamar expressando seu temor diante da morte, disse-o, sem dúvida, para se rir e escarnecer de ti, com o fim de poder te tirar a luva com mão poderosa. E, então, ai!, ai de ti por toda a eternidade! E aí replicou Satã: Oh Inferno, devorador insaciável de tudo!, tanto medo cobras de ouvir falar de nosso inimigo comum? Eu não lhe tive nunca medo, mas insuflei os judeus e estes o crucificaram e lhe deram de beber fel com vinagre. Prepara-te, pois para que, quando venhas, te sujeites fortemente.

3. Respondeu o Inferno: herdeiro das trevas, filho da perdição, caluniador, acabas de me dizer que ele fazia reviver com uma só palavra a muitos dos que tu tinhas preparado para a sepultura; se, pois, ele livrou-os do sepulcro, como e com que forças seremos capazes de o sujeitar a nós? Faz pouco, devorei eu a um defunto chamado Lázaro; mas pouco depois, um dos vivos, com uma só palavra o arrancou a viva força das minhas entranhas. E penso que este é quem tu te referes. Se, pois, o recebemos aqui, tenho medo que corramos perigo também, porque sabes que vejo agitados a todos os que tenho devorado desde o princípio, e sinto dores em meu ventre. E Lázaro, o que

me tinha sido anteriormente arrebatado, não é um bom presságio, pois voou para longe de mim, não como morto, mas como um águia: tão rapidamente foi fora da terra. Assim, pois, te esconjuro, por tuas artes e pelas minhas, não o tragas aqui. Para mim, apresentando-se em nossa mansão obedece a que todos os mortos pecaram. E tem isto em conta, pelas trevas que possuímos que, se o trazes aqui, não ficará nem um só dos meus mortos.

V

1. Enquanto falavam entre si tais coisas Satanás e o Inferno, produziu-se uma voz grave como o trovão, que dizia: "Elevai, oh príncipe!, vossas portas, elevai-as, oh portas eternas!, e entrará o Rei da glória." Quando ouviu isto, o Inferno disse à Satanás: Saí, se és capaz de fazê-lo frente. E saiu para fora Satanás. Depois disse o Inferno a seus demônios: Assegurai bem e fortemente as portas de bronze e os ferrolhos de bronze; guardai minhas fechaduras e examinai tudo de pé; pois se entra ele aqui, ai!, apoderar-se-á de nós.

2. Os que ouviram isto, começaram a escarnecer dele, dizendo: Tragador insaciável, abre a porta que entra o Rei da glória. E disse o profeta Davi: Não sabes, cego, que estando eu ainda no mundo, fiz esta profecia: "Elevai, oh, príncipes!, vossas portas." Isaías disse por sua vez: "Eu prevendo isto, por virtude do Espírito Santo, escrevi: Ressuscitarão os mortos e se levantarão o que estão nos sepulcros e se alegrarão os que vivem na terra; e, onde está, oh, morte!, teu aguilhão? Aonde Inferno, tua vitória?"

3. Veio, pois, de novo uma voz que dizia: Levantai as portas. O Inferno, que ouviu repetir esta voz, disse como se não

tivesse ainda dado-se conta: Quem é este Rei da glória? E responderam os anjos do Senhor: O Senhor forte e poderoso, o Senhor poderoso na batalha. E nesse instante, ao conjuro desta voz, as portas de bronze se fizeram em pedaços e os ferrolhos de ferro ficaram reduzidos a pedaços, e todos os defuntos presos viram-se livres de suas ataduras, e nós entre eles. E penetrou dentro o Rei da glória em figura humana, e todos os antros escuros do Inferno foram iluminados.

VI

1. Em seguida o Inferno pôs-se a gritar: "Fomos vencidos, ai de nós! Mas quem és tu, que tens tal poder e tal força? Quem és tu, que vens aqui sem pecado? E que é pequeno na aparência e pode coisas grandes, o humilde e o excelso, o servo e o senhor, o soldado e o rei, e o que tem poder sobre vivos e mortos? Foste pregado na cruz e depositado em um sepulcro e agora ficaste livre e desfizeste nossa força. Logo então és tu Jesus, de quem nos falava o grande demônio Satanás que por sua cruz e pela morte ia se fazer dono de todo o mundo?"

2. Em seguida, o Rei da Glória pegou pela corcunda o grande demônio Satanás e o entregou aos anjos, dizendo: "Atai com cadeias de ferro suas mãos e seus pés, seu pescoço e sua boca. Depois, colocou-o nas mãos do Inferno com este aviso: Toma-o e o mantenha bem distante de minha segunda vinda."

VII

1. Então o Inferno apoderou-se de Satanás e disse a Belzebu: "Herdeiro do fogo e do tormento, inimigo dos santos, que necessidade tinhas tu de prever que o Rei da glória fosse crucificado para que viesse logo aqui e nos despojasse? Dá

a volta e olha que não ficou comigo morto algum, senão que tudo o que ganhaste pela árvore da ciência, ficou jogado e perdido pela cruz. Todo o teu júbilo se converteu em tristeza, e a pretensão de matar o Rei da glória acarretou para ti mesmo a morte. E posto que te recebi com a incumbência de te sujeitares fortemente, vais aprender, por própria experiência, quantos males sou capaz de infligir-te. Oh chefe dos diabos, princípio da morte, raiz do pecado, fim de toda a maldade!, que tinhas encontrado o mal em Jesus para buscar sua perdição? Como tiveste valor para perpetrar um crime tão grande? Por que te ocorreu fazer descer a estas trevas um varão como este, por quem vistes serem despojados todos os que tinham morrido desde o princípio?"

VIII

1. Enquanto assim apostrofava o Inferno para Satanás, estendeu sua direita o Rei da Glória e com ele tomou e levantou o primeiro pai, Adão. Depois voltou até os demais e lhes disse: Vinde aqui comigo todos os que fostes feridos de morte pela madeira que este tocou, pois é aqui que eu os ressuscito todos pela madeira da cruz. E com isto tirou todos para fora. E o primeiro pai, Adão, apareceu jubiloso e dizia: Agradeço, Senhor, a tua magnitude que tiraste do mais profundo do Inferno. E assim mesmo todos os profetas e santos disseram: Damos-te, graças, oh, Cristo Salvador do mundo!, porque tiraste nossa vida da corrupção.

2. Depois que eles falaram assim, abençoou o Salvador a Adão, na frente, com o sinal da cruz. Em seguida, fez o mesmo com os pratriarcas, profetas e mártires. E, continuamente, pegou a todos e deu um salto do Inferno. E enquanto ele

caminhava, seguiam os santos pais cantando e dizendo: Bendito o que vem em nome do Senhor. Aleluia. Para ele seja o louvor de todos os santos.

IX

Ia pois, a caminho do paraíso, levando pela mão o primeiro pai, Adão. E ao chegar fez entrega dele, assim como também dos demais juntos, ao arcanjo Miguel. E quando entraram pela porta do paraíso, saíram ao seu encontro os anciãos, a quem perguntaram os santos pais: Quem sois vós que não vistes a morte e nem descestes ao inferno, mas viveis em corpo e alma no paraíso? Um deles respondeu e disse: E sou Henoc, o que agradou ao Senhor e a quem Ele transladou para aqui; este é Elias, o Tesbita; ambos vamos seguir Deus para fazer frente ao Anticristo, ser mortos por ele e ressuscitar ao terceiro dia, e seremos arrebatados pelas nuvens ao encontro do Senhor.

X

Enquanto estes se expressavam assim, veio outro homem de aparência humilde, que levava nos ombros uma cruz. Disseram-lhes os santos pais: Quem és tu, que tens aspecto de ladrão, e que o é essa cruz que levas em teus ombros? Ele respondeu: Eu, conforme dizes, era ladrão e assaltante pelo mundo, e por isso me detiveram os judeus e me entregaram para morrer na cruz juntamente com Nosso Senhor Jesus Cristo. E quando eu estava dependurado na cruz, ao ver os prodígios que se realizavam, acreditei nele e roguei, dizendo: Senhor, quando reinares, não te esqueças de mim. E ele me disse em seguida: De verdade, em verdade te digo, hoje estarás comigo no paraíso. E vim, pois, com minha cruz nas costas até ao paraíso e, encontrando o arcanjo Miguel, disse-lhe: Nosso Senhor Jesus, o que foi crucificado, enviou-me aqui; leva-me, pois para a porta do Éden. E quando a espada de fogo veio ao sinal da cruz, abriu-se e entrei. Depois me disse o arcanjo: Espera um momento, pois vem também o primeiro pai da raça humana, Adão, em companhia dos justos, para que entrem também. E agora ao vê-los, saí ao vosso encontro.

Quando ouviram isto os santos clamaram em voz alta, desta maneira: Grande é o Senhor nosso e grande é o seu poder.

XI

Tudo isto vimos e ouvimos, os dois irmãos gêmeos, os quais fomos, desta maneira, enviados pelo arcanjo Miguel e designados para pregar a ressurreição do Senhor, antes de ir para o Jordão e sermos batizados. Ali fomos e fomos batizados junto com outros diferentes também ressuscitados; depois viemos para Jerusalém e celebramos a páscoa da ressurreição. Mas agora, na impossibilidade de permanecer aqui, vamo-nos. Que a clareza, pois, de Deus Pai e a graça de Nosso Senhor Jesus Cristo e a comunicação do Espírito Santos seja com todos vós.

E uma vez escrito isto e fechados os livros, deram a metade aos pontífices e a outra metade a José e a Nicodemo. Eles, por sua vez, desapareceram, no mesmo momento, para a glória de Nosso Senhor Jesus Cristo. Amém.

Descida de Cristo aos Infernos

I

1. Então os mestres Adas, Finéas e Egias, três varões que tinham vindo da Galiléia para testemunhar que tinham visto Jesus ser arrebatado ao céu, levantaram-se no meio da multidão de chefes dos judeus e disseram, na presença dos sacerdotes

e levitas reunidos no conselho,: "Senhores, quando íamos da Galiléia para o Jordão, veio ao nosso encontro uma grande multidão de homens vestidos de branco que tinham morrido fazia algum tempo. Entre eles, reconhecemos a Karino e a Léucio; e quando eles se aproximaram de nós e demo-nos ósculos mútuos, pois tinham sido nossos amigos, perguntamos-lhes: Dizei-nos, irmãos e amigos, que são estas almas e estes corpos e quem são esses com quem ides caminhando, e como viveis no corpo, uma vez que morrestes faz tempo?"

2. Eles responderam desta maneira: "Ressuscitamos com Cristo desde os infernos e ele nos tirou dentre os mortos. E sabei que ficaram agora destruídas as portas da morte e das trevas e as almas dos santos foram tiradas dali, e subiram ao céu com Cristo Nosso Senhor. E, inclusive, mandou-nos o Senhor em pessoa para que, durante certo tempo, vamos andar pelas margens do Jordão e pelos montes, sem que, no entanto, sejamos vistos e nem falemos com todos, senão somente com aqueles a quem ele julgar. Agora mesmo, não nos tinha sido possível nem falar e nem deixarmo-nos ver por vós, se não nos tivesse sido permitido pelo Espírito Santo."

3. Diante destas palavras, a multidão inteira que assistia ao conselho ficou sobressaltada, presa de temor, tremiam e diziam: "Será verdade, por ventura, o que estes galileus testemunham?" Então Anás e Caifás dirigiram-se ao conselho nestes termos: "Em seguida, descobrir-se-á o relacionado com todas estas coisas, do que estes testemunharam antes e depois: se, comprova-se ser certo que Karino e Léucio permanecem vivos unidos aos seus corpos e, se nos é dado os contemplar com nossos próprios olhos, então é que é verdade o que estes testemunham em todos os detalhes e,

quando os encontrarmos, eles nos informarão, com certeza, de tudo, Mas, se não, sabei que tudo é pura farsa."

4. Puseram-se então todos, em seguida, a deliberar e concordaram em eleger uns varões idôneos e temerosos a Deus, que conheciam também quando tinham morrido e a sepultura que tinham sido colocados, mas que fizeram diligentes pesquisas e comprovaram ser, em verdade, tal como tinham ouvido. Assim, pois, foram ali quinze varões que tinham presenciado sua morte e tinham estado com seus próprios pés no lugar de sua sepultura e tinham visto os sepulcros. Chegaram, pois, e encontraram estes abertos, assim como também de muitos outros, sem que pudessem ver sinais de seus ossos ou cinzas. E voltando, muito apressados, contaram o que tinham visto.

5. Então a sinagoga inteira turvou-se, presa de terrível angústia e falaram entre si: "Que vamos fazer?" Anás e Caifás disseram: "Enviemos, ao lugar onde ouvimos isto que estão, uma comissão formada por pessoas mais nobres no plano da súplica e do rogo; talvez se dignem vir até nós." Enviaram, pois, a Nicodemo, a José e aos três mestres galileus que os tinham visto, com o pedido de que viessem ter com eles. Puseram-se, pois, a caminho e andaram por todos os arredores do Jordão e dos montes. Mas não os havendo encontrado, voltaram pelo caminho.

6. Quando, de súbito, divisou uma grande multidão, como de uns doze mil homens, que tinham ressuscitado com o Senhor e desciam do monte Amalech. Eles reconheceram ali a muitos, mas não foram capazes de dirigir uma só palavra, coibidos como estavam pelo medo e pela visão do anjo, contentando-se em vê-los de longe e ouvir com caminhavam cantando hinos e dizendo: "Ressuscitou-nos o Senhor dentre

os mortos, como tinha dito; alegramo-nos e regozijamo-nos todos, porque ele reina eternamente." Então a comissão ficou muda de admiração e receberam deles o conselho de procurar Karino e Léucio, em suas próprias casas.

7. Levantaram-se pois e foram para suas casas, onde os encontraram entregues à oração. E, entrando até o lugar onde estavam, caíram com seus rostos na terra; e logo que os cumprimentaram, levantaram-se e disseram: "Amigos de Deus, ao ouvir que tinham ressuscitado dentre os mortos, a assembléia inteira dos judeus enviou-nos a vós para rogar encarecidamente que ides até eles, de maneira que possamos todos conhecer as maravilhas divinas que têm tido lugar ao nosso redor nestes tempos." Eles então se levantaram nesse momento, movidos por inspiração divina e vieram em sua companhia e entraram na sinagoga. E a assembléia de judeus, juntamente com os sacerdotes, puseram as suas mãos nos livros da lei e os conjuraram por Deus Heloi e Deus Adonai, pela lei e pelos profetas desta maneira: "Dizei-nos como tendes ressuscitado dentre os mortos e que são estas maravilhas que têm tido lugar em nossos tempos, tais como nunca temos ouvido dizer que tenham sucedido em nenhum outro tempo. Pois tendes de saber que nossos ossos ficaram secos e intumescidos pelo medo e que a terra move-se a nossos pés, por ter posto de acordo todos nossos peitos para derramar sangue justo e santo."

8. Então Karino e Léucio fizeram sinais com as mãos para que lhes dessem um rolo de papel e tinta. E fizeram assim porque o Espírito Santo não lhes permitiu falar com eles. Estes lhes deram papel a cada um e os separaram entre si em diferentes compartimentos. E eles então depois de fazer com

seus dedos o sinal da cruz, começaram a escrever cada um no seu próprio rolo. E quando terminaram, exclamaram a uma voz, desde seus próprios compartimentos. "Amém." Em seguida, levantou Karino e deu seu papel a Anás, enquanto Léucio fez o mesmo com Caifás. E depois de se despedirem mutuamente, saíram e voltaram aos seus sepúlcros.

9. Então Anás e Caifás abriram um volume e começou cada um a ler em segredo. Mas o povo levando a mal, exclamaram todos de uma só vez: "Lede-nos estes escritos em voz alta, e depois que tenham sido lidos, nós os conservaremos, não seja talvez que a verdade divina seja adulterada por indivíduos sujos e falsos, levados por sua obssessão." Então Anás e Caifás, tremendo, entregaram o volume de papel ao mestre Adas, ao mestre Finéas e ao mestre Egias, que tinham vindo da Galiléia, com a notícia de que Jesus tinha sido arrebatado ao céu; e todo o povo foi-se com eles para que lessem este escrito. E levaram o papel que continha o seguinte:

II

1. "Oh Senhor Jesus Cristo!, permita-me a mim, Karino, que exponha as maravilhas que fizeste nos infernos. Enquanto nos entrávamos ali, sumidos nas trevas e nas sombras da morte, sentimo-nos iluminados, de repente, por uma grande luz e estremeceu o inferno e as portas da morte. Então se ouviu a voz do Filho do Pai Altíssimo, como se fosse a voz da um grande trovão, o qual, dando um forte grito, disse: Deixai de correr, oh príncipe!, elevai as portas da eternidade, pois sabeis que Cristo Senhor, Rei da Glória, vai vir e entrar."

2. Então acudiu Satanás, o príncipe da morte, fugindo aterrorizado, para dizer aos seus serventes e aos infernos: Meus

ministros e infernos todos, vinde todos aqui, fechai vossas portas, jogai os ferrolhos de ferro, luteis com força e resistis, vá que seja que sendo donos das correntes, vamos ficar presos nelas. Então se puseram em comoção todos e se apressaram a fechar as portas da morte e irem-se assegurando-se das fechaduras e dos ferrolhos de ferro e a empunhar, com inteireza, suas armas todas, e a lançar alaridos com voz dura e terrível ao extremo.

III

1. Então Satanás disse ao Inferno: Prepara-te para receber a um que vou te trazer. Mas o Inferno respondeu assim para Satanás: Esta voz, que não é outra coisa senão o grito do Filho do Pai Altíssimo, mas a sua convocação a terra e aos lugares do inferno, puseram-se em comoção; por que eu penso que, tanto eu como meus ligamentos, ficaram agora patentes e a descoberto. Mas te conjuro, Oh Satanás!, cabeça de todos os males, por tua força e pela minha, não seja que, querendo atrapalhar, sejamos nós atrapalhados por ele. Pois se, com somente sua voz, minha fortaleza ficou de tal maneira desfeita, que pensas que vai fazer quando venha sua presença?

2. Satanás, por sua vez, o príncipe da morte, respondeu assim: "Por que gritas? Não tenhas medo, perversíssimo amigo de antanho, porque fui eu que levantei contra ele o povo dos judeus e graças a mim foi ferido com golpes e eu preparei sua traição por meio de um discípulo sujo. Além disso, é um homem muito temeroso diante da morte, posto que, deixando-se oprimir pela força do temor, disse: Triste está minha alma até à morte. E eu mesmo a trouxe até ela, pois agora está dependurado, pendente na cruz."

3. Então lhe disse o Inferno: "Se é a quem, com uma só voz de seu império, fez voar de minhas entranhas com uma águia Lázaro, morto já a quatro dias, esse não é um homem de sua humanidade, senão Deus em sua majestade. Suplico-te, pois, que não mo tragas aqui." Respondeu Satanás: "Prepara-te, não obstante, não tenhas medo. Agora, que já está pendente da cruz, não posso fazer outra coisa." Então o Inferno respondeu desta maneira para Satanás: "Se, pois, não és capaz de fazer outra coisa, está já perto tua perdição. No último momento, eu ficarei derrubado e sem honra, mas tu estarás entre tormentos, sujeito ao meu domínio."

IV

1. Enquanto isso, os santos de Deus escutaram a disputa entre Satanás e o Inferno. Eles não se reconheciam ainda entre si, mas estavam, entretanto, a ponto de começar a se reconhecerem. E, nosso pai Adão, respondeu assim por sua vez, ao Satanás: "Oh príncipe da morte!, por que estás cheio de medo e de temor? Olha, vai vir o Senhor e vai destruir agora mesmo a todas as tuas criaturas e tu vais ser atado por ele e ficaras cativo por toda a eternidade."

2. Então todos os santos, ao ouvirem a voz de nosso pai Adão, e ver com que firmeza respondia à Satanás, alegraram-se e se sentiram confortados: logo começaram a correr em massa para o lado de Adão e se reuniram junto dele. E nosso pai Adão, ao olhar com mais atenção aquela multidão, admirava-se de que todos tivessem sido gerados por ele neste mundo. E, logo depois de abraçar a todos os que estavam ao seu redor, disse, derramando lágrimas amarguíssimas ao seu filho Set: Conta, meu filho Set, aos santos patriarcas e aos profetas, que te disse o guarda do paraíso quando caí

doente e te enviei para que me trouxesses um pouco de óleo da misericórdia e me ungisses com ele.

3. E Set disse: Quando me enviaste à porta do paraíso, orei e roguei ao Senhor, com lágrimas, e chamei o guardião do paraíso para que me desse um pouco desse óleo. Então saiu o arcanjo Miguel e me disse: Set, por que choras? Deves saber de antemão que teu pai, Adão, não receberá deste óleo a misericórdia se não depois de muitas gerações do mundo. Pois descerá a este, desde o céu, o Filho de Deus e será batizado por João no rio Jordão, então participará deste óleo da misericórdia teu pai Adão, da mesma forma todos os que acreditam nele; e o reino deste último permanecerá pelos séculos dos séculos.

V

1. Quando ouviram isto, todos os santos encheram-se novamente de júbilo. E um deles ali presente, chamado Isaías, exclamou em voz alta: Pai Adão, e todos os que estais presente, escutai minhas palavras: Enquanto vivia na terra, inspirado pelo Espírito Santo, compus um cântico profético a respeito da luz, dizendo: O povo que estava sentado nas trevas viu uma grande luz; aos que habitavam na região das sombras da morte, amanheceu para eles um resplendor. Ao ouvir isto, voltou-se Adão, assim como todos os presentes, e lhe perguntaram: "Tu quem és? Por que é verdade o que estás dizendo." E ele respondeu: "Eu me chamo Isaías."

2. Então apareceu ao seu lado outra pessoa com aspecto de eremita. E lhe perguntaram dizendo: Quem és tu, que levas tais sinais em teu corpo? E ele respondeu com firmeza: Eu sou João, o Batista, a voz do profeta do Altíssimo. Eu caminhei, diante da face do mesmo Senhor, para converter

os desertos e os caminhos ásperos em caminhos planos. Eu assinalei com meu dedo aos moradores de Jerusalém e floresci o cordeiro do Senhor e ao Filho de Deus. Eu o batizei no rio Jordão e pude ouvir a voz do Pai Amado. Eu mesmo recebi também sua promessa de que vai descer aos infernos. O pai Adão, que ouviu isto, exclamou em voz alta, repetindo uma e outra vez: Aleluia, que significa: O Senhor está chegando.

VI

1. Depois, outro dos presentes, que se diferenciava por uma espécie de insígnia imperial, chamado Davi, pôs-se a falar, dizendo: Eu, vivendo ainda na terra, revelei ao povo os arcanos da misericórdia de Deus e sua visitação por parte deste, profetizando os júbilos futuros que iam viver passados os séculos, desta maneira: Dêem glória a Deus, suas misericórdias e suas maravilhas, aos filhos dos homens, porque despedaçou as portas de bronze e rompeu os cadeados de ferro. Então os santos patriarcas e os profetas começaram a se reconhecerem entre si e a falar cada um de suas profecias. O santo profeta Jeremias, examinando as suas, dizia aos patriarcas e profetas: Vivendo na terra, profetizei a respeito do Filho de Deus, que apareceu na terra e conversou com os homens.

2. Então todos os santos, cheios de alegria pela luz do Senhor, pela visita do pai Adão e pela resposta de todos os patriarcas e profetas, exclamaram dizendo: Aleluia, bendito o que vem em nome do Senhor; de maneira que, diante de sua exclamação, encheu-se de pavor Satanás e procurou caminho para fugir. Mas não lhe era isto possível, porque o Inferno e seus satélites o tinham seguro no inferno e sitiado por todos os lados e lhe diziam: Por que tremes? Nós, de forma

alguma, te permitiremos sair daqui, senão que vais receber isto, como bem merecido o tens, das mãos Daquele a quem atacavas sem cessar, e deves saber que vais ser acorrentado por ele e submetido a nossa vigilância.

VII

1. E de novo ressoou a voz do Filho do Pai Altíssimo, com o fragor de um grande trovão, que dizia: Levantai, oh, príncipes!, vossas portas e as elevai, oh portas eternas!, que vai entrar o Rei da glória. Então Satanás e o Inferno se puseram a gritar desta maneira: Quem é este Rei da glória? E lhes respondeu a voz do Senhor: O Senhor forte e poderoso, o Senhor forte na batalha.

2. Depois de se ouvir esta voz, veio um homem, cujo aspecto era como de ladrão, com uma cruz nas costas, e gritava do lado de fora dizendo: Abri-me para que entre. Satanás então entreabriu e o introduziu no interir do recinto, fechando de novo atrás dele a porta. E vieram todos os santos deslumbrantes e lhe disseram: Teu aspecto exterior é de ladrão; diz-nos que é isso que levas nas tuas costas. Ele respondeu humildemente e disse: Na verdade que fui um ladrão, e os judeus me colocaram na cruz juntamente com meu Senhor Jesus Cristo, Filho do Pai Altíssimo. Ultimamente eu me adiantei, mas ele veio imediatamente atrás de mim.

3. Então o santo Davi, encolerizado contra Satanás, exclamou fortemente: Abre tuas portas para que entre o Rei da glória. E, assim mesmo, todos os santos de Deus se levantavam da mesma maneira contra Satanás e queriam botar a mão nele e o dividir entre si. E, de novo, ouviu-se gritar desde dentro: Alçai, oh, príncipes!, vossas portas, e as elevai, oh portas eternas!, que vai entrar o Rei da glória. E perguntaram de

novo o Inferno e Satanás para aquela voz clara, dizendo: Quem é este Rei da glória? E respondeu aquela voz admirável. O Senhor das virtudes é o Rei da glória.

VIII

E, no mesmo momento, o Inferno pôs-se a tremer, e as portas da morte, assim como os ferrolhos ficaram desmanchados e os ferrolhos do Inferno se romperam e caíram no chão, ficando todas as coisas a descoberto. Satanás ficou no meio, e estava de pé confuso e desfalecido, amarrados seus pés com grilhões. E o Senhor Jesus Cristo veio, rodeado de claridade excelsa, manso, grande e humilde, levando em suas mãos uma corrente; com ela atou Satanás e, depois de juntar de novo suas mãos para trás, jogou-o de costas no chão e o seu santo pé na garganta, dizendo: Muitas coisas más fizestes no transcurso dos séculos; não te deste repouso algum; hoje te entrego ao fogo eterno. E, chamando de novo o Inferno, disse-lhe com voz de mando: Toma a este péssimo e perverso em grau extremo e o tenha sob tua vigilância até o dia que eu te mande. E o carregando, afundou-se sob os pés do Senhor no profundo do abismo.

IX

1. Então Nosso Senhor Jesus Cristo, Salvador de todos, piedosíssimo e amabilíssimo, saudando de novo a Adão, dizia-lhe benignamente: A paz seja contigo, Adão, em companhia de teus filhos, pelos séculos sempre eternos. Amém. E o pai Adão atirou-se, então, aos pés do Senhor e se levantando de novo beijou suas mãos e derramou abundantes lágrimas, dizendo: Vede as mãos que me fizeram, dando testemunho a todos. Em seguida, dirigiu-se ao Senhor, dizendo: Viestes, oh Rei da glória!, para livrar os homens

e juntá-los no teu reino eterno. E nossa mãe, Eva, caiu de maneira semelhante aos pés do Senhor e, levantando-se de novo, beijou suas mãos e derramou abundantes lágrimas, enquanto dizia: Vede as mãos que me formaram, dando testemunho a todos.

2. Então todos os santos adoraram-no e clamaram dizendo: Bendito o que vem em nome do Senhor; o Senhor Deus nos iluminou. Assim seja por todos os séculos. Aleluia por todos os séculos, louvores, honra, virtude, glória, porque viestes do alto para nos visitar. E cantando aleluia e regozijando-se mutuamente de sua glória, acudiam sob as mãos do Senhor.

X

Então todos os santos de Deus rogaram ao Senhor que deixasse nos infernos o sinal da santa cruz, sinal da vitória, para que seus perversos ministros não conseguissem reger a nenhum inocente a quem houvesse absolvido o Senhor. E assim se fez; e pôs o Senhor sua cruz em meio do inferno, que é sinal da vitória, e permanecerá por toda a eternidade.

Depois saímos todos dali em companhia do Senhor, deixando a Satanás e ao Inferno na escuridão. E nos mandou a nós, e outros muitos, que ressuscitássemos com nossos corpos, para dar testemunho no mundo da ressurreição de nosso Senhor Jesus Cristo, e do que aconteceu nos infernos.

Isto é, irmãos caríssimos, o que temos visto e do que damos testemunho, depois de sermos conjurados por vós, e o que testemunha Aquele que morreu e ressuscitou por nós, porque as coisas aconteceram em todos os seus detalhes, conforme fica escrito."

XI

E enquanto terminou de se ler o escrito, todos os que escutavam deram com sua face por terra e se puseram a chorar amargamente, enquanto golpeavam durante seus peitos e diziam em voz alta, gritando: "ai de nós!, com que fim, miseráveis, ocorreu-nos isto? Foge Pilatos, fugiram Anás e Caifás, fogem os sacerdotes e levitas, foge também o povo dos judeus dizendo entre soluços: ai de nós! Derramamos por terra sangue inocente."

Assim pois, durante três dias e três noites, não provaram pão nem água e nenhum deles voltou para a sinagoga. Mas no terceiro dia, reunido de novo o conselho, leu-se integralmente o outro escrito (o volume de Léucio) e não se encontrou nele nem mais e nem menos, nem sequer com relação a uma só letra, do que continha o escrito de Karino. Então se comoveu a sinagoga e choraram todos durante quarenta dias e quarenta noites, esperando da mão de Deus a morte e a divina vingança. Mas o Altíssimo, que é todo piedade e misericórdia, não os aniquilou imediatamente para os oferecer generosamente ocasião de se arrependerem, mas não foram dignos de se converter ao Senhor.

Estes são, queridos irmãos, os testemunhos de Karino e de Léucio a respeito de Cristo, Filho de Deus e de suas santas gestas nos infernos. Ao qual damos todos louvores e glória pelos séculos infinitos. Amém.

O Livro de
São João Evangelista

Os Apócrifos relativos à Assunção de Maria são muito numerosos, mesmo que todos eles sigam invariavelmente um mesmo padrão. Os manuscritos mais antigos, achados até agora, não se remontam mais além do Século IV, pelo que, possivelmente, existira um original anterior, do qual todos eles seriam versões mais ou menos alteradas. O bispo Melitão cita o chamado "Transictus Sanctae Mariae," original de Léucio, discípulo dos apóstolos que, portanto, devia ter escrito no princípio do Século II, se bem que o original deste documento não chegou até nós.

Um exame comparativo destes apócrifos ascensionistas mostra a recorrência em todos eles de três elementos básicos: a reunião de todos os apóstolos, sua companhia à Virgem nos últimos momentos e a Ascensão desta aos céus.

O Livro de São João Evangelista é um dos apócrifos ascensionistas de maior difusão, especialmente no Oriente bizantino. Por se tratar de um dos mais característicos, temos o elegido para que represente o gênero "ascensionista" nesta coleção de evangelhos não canônicos, se bem que apresenta uma variante curiosa: nele a ascensão da Virgem não ocorre, como em outros, na vida da mãe de Jesus, mas senão que ela falece mortalmente e somente depois, na visão final, diz-se que seu corpo foi transladado para o céu.

Livro de São João Evangelista

Tratado de São João, o teólogo, sobre a transladação da santa mãe de deus

I

Quando a santíssima e gloriosa Mãe de Deus e sempre virgem Maira ia, segundo seu costume, ao sepulcro do Senhor para queimar incensos, costumava suplicar ao Cristo, filho seu e de Deus nosso, que se dignasse levá-la com Ele.

II

Ao ver os judeus a assiduidade com que se aproximava da sagrada tumba, foram os príncipes aos sacerdotes para lhes dizer: "Maria vai todos os dias ao sepulcro." Estes chamaram os guardas, que tinham posto ali, com o objetivo de impedir que se aproximasse para orar junto do sagrado monumento, e começaram a fazer averiguações sobre se era verdade o que com relação a ela se dizia. Os guardas, encarregados da vigilância, responderam que nada semelhante haviam notado, pois, de fato, Deus não permitia aperceber-se de sua presença.

III

Um dia - que era sexta-feira - foi, como de costume, a santa virgem Maria ao sepulcro. E, enquanto estava em oração, abriram-se os céus e desceu até ela o arcanjo Gabriel, o qual lhe disse assim: "Deus te salve, oh mãe de Cristo, nosso Deus!, tua oração, depois de atravessar os céus, chegou até à presença de teu Filho e te escutou. Pelo que abandonarás o mundo daqui a pouco tempo e partirás, conforme teu pedido, até às mansões celestiais, ao lado de teu Filho, para viver a vida autêntica e perene."

IV

E ouvindo isto dos lábios do santo arcanjo, voltou-se para a cidade de Belém, tendo junto de si as três donzelas que a atendiam. Quando teve, pois, repousado um pouco, levantou-se e disse a estas: "Trazei-me um incensório (turíbulo) que vou orar." E elas o trouxeram, conforme se lhes havia sido pedido.

V

Depois, pôs-se a orar desta maneira: "Senhor meu Jesus Cristo, por tua extrema bondade tiveste por bem ser gerado por mim, ouve minha voz e envia-me ao teu apóstolo João para que sua visita me proporcione as premissas da felicidade. Envia-me também os teus apóstolos restantes, os quais voaram até a ti e aqueles que ainda se encontram nesta vida, de qualquer lugar onde estejam, a fim de que, ao vê-los de novo, possa bendizer teu nome, sempre louvável. Sinto-me animada porque tu atendes a tua serva em todas as coisas."

VI

E enquanto ela estava em oração, apresentei-me eu, João, a quem o Espírito Santo arrebatou e trouxe numa nuvem desde Éfeso, deixando-me depois num lugar onde jazia a mãe do meu Senhor. Entrei, pois, até aonde ela se encontrava e louvei seu Filho, depois disse: "Salve, oh mãe do Senhor, a que gerou Cristo nosso Deus!, alegra-te, porque vais sair deste mundo muito gloriosamente."

VII

E a santa mãe de Deus louvou a Deus porque eu, João, tinha chegado junto dela, lembrando-se daquela voz do Senhor que disse: "Eis aqui a tua mãe." E "eis aqui o teu filho." Nisto vieram as três jovens e se prostraram diante dela.

VIII

Então se dirigiu a mim a santa mãe de Deus, dizendo-me: "Coloca-te em oração e acende incenso." Eu orei desta maneira: "Oh Senhor Jesus Cristo, que fizeste tantas maravilhas!, faz alguma também neste momento, à vista daquela que te concebeu; saía tua mãe desta vida e sejam abatidos os que te crucificaram e os que não acreditaram em ti."

IX

Depois que foi dado por terminada a minha oração, disse-me a santa virgem Maria: "Trazei-me o incensório." E, pegando-o, ela exclamou: "Glória a ti, Deus e meu Senhor, porque se cumpriu em mim tudo aquilo que prometeste antes de subir aos céus, que quando eu fosse sair deste mundo, virias tu a ao meu encontro, cheio de glória e rodeado de uma multidão de anjos."

X

Então eu, João, disse-lhe por minha vez: "Já está para vir Jesus Cristo, Senhor e Deus nosso; e tu vais vê-lo, conforme ele te prometeu." Ao que repôs a santa mãe de Deus: "Os judeus fizeram juramento de queimar meu corpo quando eu morresse." Eu respondi: "Teu santo e precioso corpo não há de ver a corrupção." Ela então replicou: "Anda, toma o incensório, bota incenso e te põe em oração." E veio uma voz desde o céu dizendo: Amém.

XI

Eu, por minha vez, ouvi esta voz e o Espírito Santo me disse: "João, ouviste esta voz que foi emitida no céu depois de terminada a oração?" Eu lhe respondi: "Efetivamente; eu a ouvi." Então acrescentou o Espírito Santo: "Esta voz, que escutaste, é sinal iminente de teus irmãos apóstolos e das santas perpétuas, pois hoje virão todos aqui."

XII

Eu, João, pus-me então a orar. E o Espírito Santo e os apóstolos: "Vinde todas as asas de nuvens, desde os últimos confins da terra, e reuni todos na santa cidade de Belém para assistir à mãe de Nosso Senhor Jesus Cristo, que está em comoção: Pedro desde Roma, Paulo desde Tibéria, Tomas desde o centro das Índias, Santiago desde Jerusalém."

XIII

André, o irmão de Pedro, Felipe, Lucas e Simão Cananeu, juntamente com Tadeu, os quais tinham já morrido, foram despertados de seus sepulcros pelo Espírito Santo. Este se dirigiu a eles e lhes disse: "Não acreditais que chegou a hora da ressurreição. A causa pela qual surgis neste momento de vossas tumbas é que tendes que ir render pleito à mãe de vosso Salvador e Senhor Jesus Cristo, tributando-lhe uma homenagem maravilhosa, pois chegou a hora da saída deste mundo, de sua partida para os céus."

XIV

Também Marcos, vivo ainda, chegou de Alexandria juntamente com outros, como se diz, de todos os países. Pedro, arrebatado por uma nuvem, esteve no meio do céu e da terra, sustentado pelo Espírito Santo, enquanto os demais apóstolos eram, por sua vez, arrebatados também sobre as nuvens para se encontrarem juntamente com Pedro. E, assim, desta maneira, como fica dito, foram chegando todos de vez pela obra do Espírito Santo.

XV

Depois, entramos no lugar onde estava a mãe de nosso Deus, e prostrados em atitude de adoração, dissemos-lhe: "Não tenhas medo e nem fiques aflita. O Senhor Deus, a quem tu geraste, tirar-te-á deste mundo gloriosamente." E ela, regozijando-se em Deus seu salvador, endireitou-se no leito e disse aos apóstolos: "Agora sim que acredito que vem já desde o céu nosso Deus e mestre, a quem vou contemplar, e que vou sair desta vida da mesma maneira como os vi apresentarem-se aqui. Quero agora que me digam como foi vir em conhecimento da minha partida e apresentarem-se a mim, de que países e latitudes vêm, já que tanta pressa tinham em me visitar. Ainda que deveis saber que não quis ocultar meu Filho, nosso Senhor Jesus Cristo e Deus Universal, pois estou firmemente persuadida, inclusive no momento presente, de que ele é Filho do Altíssimo."

XVI

Pedro, então, dirigiu-se aos apóstolos nestes termos: "Cada um de nós, de acordo com o que nos anunciou e ordenou o Espírito Santo, dê informação à mãe de Nosso Senhor."

XVII

Eu, João, por minha parte, respondi e disse: "Encontrava-me em Éfeso; e enquanto me aproximava do santo altar para celebrar ofício, o Espírito Santo me disse: "Chegou, para a mãe do Senhor, a hora de partir; põe-te, pois, a caminho de Belém para ir despedi-la. E nisto, uma nuvem luminosa, arrebatou-me e me pôs na porta da casa aonde tu jazes."

XVIII

Pedro respondeu: "Também eu, quando me encontrava em Roma, ouvi uma voz de parte do Espírito Santo, a qual me disse: A mãe do teu Senhor, tendo já chegado sua hora, está para partir, põe-te pois a caminho de Belém para despedi-la. E aí uma nuvem luminosa me arrebatou, e pude ver, também, aos demais apóstolos que vinham até mim sobre as nuvens e percebi uma voz que dizia: Andem todos para Belém."

XIX

Paulo, por sua vez, respondeu: "Também eu, quando me encontrava numa cidade a pouca distância de Roma, chamada terra dos Tibérios, ouvi o Espírito Santo que me dizia: "A mãe do teu Senhor está por abandonar este mundo e empreender, por meio da morte, sua ida até aos céus; põe-te, pois, tu, também, a caminho de Belém para despedi-la. E nisto, uma nuvem luminosa arrebatou-me e me pôs no mesmo lugar que vós."

XX

Tomás, por sua vez, respondeu e disse: "Também eu me encontrava percorrendo o país dos índios, e a pregação ia afiançando-se com a graça de Cristo até a ponto do filho da irmã do rei, chamado Lavadão, ia ser batizado por mim no palácio, quando, de repente, o Espírito Santo me disse: tu, Tomás, apresente-se também em Belém para despedir a mãe do teu Senhor, pois se efetuará seu trânsito aos céus. E, nesta nuvem luminosa, arrebatou-me e me trouxe até sua presença."

XXI

Marcos, por sua vez, respondeu e disse: "Eu me encontrava na cidade de Alexandria, celebrando o ofício de terço e, enquanto orava, o Espírito Santo arrebatou-me e me trouxe a sua presença."

XXII

Santiago respondeu e disse: "Enquanto me encontrava eu em Jerusalém, o Espírito Santo deu-me esta ordem: 'Vai para Belém, pois a mãe do teu Senhor vai partir. E uma nuvem luminosa arrebatou-me e me pôs em sua presença."

XXIII

Mateus, por sua vez, respondeu e disse: "Eu louvei e continuo louvando a Deus porque, estando cheio de turvação, ao encontrar-me dentro de um navio e ver o mar alvorotado por ondas, de repente, veio uma nuvem luminosa e fez sombra sobre a fúria do temporal, acalmando-o, depois me pegou a mim e me pôs junto de vocês."

XXIV

Responderam por sua vez os que tinham anteriormente caminhado e narraram de que maneira tinham se apresentado. Bartolomeu disse: "Eu me encontrava na Tebaída, pregando a palavra, e então o Espírito Santo dirigiu-se a mim nestes termos: "A mãe do teu Senhor vai partir, põe-te, pois, a caminho de Belém para despedi-la. E eis que uma nuvem luminosa arrebatou-me e me trouxe até vocês."

XXV

Tudo isto disseram os apóstolos da santa mãe de Deus, como e de que maneira tinham efetuado a viagem. E logo ela estendeu suas mãos até ao céu e orou dizendo: "Adoro, exalto e glorifico teu celebradíssimo nome, pois puseste teus olhos na humildade de tua escrava e fizeste em mim coisas grandes, tu que és poderoso. E todas as gerações me chamarão a bem-aventurada."

XXVI

E quando acabou a oração, disse aos apóstolos: "Coloquem incenso e orem." E enquanto eles oravam, produziu-se um trovão no céu e se fez ouvir uma voz terrível, como o fragor de carros. E, nisto, apareceu um nutrido exército de anjos e de potestades e se ouviu uma voz como a do Filho do homem. Ao mesmo tempo, os serafins circundaram a casa onde jazia a santa e imaculada virgem e mãe de Deus. De maneira que, os que estavam em Belém, viram todas estas maravilhas e foram a Jerusalém anunciando todos os portentos que aconteceram.

XXVII

E sucedeu que, depois que se produziu aquela voz, apareceu de repente o sol e também a lua ao redor da casa. E um grupo de primogênitos dos santos apresentou-se na casa, aonde jazia a mãe do Senhor, para honra e glória dela. E vi também que tiveram lugar muitos milagres: cegos voltaram a ver, surdos ouviram, coxos andaram, leprosos se curavam e possessos de espíritos imundos eram curados. E todo o que se sentia queixoso de alguma doença ou mal-estar, tocava por fora do muro da casa onde jazia e gritava: "Santa Maria, mãe de Cristo, nosso Deus, tem compaixão de nós." E imediatamente se sentiam curados.

XXVIII

E grandes multidões procedentes de diversos países, que se encontravam em Jerusalém por motivo de oração, ouviram falar dos portentos que aconteciam em Belém, por meio da mãe do Senhor, e se apresentaram naquele lugar, suplicando a cura de diversas doenças: coisa que obtiveram. E aquele dia se produziu muita alegria inarrável, enquanto a multidão dos curados e dos espectadores louvava a Cristo nosso Senhor e sua mãe. E

Jerusalém inteira, de volta a Belém, festejava cantando salmos e hinos espirituais.

XXIX

Os sacerdotes dos judeus e todo seu povo estavam extasiados de admiração pelo ocorrido. Mas, dominados por uma violenta paixão e depois de se terem reunido em conselho, levados por seu néscio raciocínio, decidiram enviar, contra a santa mãe de Deus e contra os santos apóstolos, que se encontravam em Belém, tendo-se posto a caminho de Belém a turba de judeus, como numa distância de uma milha; aconteceu que se apresentou a estes uma visão terrível e ficaram com os pés como amarrados e voltaram e narraram aos príncipes dos sacerdotes a terrível visão que tinham tido.

XXX

Mas àqueles, requeimados ainda pela ira, foram-se à presença do governador, gritando e dizendo: "A nação judia veio abaixo por causa desta mulher; manda-a embora de Belém e da comarca de Jerusalém." Mas o governador, surpreendido pelos milagres, replicou: "Eu, de minha parte, não a expulsarei nem de Jerusalém e nem de nenhum outro lugar." Mas os judeus insistiam, dando vozes conjuráveis por César Tibério, para que expulsasse os apóstolos fora de Belém dizendo: "E se não fazes isto, daremos conta disso ao imperador." Então ele se viu obrigado a enviar um exército a Belém contra os apóstolos.

XXXI

Mas o Espírito Santo disse então aos apóstolos e à mãe do Senhor: "O governador enviou um exército contra vós por causa dos judeus que se amotinaram. Saí, pois, de Belém e não temais, porque eu os vou transportar em uma nuvem para Jerusalém, por força do Pai, do Filho e do Espírito Santo que está com vós."

XXXII

Levantaram-se, pois, em seguida, os apóstolos e saíram da casa, levando a liteira da sua Senhora, a mãe de Deus, dirigindo seus passos a caminho de Jerusalém mas, no momento, de acordo com que tinha dito o Espírito Santo, foram arrebatados por uma nuvem e se encontraram em Jerusalém, na casa da Senhora. Uma vez ali, levantamo-nos e estivemos cantando hinos, durante cinco dias ininterruptamente.

XXXIII

E, quando chegou o chefe do exército a Belém, ao não encontrar ali a mãe do Senhor e nem aos apóstolos deteve os betlemitas, dizendo: "Não sois vós os que tinham vindo contar ao governador e aos sacerdotes todos os milagres e portentos que se acabavam de fazer e dissestes que os apóstolos tinham vindo de todos os países? Onde estão, pois? Agora põe todos a caminho de Jerusalém para apresentarem-se diante do governador." É de se notar que o chefe dos soldados não estava inteirado da retirada dos apóstolos e da mãe do Senhor para Jerusalém. Prendeu, pois, os betlemitas e se apresentou ao governador para dizer que não tinha encontrado nada.

XXXIV

Cinco dias depois, chegou ao conhecimento do governador, dos sacerdotes e de toda a cidade que a mãe do Senhor, em companhia dos apóstolos encontrava-se em sua própria casa, em Jerusalém, por causa dos portentos e maravilhas que ali aconteciam. E uma multidão de homens, mulheres e virgens se reuniram gritando: "Santa virgem, mãe de Cristo, nosso Deus, não te esqueças do gênero humano."

XXXV

Diante destes acontecimentos, tanto o povo judeu como os sacerdotes foram ainda mais brinquedos da paixão e, tomando a lenha e fogo, incendiaram a casa onde estava a mãe do Senhor em companhia dos apóstolos, com intenção de fazê-la pasto de chamas. O governador contemplava desde longe o espetáculo. Mas, no mesmo momento em que chegava o povo judeu na porta da casa, saiu de dentro da casa uma lavareda, por obra de um anjo, e abraçou um grande número de judeus. Com isto, a cidade inteira ficou cheia de temor e louvaram a Deus, que foi gerado por ela.

XXXVI

E quando o governador viu o ocorrido, dirigiu-se a todo o povo dizendo: "Em verdade aquele que nasceu da Virgem, e que vós maquinais perseguir, é filho de Deus, pois estes sinais são próprios de um verdadeiro Deus." Assim, pois, produziu-se cisão entre os judeus, e muitos acreditaram no nome de nosso Senhor Jesus Cristo, por causa dos portentos realizados.

XXXVII

E depois que aconteceram estas maravilhas, por meio da mãe de Deus e sempre Virgem Maria, mãe do Senhor, enquanto nós, os apóstolos, encontrávamo-nos com ela em Jerusalém, disse-nos o Espírito Santo: "Já sabeis que, no domingo, teve lugar a anunciação do arcanjo Gabriel à Virgem Maria e que, no domingo, nasceu o Salvador, em Belém, e que, no domingo, saíram os filhos de Jerusalém com palmas dizendo: Hosanna nas alturas! Bendito o que vem em nome do Senhor, e que, no domingo, ressuscitou dos mortos, e que, no domingo, a de vir julgar os vivos e os mortos, que, no domingo, finalmente há de baixar dos céus para honrar e glorificar, com sua presença, a partida da santa e gloriosa virgem que lhe deu à luz."

XXXVIII

Neste mesmo domingo, a mãe do Senhor disse aos apóstolos: "Acendam incenso, pois Cristo está já vindo com um exército de anjos." E no mesmo momento, apresentou-se Cristo sentado sobre um trono de querubins. E enquanto todos nós estávamos em oração, apareceram multidões incontáveis de anjos, e o Senhor estava cheio de majestade sobre os querubins. E eis que se irradiou um eflúvio resplandecente sobre a Virgem, por virtude da presença de seu Filho unigênito, e todas as divindades celestiais caíram por terra e a adoraram.

XXXIX

O Senhor dirigiu-se, então, a sua mãe e lhe disse: "Maria." Ela respondeu: "Aqui me tens Senhor." Ele lhe disse: "Não te aflijas, alegre-se e rejubile-se seu coração, pois encontraste graça para poder contemplar a glória que me tem sido dada por meu Pai." A santa mãe de Deus elevou então seus olhos e viu nele uma glória, tal que é inefável à boca do homem e incompreensível. O Senhor permaneceu ao seu lado e continuou dizendo: "Desde este momento teu corpo vais ser transportado ao paraíso, enquanto que, tua santa alma, vai esta para os céus, entre os tesouros de meu Pai, coroada de um extraordinário resplendor, onde há paz e alegria dos santos anjos e ainda mais."

XL

A mãe do Senhor respondeu e disse: "Impõe, meu Senhor, tua direita sobre mim e me abençoa." O Senhor estendeu sua santa direita e a abençoou. Ela a estreitou e a encheu de beijos enquanto dizia: "Adoro esta direita que criou o céu e terra. E rogo ao teu nome sempre bendizendo Cristo Deus, Rei dos séculos, Unigênito do Pai!: recebe a tua serva, tu que te dignaste encarnar por meio de mim, a pobrezinha, para salvar o gênero humano, conforme teus inefáveis desígnios. Outorga tua ajuda a todo o que invoque e que rogue, ou que simplesmente faça menção do nome de tua serva."

XLI

Enquanto ela dizia isto, aproximaram-se os apóstolos a seus pés e a adoraram dizendo: "Deixa, oh mãe do Senhor!, uma bênção ao mundo, posto que vais abandoná-lo. Pois já o abençoaste e o ressuscitaste perdido como estava, ao conceber tu a luz do mundo." E a mãe do Senhor, havendo-se posto em oração, fez esta súplica: "Oh Deus, que por muita bondade, enviaste teu unigênito Filho para que habitasse em meu humilde corpo e se dignasse a ser concebido em mim, a pobrezinha!, tem compaixão do mundo e de toda a alma que invoca teu nome."

XLII

E orou de novo desta maneira: "Oh Senhor, Rei dos céus, Filho de Deus vivo!, recebe a todos o homens que invoquem teu nome, para que teu nascimento seja glorificado." Depois, pôs-se a orar novamente, dizendo: "Oh Senhor Jesus Cristo, que tudo podes no céu e na terra!, esta é a súplica que dirijo ao teu santo nome: santifica, em todo o tempo, o lugar em que se celebre a memória de meu nome e da glória aos que te louvam por mim, recebendo deles toda a oferenda, toda a súplica e toda a oração."

XLIII

Depois que orou desta maneira, o Senhor disse a sua própria mãe: "Alegre-se e regozije-se teu coração, pois toda a espécie de graça e de dons te hão sido dados por meu Pai celestial, por mim e pelo Espírito Santo. Toda a alma que invoque teu nome ver-se-á livre da confusão e encontrará misericórdia, consolo, ajuda e sustento neste século e no futuro, diante de meu Pai celestial."

XLIV

Voltou-se, então, o Senhor e disse a Pedro: "Chegou a hora de dar início aos salmos." E ao entoar, Pedro, todas as potências celestiais responderam o Aleluia. Então um resplendor mais potente que a luz pairou sobre a face da mãe do Senhor e ela se levantou e foi abençoando com sua própria mão a cada um dos apóstolos. E todos deram glória a Deus. E o Senhor, depois de estender suas mãos puras, recebeu sua alma santa e imaculada.

XLV

No momento de sair sua alma imaculada, o lugar inundou-se de perfume e de uma luz inefável. E se ouviu a voz do céu que dizia: "Feliz tu entre as mulheres." Pedro, então, e eu, João, Paulo e Tomás, abraçamos apressadamente seus santos pés para sermos santificados. E os doze apóstolos depois de depositarem seu santo corpo no ataúde, levaram-no.

XLVI

Nisto, durante a caminhada, certo judeu, chamado Jefonias, robusto de corpo, jogou seu corpo contra o ataúde que estavam levando os apóstolos. Mas, imediatamente, um anjo do Senhor, com força invisível, servindo-se de uma espada de fogo, separou as duas mãos dos seus respectivos braços e as deixou dependuradas no ar, nos dois lados do féretro.

XLVII

Ao acontecer este milagre, exclamou, a altas vozes, todo o povo dos judeus, que o tinham visto: "Realmente é Deus o filho que deste à luz, oh mãe de Deus e sempre virgem Maria." E Jefonias mesmo, intimado por Pedro para que declarasse as maravilhas do Senhor, levantou-se atrás do féretro e se pôs a gritar: "Santa Maria, tu que geraste a Cristo Deus, tem compaixão de mim." Pedro, então, se dirigiu a ele e lhe disse: "Em nome do seu Filho, juntem-se as mãos que foram separadas de ti." E sem mais nada a dizer as mãos que estavam dependuradas do féretro onde jazia a Senhora, separaram-se e se uniram de novo a Jefonias. E, com isto, acreditou ele mesmo e louvou a Cristo Deus, que foi gerado por ela.

XLVIII

Feito este milagre, levaram os apóstolos o féretro e depositaram seu casto e venerado corpo em Getsemani, num sepulcro sem enterrar. E aí se desprendia daquele santo sepulcro, de nossa Senhora a mãe de Deus, um agradável perfume. E por três dias consecutivos ouviram-se vozes de anjos invisíveis, que louvavam a seu filho Cristo, nosso Deus. Mas quando chegou no terceiro dia, deixaram de se ouvir as vozes; pelo que todos acreditaram que seu venerável e imaculado corpo tinha sido transportado ao paraíso.

XLIX

Verificado o translado deste, vimos de imediato Isabel, a mãe de São João Batista, Ana, a mãe de nossa Senhora, Abrahão, Isaac, Jacó e Davi que cantavam a Aleluia. E vimos, também, a todos os coros dos santos que adoravam a venerável relíquia da mãe do Senhor. Apresentou-se a nós, também, um lugar radiante de luz, cujo esplendor não há nada comparável. E o lugar onde aconteceu a transladação de seu santo e venerável corpo ao paraíso estava saturado de perfume. Deixou-se de ouvir a melodia que cantavam hinos para seu Filho, e era tão doce como somente é dado escutar às virgens; e era tal que nunca chega a produzir cansaço.

L

Nós, pois, os apóstolos, depois de contemplarmos subitamente a augusta transladação de seu santo corpo, pusemo-nos a louvar a Deus por nos ter dado a conhecer suas maravilhas, no trânsito da mãe de Nosso Senhor Jesus Cristo. Por cujas orações e intercessão sejamos dignos de alcançar e viver sob sua proteção, amparo e proteção neste século e no futuro, louvando em todo o lugar e tempo seu Filho unigênito, juntamente com o Pai e o Espírito Santo, pelos séculos dos séculos. Amém.

História de José, O Carpinteiro

Trata-se de uma narração, em forma de diálogo, entre Jesus e seus apóstolos, que expõe a vida e morte de José. Existem dois originais deste apócrifo, um copto e outro árabe. A versão aqui apresentada é uma tradução do manuscrito copto. O resumo da vida de José parece confeccionado com base em dados proporcionados pelo Protoevangelho de Santiago e os evangelhos canônicos, entretanto a narração de sua morte apresenta idéias originais como a da viagem que deve empreender a alma uma vez separada do corpo, guiada pelo arcanjo Miguel. A pedido de Jesus, Miguel e Gabriel acodem a tomar a alma de José. O corpo de José deveria permanecer incorrupto até o fim do milênio.

Acredita-se que ambas as versões, copta e árabe, procedem de um original grego, até agora nunca encontrado. Não há certeza sobre a data de sua composição, se bem que alguns detalhes, como o milenarismo ingênuo e o fato de que a assunção da Virgem não estivessem ainda estabelecidos, são evidências de sua grande antiguidade. Possivelmente foi redigido durante o Século II, ou talvez nos princípios do quarto, muito possivelmente por um cristão egípcio.

História de José, O Carpinteiro

Este é o relato do modo como abandonou esta vida nosso santo pai José, o carpinteiro, pai de Cristo segundo a carne, que viveu cento e onze anos. Nosso Salvador contou a seus apóstolos sua vida, reunidos no Monte das Oliveiras. Os apóstolos escreveram estas palavras e as depositaram na biblioteca de Jerusalém. O ancião abandonou o corpo no dia 26 do mês de Epe. Descanse na paz do Senhor. Amém.

I

Aconteceu, um dia, que nosso bom Salvador estava sentado na colina das Oliveiras, com seus discípulos, reunidos em torno dele e lhes falou nestes termos: "Queridos irmãos, filhos do meu bom Pai, vós a quem Ele elegeu no mundo inteiro, adverti-os que serei crucificado, que provarei a morte, que ressuscitarei dos mortos e lhes darei a missão de pregar o evangelho, para que seja anunciado por todo o mundo, investi-los-ei com uma força vinda do alto e os chamarei de Espírito Santo para que pregueis a todas as nações dizendo-lhes: "Fazei penitência, pois vale mais que o homem encontre um vaso de água no século vindouro que prover os bens do mundo inteiro," e acrescentou: "A sola de um pé na casa de meu pai vale mais que todas as riquezas do mundo"; e continuou: "Uma hora dos justos que se regozijam vale mais que cem anos de pecadores que choram e se lamentam, sem que se enxuguem suas lágrimas e sem que ninguém se interesse por eles. Assim, pois, membros gloriosos, quando estiveis no meio dos povos dirigi-lhes este ensinamento." Meu Pai pagará vossa conta com uma balança justa e com um peso justo"; e continuou: "Uma simples palavra agradável que tenhas dito, será examinada. Do mesmo modo que não há meio de escapar da morte, ninguém pode escapar de seus atos bons ou maus. De tudo o que lhes disse resulta isto: o forte não pode salvar-se pela sua força, nem o homem pode se salvar por suas riquezas. Agora, escutai, contarei a história do meu pai José, o velho carpinteiro, abençoado por Deus."

II

Tinha um homem chamado José, que era da cidade chamada Belém, a dos Judeus, a cidade do rei Davi. Estava bem instruído na sabedoria e na arte da carpintaria. Este homem, chamado José, desposou uma mulher pela união de um santo matrimônio. Deu-lhe filhos e filhas: quatro filhos e duas filhas. Estes são seus nomes: Juda, Josetos, Santiago e Simão. Os nomes das filhas eram Lísia e Lídia. A mulher de José morreu tal como está imposto para todo o homem e deixou Santiago ainda muito pequeno. José era um justo que rendia glória a Deus em todas as suas obras. Saía fora para exercer o ofício de carpinteiro ele e seus dois filhos, já que viviam do trabalho de suas mãos, conforme a lei de Moisés. Este homem justo de que falo era José, meu pai de carne, a quem minha mãe Maria se uniu como esposa.

III

Assim, enquanto meu pai José vivia sua viuvez, Maria, minha mãe, boa e bendita, achava-se no templo cumprindo seu serviço de santidade. Tinha alcançado a idade de doze anos e tinha passado três anos na casa de seus pais e nove no templo do Senhor. Então, os sacerdotes, vendo que a Virgem praticava o ascetismo e que continuava no temor de Deus, deliberaram entre eles e se disseram: "Procuremos um homem de bem para comprometê-la e esperemos a cerimônia da boda, e não deixemos que suceda o caso comum das mulheres no templo e sejamos culpados de um grande pecado."

IV

Por aquele tempo, convocaram a tribo de Judá, que tinha eleito entre as doze tribos do povo, tirando a sorte os nomes das doze tribos de Israel. A sorte recaiu no bom ancião José, meu pai de carne. Então os sacerdotes disseram a minha mãe, a virgem bendita: "Vai com José e o obedece até que chegue o tempo de realizar a boda." Meu pai José levou Maria para sua casa. Ela encontrou o pequeno Santiago com a tristeza de um órfão. Começou a cuidá-lo com ternura; por esta razão foi chamada Maria, mãe de Santiago. Depois que José levou Maria para sua casa pôs-se a caminho, até o lugar onde exercia o ofício de carpinteiro. Maria, minha mãe, passou dois anos em sua casa, até o momento oportuno.

V

No ano que fez quatorze anos, vim por minha própria vontade e entrei nela, eu Jesus, vossa vida. Quando estava grávida de três meses, o cândido José voltou de um lugar longínquo, aonde exercia a profissão de carpinteiro. Encontrou minha mãe, a Virgem, grávida. Ficou perturbado e pensou em repudiá-la em segredo. Por causa de seu pesar, não comeu e nem bebeu.

VI

No meio da noite, Gabriel, o arcanjo da alegria, veio para ele numa visão, por ordem do Bom Pai e lhe disse: "José, filho de Davi, não tenhas medo de admitir ao teu lado Maria, tua esposa, pois aquele a que dará à luz nasceu do Espírito Santo e se chamará Jesus. É ele o que apaziguará a todos os povos com cetro de ferro." E o anjo desapareceu. José levantou-se de seu catre e fez o que o anjo do Senhor tinha lhe ordenado, recebeu Maria ao seu lado.

VII

Depois, chegou uma ordem do rei Augusto para fazer censo com a população do mundo inteiro, cada um em sua cidade respectiva. O ancião conduziu Maria, a Virgem, minha mãe, para sua cidade natal, Belém. Como estava a ponto de dar à luz, tinha inscrito seu nome na casa do escriba: "José, filho de David, com Maria sua esposa, e Jesus seu filho, da tribo de Judá." E minha mãe me trouxe ao mundo, no caminho de volta a Belém, na tumba de Raquel, mulher de Jacó, o patriarca, que foi a mãe de José e de Benjamin.

VIII

Satã deu um conselho a Herodes, o Grande, o pai de Arquelão, ele que decapitou a João, meu amigo e parente. Depois disto, procurou-me para me matar, imaginando que meu reino era deste mundo. José foi avisado numa visão enviada por meu Pai. Levantou-se, pegou-me, com minha mãe Maria, e eu ia nos braços de minha mãe, e Salomé seguia-nos. Fomos para o Egito. Ali permanecemos durante um ano, até o dia em que os vermes entraram no corpo de Herodes e morreu por causa do sangue dos meninos inocentes que tinha derramado.

IX

Depois da morte do ímpio Herodes, voltamos a uma cidade da Galiléia que se chama Nazaré. Meu pai, José, o bendito ancião, trabalhava no ofício de carpinteiro e vivíamos do trabalho de suas mãos. Cumprindo a lei de Moisés, jamais comeu pão gratuitamente.

X

Depois de tanto tempo, seu corpo não se tinha debilitado, seus olhos não tinham perdido a luz e nem um só dente lhe faltava na boca. Nunca, em nenhum momento, perdeu o juízo nem sua sabedoria, era como um homem jovem, e alcançou feliz sua velhice até à idade de cento e onze anos.

XI

Seus dois filhos mais jovens, Josetos e Simão, casaram-se e se estabeleceram nas suas próprias casas. Seus dois filhos casaram-se tal como é permitido a qualquer homem. José permaneceu com Santiago, seu filho pequeno. Desde que a Virgem tinha-me trazido ao mundo, eu estava com eles, em completa submissão como corresponde a todo o filho. Na verdade, fiz todas as ações da humanidade, com exceção do pecado. Eu chamava a Maria "minha mãe" e a José "meu pai." E lhes obedecia em tudo o que eles me diziam e eu os queria muito.

XII

Depois, ocorreu que a morte de José estava próxima, tal como corresponde a todo o homem. E quando seu corpo se ressentiu da doença, seu anjo o advertiu: "Este ano morrerás." E como sua alma turvava-se foi para Jerusalém, no templo do Senhor, prostrou-se diante do altar e rezou dizendo:

XIII

"Oh Deus, pai de toda a misericórdia, Deus de minha alma, de meu corpo e de meu espírito, já que os dias da vida que vós me concedestes neste mundo estão se cumprindo, rogo, Senhor Deus, que mandeis para meu lado o arcanjo Miguel, para que permaneça junto de mim até que minha pobre alma saía do meu corpo sem dor e sem perturbação. Porque, para todo o homem, a morte supõe uma grande dor: para o homem, para o animal doméstico, para a besta selvagem, para o réptil, para o pássaro, numa palavra, para tudo o que existe debaixo do céu, para todas as criaturas que possuem uma larva vivente, supõe-se uma grande dor e uma aflição, quando chegar o momento da alma se separar do corpo. Agora, meu Senhor, que vosso anjo permaneça ao meu lado até que se separem um do outro sem dor. Não permitis que o anjo, que me foi designado desde o que vós me formastes até hoje, volte contra mim seu rosto encolerizado, ao longo do caminho, quando eu me dirija até vós, senão ao contrário, que me trate pacificamente. Não permitis que, aqueles que possuem um rosto trocado, atormentem-me, ao longo do caminho, quando vá até vós. Não façais que os encarregados da porta detenham minha alma, e não me confundais diante do vosso tribunal. Não desencadeais contra mim a onda do rio de fogo, onde todas as almas se purificam antes de ver a glória de vossa divindade, oh Deus, que julgais a cada um na verdade e na justiça. Agora, Senhor, que vossa misericórdia me reconforte, vós sois a fonte do bem. A vós seja dada a glória pela eternidade das eternidades. Amém."

XIV

E aconteceu depois que voltou para Nazaré, a cidade onde vivia. E se meteu na cama por causa da doença pela qual ia morrer, conforme o destino de todo o homem. E estava pior do que as outras vezes que tinha ficado doente, desde que fora trazido ao mundo. Eis aqui a etapa da vida de meu amado pai José. Ia cumprir quarenta anos quando se casou. Viveu outros quarenta e nove anos casado com sua esposa. Depois ela morreu e passou um ano sozinho. Depois, minha mãe passou outros dois anos em sua casa, quando os sacerdotes a confiaram, dando-lhe estas instruções: "Velai por ela até que chegue o momento de vossa boda." No começo do terceiro ano que ela vivia em sua casa -

tinha quinze anos - trouxe-me ao mundo devido a um mistério, que ninguém no universo inteiro compreende, excepto eu, meu Pai e o Espírito Santo, sendo os três um.

XV

O total dos dias da vida de meu pai José, o bendito ancião, foi de cento e doze anos, conforme a ordem que tinha dado meu bom Pai. O dia que abandonou seu corpo foi no dia 26 do mês de Epep. Então, a carne do meu pai José, que era de ouro fino, começou a transmudar-se e a prata, que era sua razão e seu juízo, alterou-se. Esqueceu-se de comer e de beber, e sua habilidade em sua arte se tornou errônea. Chegou, pois, esse dia, isto é, 26 de Epep, quando a luz começou a espargir-se, meu pai José se agitou na sua cama. Sentiu um vivo tremor e gemeu profundamente, gritando com grande agitação e expressando-se assim:

XVI

"Maldito seja!, maldito o dia em que minha mãe me trouxe ao mundo! Maldito seja o seio aonde recebi o gérmen da vida! Maldito os peitos que suguei o leite! Malditos sejam os pés sobre os quais me sentei! Malditas as mãos que me sustentaram até que cresci, para me converter em um pecador! Malditas sejam minha língua e meus lábios porque participaram freqüentemente da injúria, da difamação, da calúnia, das vãs palavras nas quais abundam o engano! Malditos meus olhos porque olharam o escândalo! Malditos sejam meus ouvidos porque gostaram de escutar discursos frívolos! Malditas minhas mãos porque tomaram o que nos lhes pertence! Malditos sejam meu estômago e minhas entranhas, porque cobiçaram os alimentos que não lhes pertenciam! Malditos sejam meus pés porque serviram ao meu corpo, levando-o de propósito por caminhos que não eram bons! Maldito seja meu corpo, que fez de minha alma deserto e estrangeiro para o Deus que a criou! Que farei agora? Estou rodeado por todas as partes. Em verdade, maldito seja todo o homem que comete pecado. Em verdade, a grande perturbação que vi abater-se sobre meu pai Jacó, quando deixou seu corpo,. É a que hoje cerne sobre mim, desgraçado. Mas seja Jesus meu Deus, o árbitro de minha alma e de meu corpo, que se cumpra sua vontade em mim."

XVII

Como José, meu pai querido, falava dessa maneira, levantei-me e fui até ele, que estava deitado. Encontrei-o com a alma e o espírito conturbados. E lhe disse: "Eu te saúdo, José, pai querido, para quem a velhice é boa e bendita," E me respondeu, com grande medo da morte, dizendo: "Eu te saúdo muitas vezes, querido filho. Minha alma se sossega um pouco ao ouvir tua voz. Jesus, meu Senhor, meu verdadeiro rei, meu bom e misericordioso salvador, Jesus o libertador, Jesus o guia, Jesus o defensor, Jesus todo bondade, Jesus, cujo nome é doce para qualquer boca e suntuoso, Jesus, olho perscrutador, Jesus ouvido atento. Em verdade, escuta-me, hoje, eu vosso servo, imploro e verto lágrimas em vossa presença. Em verdade, sois Deus. Em verdade, sois o Senhor, conforme o que o anjo me disse tantas vezes, principalmente no dia que meu coração estava cheio de suspeitas, por causa de um pensamento humano contra a virgem bendita, porque estava grávida e eu pensava: repudiá-la-ei em segredo. Quando refletia assim, o anjo me apareceu e me falou nestes termos: "José, filho de Davi, não temas receber Maria ao teu lado, tua esposa, já que aquele, ao qual ela dará à luz, está cheio do Espírito Santo. Não duvides de sua gravidez, ela dará à luz a um filho que se chamará Jesus." Vós sois Jesus, o Cristo, o salvador de minha alma, de meu corpo e de meu espírito. Não me condeneis, eu, vosso escravo, a obra de tuas mãos. Eu não sabia, Senhor, não compreendo o mistério de vossa concepção desconcertante. Nunca ouvi dizer que uma mulher concebesse sem um homem, nem que uma virgem desse à luz conservando o selo de sua virgindade. Meu Senhor, se não fosse pela ordem deste mistério, não acreditaria em vós nem em vossa santa concepção, nem renderia glória a quem lhe deu à luz, à Maria, à virgem bendita. Lembro-me do dia em que a serpente mordeu o menino e morreu. Sua família procurava-o para levá-lo a Herodes. Vossa misericórdia o alcançou. Ressuscitaste aquele pelo qual o caluniavam dizendo: És tu que o mataste. E houve uma grande alegria no casa daquele que estava morto. Então lhe dei um puxão de orelha dizendo: "Sê prudente, filho meu." Vos me disseste uma reprovação dizendo: "Se não fosses meu pai de carne, não faria falta que o ensinasse o que acabas de fazer." Agora, pois, Senhor meu e meu Deus, se é para me pedir contas daquele dia, em que enviastes sinais terríveis, peço por vossa bondade que não os enfrenteis em mim. Sou vosso escravo. Se rasgais minhas ataduras, oferecerei um sacrifício de louvor, isto é, a confissão da glória de vossa divindade. Pois vós sois Jesus, o Cristo, o filho de Deus e o filho do homem ao mesmo tempo."

XVIII

Ao dizer estas coisas, meu pai José não pode permanecer sem derramar mais lágrimas e chorava, vendo que a morte o dominava e escutando as palavras de angústia que pronunciava. Depois, oh irmãos, lembrei-me de minha morte na cruz, para a salvação do mundo inteiro. E aquela cujo nome está salvo na boca de todos as que a amam, Maria, minha mãe querida, levantou-se. Disse-me com grande tristeza: "Que desgraçada sou, querido filho! Assim, pois, vai morrer aquele cuja velhice é boa e bendita, José, vosso pai de carne?" Eu lhe disse: "Querida mãe, que é, no fim, entre todos os homens, o que havendo se revestido de carne, não provará a morte?" Pois a morte é a soberana da Humanidade, querida mãe bendita. Vós, inclusive, é necessário que morreis como todo o homem. Mas tanto como para meu pai José, como para vós, mãe bendita, vossa morte não será uma morte, senão uma vida eterna e sem fim. Eu mesmo devo também morrer, por causa da carne mortal. Agora, querida mãe, levanta e vá para junto de José, o bendito ancião, porque conheces o destino que virá do alto."

XIX

E ela se levantou. Foi para o lugar onde estava deitado e viu como os sinais da morte acabavam de se manifestar nele. Eu, amigos, sentei-me na cabeceira e Maria, minha mãe, sentou-se aos pés. Ele levantou os olhos até mim. Não pôde falar no momento que a morte o dominava. Levantou seus olhos para o alto e deu um grande suspiro. Eu segurei suas mãos e seus pés durante muito tempo, enquanto ele me olhava e me implorava dizendo: "Não permitis que me levem." E coloquei minha mão sobre seu coração e soube que sua alma tinha passado pela sua garganta para ser transportada de seu corpo. Mas no último momento em que a morte devia chegar, ainda não tinha acabado, senão, não tivera esperado mais pois, na realidade, a perturbação a segue, o mesmo que as lágrimas e o desconcerto a precedem.

XX

Quando minha querida mãe viu que eu apalpava o corpo, ela também apalpou os pés. Deu-se conta que a respiração e o calor tinha levantado vôo e o tinham abandonado. Disse-me ingenuamente: "Graças a vós, querido Filho! No momento em que pousastes vossa mão no seu corpo, o calor o abandonou. Seus pés e pernas estão frios como o gelo." E fui e disse aos seus filhos e filhas: "Vinde para falar ao vosso pai porque é agora o momento de falar-lhe, antes que a boca cesse de falar e que a carne esteja fria." Então os filhos e filhas de José conversaram com ele. Estava em perigo pela dor da morte e preparado par deixar este mundo. Lísia, a filha de José, respondeu e disse aos seus irmãos: "Maldita seja, irmãos; se não é o mesmo mal que teve nossa mãe querida e que não voltamos a ver até agora. Será igual para José, nosso pai, que não veremos nunca jamais." Então, os filhos de José, levantando a voz, choraram. Eu mesmo e Maria, a virgem, minha mãe, choramos com eles, porque o momento da morte tinha chegado.

XXI

Então olhei na direção do Sul e vi a morte. Entrou na casa, seguida de Amenti, que é seu instrumento, com o diabo seguido de uma multidão de satélites vestidos de fogo, inumeráveis, e lançando fumaça e enxofre pela boca. Meu pai José olhou e viu que o procuravam, cheios de cólera contra ele, da cólera com que tinham costume de incendiar seu rosto contra toda a alma que deixa seu corpo, especialmente contra os pecadores, os quais advertem a mínima resistência. E quando o bom ancião os viu em companhia da morte, seus olhos verteram lágrimas. Nesse momento, a alma de meu pai José separou-se, dando um grande suspiro, ao mesmo tempo em que procurava uma maneira de se esconder, para ser salva. Quando vi, pelo gemido do meu pai José, que tinha visto a força que jamais tinha percebido, levantei-me rapidamente e ameacei o diabo e a todos os que estavam com ele. Estes se foram com vergonha e em grande desordem. E de todos os que estavam sentados ao lado de meu pai José, ninguém, nem mesmo minha mãe Maria, souberam nada de todos os terríveis exércitos que seguem as almas dos homens.

E quando a morte viu que tinha ameaçado as forças das trevas, que as tinha mandado embora, porque não tinham poder sobre ela, teve medo. Eu me levantei, no mesmo instante, e elevei uma prece ao Pai misericordioso, dizendo:

XXII

"Oh, Pai, pai misericordioso, pai da verdade!, Olho que vê!, Ouvido que ouve!, Escuta-me, sou vosso querido filho, e imploro por obra de vossas mãos por meu pai José, enviei um grande coro de anjos, com Miguel, o dispensador da bondade, com Gabriel, o mensageiro da luz. Que acompanhem a alma de meu pai José, até que haja ultrapassado os cones das trevas. Que não passe pelas vias estreitas, as quais são difíceis de caminhar e aonde se possam ver as espantosas forças que as ocupam, e o rio de fogo que flui ali, faz deslizar seu caudal como as ondas do mar. E sede misericordiosos com a alma de meu pai José, que vai até vossas santas mãos, já que é este o momento em que precisa de vossa misericórdia.

"Digo, meus veneráveis irmãos e apóstolos benditos: todo o homem nascido neste mundo, que conheceu o bem e o mal, depois de passar seu tempo suspenso na concupiscência necessita a piedade de meu bom Pai, quando chega o momento de morrer, de franquear a porta, de apresentar-se diante do tribunal terrível e apresentar a defesa. Mas voltemos ao relato da morte de meu pai José, o justo ancião.

XXIII

Uma vez que entregou seu espírito, abracei-o. Os anjos colheram sua alma e a puseram sobre uma tela de seda. E, aproximando-me, sentei-me perto dele enquanto que ninguém dos que estavam sentados ao seu lado sabiam que tinha morrido. Fiz que Miguel e Gabriel vigiassem sua alma, devido às forças que tinha no caminho, e os anjos cantaram diante dela até que a entregaram ao meu bom Pai.

XXIV

Voltei para junto do corpo de meu pai José que jazia ali. Sentei-me e lhe fechei os olhos, fechei sua boca e fiquei contemplando-o Disse à Virgem: "Oh Maria, onde estão agora os trabalhos da profissão que fez desde sua infância até hoje? Foram-se num momento. É como se nunca tivesse nascido neste mundo." Quando os filhos e as filhas ouviram-me dizer isto à Maria, minha mãe, disseram-me com lágrimas: "Que desgraça, oh Senhor nosso! Nosso pai morreu? E nem sabíamos."

Disse-lhes: "Realmente morreu. Entretanto, a morte de meu pai não é uma morte, senão uma vida eterna. Grandes são os bens que meu pai José vai receber. Desde o momento em que a alma deixou seu corpo a dor cessou para ele. Foi-se para o reino dos céus eternamente. Deixou atrás de si o peso do seu corpo, deixou este mundo que está cheio de todo o tipo de dor e de vãs preocupações. Foi para o lar do repouso de meu Pai que está no céu, este lar que jamais será destruído." Enquanto disse aos meus irmãos: "Vosso pai José, o bendito ancião morreu," levantaram-se, rasgaram suas vestes e choraram durante longo tempo.

XXV

Então, todos os da cidade de Nazaré e da Galiléia, quando tomaram conhecimento do falecimento, reuniram-se no lugar que nós estávamos, conforme o costume dos judeus. E passaram o dia inteiro chorando até a hora nona. Na hora nona do dia, fiz sair todos. Estendi água sobre o corpo de meu bom amado pai José, ungi com azeite perfumado; rezei ao meu bom Pai que está nos céus pregações celestes que eu mesmo tinha escrito com meus dedos, nas tábuas do céus, quando ainda não tinha tomado este corpo por meio da Virgem Maria. E no momento de dizer amém uma multidão de anjos veio. Dei a ordem a dois dentre eles para que conseguissem um vestido. Fiz levantarem o corpo do bendito de meu pai José depositá-lo sobre suas vestes e o amortalhar.

XXVI

E coloquei a mão em seu cordão dizendo: "Que nunca o odor fétido da morte se apodere de ti. Que teus ouvidos não destilem mal. Que a corrupção não flua de teu corpo. Que o sudário de tua carne, com que te vesti, não caía nunca no chão, que permaneça em teu corpo até o momento do banquete dos mil anos. Que o cabelo da cabeça não se desmanche, estes cabelos que tantas vezes acariciei com minhas mãos. Oh, meu querido pai José. E chegará para ti a felicidade. Para aqueles que reservam uma oferenda para teu santuário o dia de tua comemoração, que é o 26 do mês de Epifi, abençoarei eu mesmo com um dom celeste, que será feito nos céus. Aquele que em teu nome ponha um pão na mão de um pobre, não faltará nunca nenhum bem deste mundo, durante todos os dias de sua vida. Apresentar-te-ei a todos os que ponham um copo de vinho na mão de um estrangeiro, uma viúva ou órfão, o dia de tua comemoração, para que os leve ao banquete dos mil anos. Aos que escrevem o livro de tua morte, com todas as palavras que hoje saíram de minha boca, te juro, oh bem amado pai José, quando deixem seu corpo, rasgarei a cédula de seus pecados, para que não sofram nenhum tormento, salvo a angústia da morte e o rio do fogo, que se acha diante de meu Pai e que purifica todas as almas. E, enquanto, a um pobre homem que não possa, que não tenha o meio de fazer o que disse, se quando fertilize um filho o chamar José, para glorificar teu nome, nem o homem e nem o contágio tocarão sua casa, porque teu nome estará presente.

XXVII

Depois os grandes da cidade fizeram-se presentes no lugar onde estava o corpo de meu pai, acompanhados dos encarregados dos funerais, com o desígnio de amortalhar seu corpo conforme os ritos funerários dos judeus. E o encontraram já amortalhado. A roupa tinha sido presa ao seu corpo, como se tivessem prendido com grampos de ferro. E ao movê-lo não encontraram a abertura da roupa. Depois, levaram-no para a tumba. E depois de escavar a entrada da caverna para abrir a porta e deixá-lo com seus pais, lembrei-me do dia que foi comigo para o Egito, de todas as atribulações que por mim tinha sofrido e me estendi sobre seu corpo e chorei em cima dele longo tempo dizendo:

XXVIII

"Oh morte, causadora de tantas lágrimas e lamentações, entretanto, aquele que domina todas as coisas é que te deu este poder surpreendente! A morte não faz nada sem a ordem de meu Pai. Houve homens que viveram novecentos anos antes de morrer e muitos outros viveram ainda mais; ninguém dentre eles disse: 'Vi a morte', nem ela vem em intervalos para atormentar a alguém. Somente atormenta a gente uma vez, e esta vez é meu Pai quem a envia ao homem. No momento que vem até ele, ouve a sentença do céu. Se a sentença está carregada de agitação e cólera, a morte também chega com perturbações e cólera para cumprir a ordem de meu bom Pai, para recolher a alma do homem e entregá-la ao seu Senhor. A morte não tem o poder de conduzir a alma ao fogo do reino dos céus. A morte cumpre a ordem de Deus. Adão cumpriu a vontade de meu Pai, se não que comete uma transgressão. Cometeu-a o ponto de irritar meu Pai contra ele, obedecendo a sua mulher e desobedecendo a meu bom Pai, de tal maneira que atraiu a morte para toda a alma vivente. Se Adão não tivesse desobedecido ao meu bom Pai, para que enviasse um grande carro de luz onde colocar o meu pai José, para que não saboreie de nenhuma maneira a morte, para o conduzir, com a carne na qual foi concebido, a um lugar de descanso, onde estaria com os anjos incorpóreos. Mas por causa da transgressão de Adão, esta grande dor sobreveio para a humanidade inteira, com esta grande angústia da morte. E eu, inclusive, revestido com esta carne perecedoura, devo morrer pela criatura que eu modelei para poder ser misericordioso."

XXIX

"Enquanto falava desta maneira e abraçava meu pai José, chorando, abriram a porta da tumba e depositaram seu corpo ao lado do corpo de Jacó, seu pai. Seu fim chegou quando tinha cento e doze anos. Nem um só dente caiu de sua boca, e seus olhos não se obscureceram; sua vida foi de um menino. Jamais perdeu sua força, e se ocupou de seu trabalho de carpinteiro até o dia em que ficou na cama por uma doença pela qual morreu."

XXX

Nós, os apóstolos, depois de escutarmos estas coisas da boca de nosso Salvador, regozijamo-nos. Levantamo-nos, adoramos seus pés e suas mãos, regozijando-nos e dizendo: "Damos graças, oh Salvador, nosso de que nos fez dignos de escutar de Deus Senhor nosso, estas palavras da vida. Entretanto, nos surpreendeis, oh,

Salvador nosso: porque concedestes a imortalidade a Enoch e a Elias e porque até agora se encontram bem, conservando a carne na qual nasceram até agora, porque sua carne não conheceu a corrupção, enquanto que este bendito ancião, José o carpinteiro, aquele ao qual concedestes uma grande honra, aquele ao qual chamastes pai e ao que obedecestes em tudo, e com respeito a quem não tendes dado estas ordens dizendo: "Quando os tenha investido com a força e quando tenha enviado sobre vós a Paraclito, o Espírito Santo, prometido por meu pai para nos enviar e pregar o santo evangelho, pregareis também a meu santo pai José," e também: "Dizei estas palavras da vida no testamento de sua morte," e "Ledes estas palavras de testamento nos dias de festa e nos dias sagrados." E além disso: "A qualquer homem que não tenha aprendido bem as letras, ledes estes testamento nos dias de festa"; e "Para aquele que suprima alguma coisa destas palavras ou que acrescente algo, considerando-me um mentiroso, jogarei sobre ele uma vingança imediata"; estamos surpreendidos de que, desde o dia em nascestes em Belém, chamaste-o pai de carne e que, entretanto, não lhe tenhas prometido a imortalidade para que viva eternamente."

XXXI

Nosso Salvador respondeu e nos disse: "A sentença que meu Pai deu contra Adão no se tornará vã, dado a que desobedeceu a seus mandatos. Quando meu pai decreta sobre o homem que seja justo, este se converte em seu eleito. Quando o homem ama as obras do diabo por sua vontade de fazer o mal, se Deus o deixa viver durante muito tempo, acaso não sabes que cairá nas mãos de Deus se não faz penitência?

Mas quando alguém alcança uma idade avançada em meio a boas ações, são suas obras as que fazem dele um ancião. Cada vez que Deus vê que alguém corrompe seu caminho, encurta sua vida. Há os que a encurtam pela metade de seus dias. Entretanto, toda profecia pronunciada por meu Pai deve se cumprir sobre o Gênero humano e se realizar por inteiro. Falastes-me também de Enoch e de Elias, dizendo: "Vivem na carne na qual nasceram," e com respeito a José, meu pai de sangue, dizendo: "por que não o deixaste em sua carne até agora? Mas se tivésseis vivido dois mil anos, teríeis tido que morrer igualmente. Eu lhes digo, membros santos, cada vez que Enoch e Elias pensam na morte, queriam ter terminado com a morte, para serem libertados da grande angústia em que se encontram. Porque eles, sobretudo, devem morrer um dia de terror, de agitação, de clamor, de ameaça e de aflição. De fato, o Anticristo matará estes dois homens derramando seu sangue pela terra, como um vaso de água, por causa das afrontas que lhes fizeram sofrer."

XXXII

Respondemos dizendo: "Oh, Senhor nosso e Deus Nosso, quem são esses dois homens dos quais haveis dito que o filho da perdição os matará para derramar seu sangue como um vaso de água?" Jesus, nosso Salvador e nossa vida nos disseram: "São Enoch e Elias." Então, enquanto que nosso Salvador nos dizia estas coisas regozijamo-nos e enchemo-nos de alegria. Demos-lhe graças e o louvamos a Ele, ao nosso Senhor Jesus Cristo, aquele por ele toda a glória e toda o louvor se reconhecem ao Pai, a Ele mesmo e ao Espírito Vivificador, agora e sempre, até à eternidade das eternidades. Amém."

Primeira Epístola de Clemente

Clemente foi discípulo de Pedro e, posteriormente, bispo de Roma. Clemente Alexandrino o considerou como apóstolo. São Jerônimo o chamou de homem apostólico e Rufino disse dele que era quase um apóstolo. Eusébio denominou esta epístola a "maravilhosa Epístola de São Clemente" que, segundo ele, era lida publicamente nas assembléias dos primeiros tempos. Numa das primitivas coleções da Igreja, figura entre os textos canônicos, entretanto, mais adiante, foi muito questionada, argumentando que não ressaltava suficientemente a divindade de Cristo, nem citava, por nada, a Santíssima Trindade como tal. Tudo isso parece certo, vindo a confirmar o já dito em outros lugares: que a figura de Jesus foi paulatinamente enfeitada com características divinas somente com o passar do tempo. Pese isto, é possível que, o principal motivo pelo qual foi eliminada dos livros canônicos foi a inclusão por Clemente da fábula da ave fênix, a fim de explicar a ressurreição, mas que este era um exemplo muito utilizado naqueles tempos pelos pregadores da nova fé.

Seja como for, o fato é que a epístola de Clemente aos coríntios, passou a engrossar o número dos textos apócrifos e, felizmente, chegou até nossos dias, entretanto figura no Novo Testamento apresentado por Cirilo, patriarca de Alexandria, ao Rei Carlos I, que se conserva no Museu Britânico.

Primeira Epístola de Clemente

I

Reconhece sua excelente ordem e piedade, antes que explodisse a heresia (ou a cisma).

1. Da Igreja de Deus, que está em Roma, à Igreja de Deus, que está em Corinto, eleita, santificada pela vontade de Deus através de Jesus Cristo nosso Senhor. Que a paz e a graça do Todo-poderoso sejam multiplicadas entre vós por Jesus Cristo.

2. Tememos que os repentinos e inesperados perigos e calamidades, que caíram sobre nós, tenham atrasado nossa resposta aos assuntos que submetestes a nossa consideração:

3. Como esta ofensiva e detestável heresia, fomentada por alguns homens egoístas, até um grau de loucura tal que vosso venerável e famoso nome chega a ser hoje motivo de blasfêmia.

4. Quem que tenha estado entre vós deixou de experimentar a firmeza de vossa fé e o fruto de vossas boas obras? Quem não admirou a temperança e a moderação de vossa religião em Cristo, da mesma forma que a magnificência de vossa hospitalidade? Quem não se tem sentido feliz diante de vosso perfeito e certo conhecimento do Evangelho?

5. Pois fazeis todas estas coisas sem preocupação das pessoas, mas tão somente da lei de Deus, obedecendo a vossos superiores e rendendo as devidas honras aos anciãos entre vós.

6. Mandastes que os jovens fossem sérios e modestos.

7. Fizestes que as mulheres cumprissem suas obrigações com uma consciência pura, amando a seus maridos e dentro dos limites da obediência, mantendo suas casas em ordem e discrição.

8. Sendo todos vós humildes, sem prescindir de nada, preferindo obedecer a mandar, dar que receber e estando satisfeitos com o que Deus lhes concedeu.

9. Socorrendo diligentemente ao mundo, cujo sofrimento está sempre diante de vossos olhos.

10. Assim, deu-se a paz bendita e um desejo insaciável de fazer o bem e a plena segurança de que o Espírito Santo se acha sobre vós.

11. Conforme os desígnios de Deus, tendes estendido com diligência e religiosa confiança vossas mãos até Deus Todo-poderoso, pedindo-lhe que seja misericordioso com vós, se em algo tendes pecado.

12. Rogastes, dia e noite, com compaixão, por toda a irmandade e pela salvação dos eleitos.

13. Sois sinceros sem ofender a ninguém, sem fazer caso das injúrias, recusando a heresia e a dúvida como algo abominável.

14. Lamentais os pecados de vossos vizinhos, considerando seus defeitos como vossos.

15. Sois amáveis com todos, e sempre dispostos às boas obras. Enfeitados com a virtude da religião, fazeis tudo por temor a Deus, cujos mandamentos levais gravados em vossos corações.

II

Como começaram as divisões.

1. Conferiram-se todas as honras e assim se cumpriu o que estava escrito. Meu amado comeu e bebeu, cresceu e engordou até explodir.
2. Daí nasceu a competição e a inveja, a rivalidade e a sedição, a perseguição e a desordem, a guerra e o cativeiro.
3. Assim, os que careciam de renome, levantaram-se contra o honrável. Os que não tinham reputação alguma, contra quem merecia todo o respeito. Os loucos contra os sábios. Os jovens contra os de idade avançada.
4. Assim a justiça e a paz os abandonaram, pois todos tinham se esquecido do temor de Deus e sua fé tornou-se cega, não viviam conforme os mandamentos de Deus, nem segundo o exemplo de Cristo.
5. Cada um segue seus loucos desejos, deixando-se levar pela injusta inveja, por quem a morte entrou pela primeira vez neste mundo.

III

A inveja e a rivalidade como causa de toda a contenda e desordem. Exemplos dos males por elas ocasionados.

1. Pois está escrito que, com o transcurso do tempo, Caim cultivava a terra e oferecia seus frutos ao Senhor e Abel oferecia ao Senhor o melhor de seu gado.
2. E o Senhor aceitava as oferendas de Abel mas não as de Caim, e este estava por isso mortificado.
3. E o Senhor disse a Caim: Por que estás assim mortificado e por que teu rosto somente olha para o chão? Se tivesses

feito tuas oferendas corretamente, em lugar de dividi-las, não terias pecado. Fica em paz e domina teus desejos.

4. E Caim disse a seu irmão Abel: Vamos ao campo. E quando estavam no campo Caim se jogou sobre seu irmão Abel e o matou.

5. Desse modo vedes como a inveja e a rivalidade causaram a morte do irmão e, por isso mesmo, nosso pai Jacó teve que fugir de seu irmão Esau.

6. Foi a inveja que fez que José fosse perseguido até à morte e o que o fez cair na escravidão. Foi a inveja que forçou Moisés a fugir da corte do faraó, rei do Egito, quando a gente o perguntou: Quem te fez nosso Juiz e nosso governante? Matar-nos-á também a nós, como ontem fizeste com um egípcio?

7. Por causa da inveja, Arão e Miriam foram expulsos do acampamento, durante sete dias.

8. A inveja foi o que precipitou a morte de Dathham e Abirão, pois alentou a separação de Moisés, o servidor de deus.

9. Por ela David foi, não somente odiado pelos estranhos, mas também perseguido por Saul, rei de Israel.

10. Mas não insistamos mais nos exemplos da antiguidade e vejamos, em troca, outros não menos valiosos e mais perto de nós, a fim de que possamos tomar deles os ensinamentos.

11. Por causa dos ciúmes e da inveja, os mais justos pilares da Igreja têm sido perseguidos, inclusive até à morte mais horrível.

12. Levando em consideração os apóstolos, vemos que Pedro, por causa da inveja teve que passar, não por um, mas por muitos sofrimentos, até que no final foi martirizado, passando a ocupar o lugar, na glória, que lhe estava destinado.

13. Pela mesma causa recebeu Paulo, finalmente, o prêmio por sua paciência. Sete vezes foi feito prisioneiro, foi maltratado e apedrejado. Pregou tanto no Oriente como no Ocidente, deixando sempre atrás dele o glorioso testemunho da fé.
14. E depois de ter ensinado o correto em todo o mundo e tendo viajado, por este motivo, quase até aos confins do Ocidente, finalmente foi martirizado por ordem dos governantes.
15. Assim deixou este mundo, indo ao lugar glorioso, convertendo-se em exemplo de paciência para todas as épocas.
16. A estes santos apóstolos teríamos que acrescentar um grande número de outros que, por causa da inveja, tiveram que sofrer muitas penas e tormentos e que hoje são um exemplo para nós.
17. Pois, por sua causa, não somente foram perseguidos homens e mulheres, os quais, depois de sofrer castigos, terminaram sua vida com um corpo debilitado mas com uma fé firme, recebendo, por isso, o prêmio glorioso.
18. Inclusive, chegou a transformar as mentes de algumas mulheres, separando-as de seus maridos, alterando assim o dito por nosso pai Adão: "Isto agora é osso de meu osso e carne de minha carne."
19. Resumindo, a inveja e a rivalidade destroem cidades e tiram da terra os cimentos de grandes e poderosas nações.

IV

Exorta-os a viver de acordo com as normas e a esquecer suas divisões e assim serem perdoados.

1. Escrevemos tudo isto, queridos, não somente para os instruir, mas também para que vos lembreis.

2. Pois todos estamos na mesma lista e todos teremos que livrar o mesmo combate.

3. Por isso, devemos deixar de lado nossas preocupações vãs e vazias, e devemos nos unir sob a norma venerável e gloriosa de nossa santa vocação.

4. Devemos considerar o que é bom, aceitável e agradável diante dos olhos daquele que nos fez.

5. Devemos ter presente o sangue de Cristo e devemos considerar quão precioso este sangue é aos olhos de Deus. Sangue que foi vertido para nossa salvação, e que obteve a graça do arrependimento do mundo inteiro.

6. Examinemos as épocas passadas e em todas elas veremos que nosso Senhor sempre acolhe o arrependimento de todos aqueles que de novo voltam a Ele.

7. Noé pregou o arrependimento e todos os que se acolheram nele foram salvos.

8. Jonas denunciou a destruição de Ninive, embora os rogos de quem se arrependeu de seus pecados chegaram ao Senhor e foram salvos, pese ou não pertencer à aliança de Deus.

9. Todos aqueles, por cuja boca se manifestou a graça de Deus, falaram do arrependimento e, inclusive o Senhor, declarou o mesmo mediante juramento.

10. Disse o Senhor: "Por minha vida que não desejo a morte de um só pecador, senão seu arrependimento," ao que acrescentou: "deixai já a iniqüidade, oh casa de Israel."

11. E dizei aos filhos de meu povo: mesmo que vossos pecados cheguem desde a terra até ao céu, e mesmo que sejam mais vermelhos que o escarlate e mais negros que o betume, se

voltais vosso rosto até mim e me chamais Pai, eu farei de vós meu povo santo."

12. E em outra ocasião disse: "Lavai-vos e limpai-vos e arrojai o mal de todas vossas ações, deixai de fazer o mal e dedicai-vos a fazer o bem, procurai o juízo justo, libertai os oprimidos, cuidai dos órfãos e ajudai a viúva. E disse o Senhor: "Mesmo que vossos pecados sejam como o escarlate, converter-se-ão em mais brancos que a neve, mesmo que sejam como o carmesim, voltarão a ser como a lã."

13. Se fordes bondosos e obedientes, desfrutareis do melhor da terra, mas se, ao contrário, sois rebeldes e desobedientes sereis eliminados pela espada, pois estas foram as palavras do Senhor.

14. Isto foi estabelecido por Deus, Todo-poderoso, a fim de que suas amadas criaturas se protejam no arrependimento.

V

Mostra-lhes exemplos de santos cuja piedade aparece registrada nas escrituras.

1. Por tanto, obedeçamos a sua magnífica e gloriosa vontade, imploremos sua bondade e sua graça, prostremo-nos diante dele e deixemos que sua luz nos ilumine, abandonando toda a vaidade e toda a inveja, que somente nos levará à morte.

2. Contemplemos àqueles que, de maneira mais exemplar, submeteram-se a sua glória. Tomemos a Enoch, por exemplo, o qual, por sua obediência, foi transladado sem conhecer a morte.

3. A Noé, graças a sua fé, se lhe concedeu ser o artesão da regeneração do mundo, salvando Deus, junto com ele, a todas as criaturas vivas.

4. Abrahão, que fora chamado de Amigo de Deus, teve igualmente uma fé poderosa, obedecendo cegamente às ordens de Deus.

5. Por obediência a Deus saiu de seu país, distanciou-se de sua própria gente e da casa de seu pai, herdando assim as promessas do Senhor.

6. Pois o Senhor disse-lhe: "Saia do seu país, de tua família e da casa de teu pai, e vai até uma terra que te mostrarei."

7. E farei de ti uma grande nação e teu nome será grande e bendito. E abençoarei tua descendência e a cuidarei, como te abençôo e te cuido a ti, e em ti serão abençoadas todas as família da terra."

8. E, de novo, quando se separava de Lot, Deus disse: "Levanta teus olhos e olha desde o lugar de onde estás até ao norte, até ao sul, até ao leste e até ao oeste, pois toda a terra que vês dar-te-la-ei e será tua para sempre."

9. E farei que tua descendência seja como o pó da terra, assim como não se poderá contar os grãos do pó, tampouco será possível contar o número de teus descendentes."

10. E de novo disse Deus a Abrahão: "Levanta teus olhos até o céu e olha as estrelas, da mesma forma que não és capaz de as contar, tampouco ninguém será capaz de contar teus descendentes."

11. E Abrahão acreditou em Deus e Deus confiou nele.

12. Graças a sua fé e a sua hospitalidade foi-lhe concedido um filho, em idade muito avançada. Sua obediência foi tão grande, que não duvidou em oferecê-lo a Deus, sobre uma das montanhas, que Deus previamente o havia mostrado.

VI

E, especialmente, àqueles que se distinguiram por sua amabilidade e sua caridade para com seus vizinhos.

1. Por sua hospitalidade e por sua bondade, foi Lot salvo de Sodoma, quando toda a cidade chegou a ser destruída por fogo descido do céu.
2. Ali ficou muito claro que o Senhor nunca abandona a quem confia Nele, enquanto que somente o castigo espera os desobedientes.
3. Pois sua esposa que o acompanhava, pensando de modo diferente que ele não obedeceu ao Senhor, sendo por isso convertida em uma estátua de sal, como exemplo, até o dia de hoje.
4. Para que todos saibam que, aqueles que enganam e não confiam no poder de Deus, deverão estar preparados para sua condenação, e para que sirva de exemplo às gerações futuras.
5. Por sua hospitalidade e sua fé foi salva a prostituta Rahab. Pois, quando Jósua, o filho de Nun, mandou espiões a Jericó e, quando o rei de Jericó soube que vinham espiar sua cidade, mandou homens para que os detivessem, a fim de, em seguida, matá-los.
6. Então Rahab ofereceu-lhes sua hospitalidade, recebeu-os e os escondeu sob uns montes de linho, que tinha no terraço de sua casa.
7. E quando os mensageiros do rei vieram dizendo: "O rei te ordena que nos entregues os homens que chegaram na tua casa para espiar nosso reino," ela respondeu: "os dois homens que falais chegaram em minha casa mas já foram embora," e assim não foram descobertos.

8. Então disse ela aos espiões: "Sei que o Senhor, vosso Deus, entregou-os a esta cidade e que tudo vai cair em vossas mãos, quando isso ocorrer, quero que salveis minha casa e a casa de meu pai."

9. E eles lhe responderam: "Far-se-á como tu dizes. Quando saibas que já estamos perto, reúne toda a tua família sobre o terraço e se salvarão. Todos o que não estejam contigo no terraço de tua casa serão destruídos."

10. E deram-lhe outro sinal: deveria dependurar fora da sua casa um pano vermelho, significando que, através do sangue de nosso Senhor, todos aqueles que acreditam e confiam em Deus serão redimidos. Como vêem, queridos, não somente há aqui uma grande fé, mas também profecia.

VII

Que normas têm sido dadas a este respeito.

1. Assim, humilhemo-nos e abandonemos todo o orgulho, toda a presunção, toda a loucura e todo o medo, e cumpramos o que está escrito.

2. Pois o Espírito Santo disse: "Que o sábio não se vanglorie de sua sabedoria, nem o forte de sua força, nem o rico de sua riqueza. Que todos eles glorifiquem ao Senhor, que o procurem e que observem sua justiça."

3. Sobretudo, devemos lembrar as palavras de nosso senhor Jesus, sobre a justiça e o sofrimento:

4. "Sedes misericordiosos e obtereis misericórdia, perdoai e sereis perdoados, como fazeis, assim se fará com vós, o que dais, ser-lhes-á dado, como julgais, assim sereis julgados, como tratais os demais, do mesmo modo sereis tratados por Deus. Com a mesma medida que medis, sereis vós medidos."

5. Obedeçamos sempre estas santas palavras e sejamos humildes.
6. Pois disse a Sagrada Escritura: "Eu cuidarei dele, do que é pobre e está arrependido, do que treme ante minha palavra."
7. Por isto é justo e correto que os homens obedeçam a Deus, em lugar de seguir as tendências de nosso orgulho que nos inclinam a nos separar Dele, e a nos converter em líderes de uma detestável heresia.
8. Pois no caso de seguir a quem promove separações e sedições, o mal que nós fazemos a nós mesmos não é pequeno, senão que, na realidade, expomo-nos a grandes perigos.
9. Sejamos amáveis uns com os outros, seguindo a compaixão e a doçura daquele que nos criou.
10. Pois está escrito que os "bondosos herdarão a terra" e que neles não há nenhum mal e nunca haverá, entretanto, os transgressores perecerão.
11. E também está escrito: "Vi o mal, que se estendia como o cedro do Líbano, dei um passo e já não estava, quis achar seu lugar mas já não fui capaz."
12. Mantenhamo-nos inocentes e façamos o que é correto, pois o homem pacífico receberá seu prêmio.
13. Permaneçamos unidos com aqueles que procuram religiosamente a paz e não com os que somente o dizem com palavras.
14. Pois ele disse em certa ocasião: "Estas pessoas me honram com seus lábios, mas seu coração está longe de mim."
15. E em outra ocasião: "Abençoam com suas bocas, mas amaldiçoam em seus corações."
16. E também disse: "Amam-nos com suas bocas, mas com suas línguas mentiam, pois não eram fiéis em seus corações."

17. Que todos os lábios mentirosos se voltem mudos e também toda a boca que difunda o orgulho.

18. Pois disse o Senhor: "Vim para livrar os oprimidos e para socorrer aos necessitados. Eu os farei viver em paz e segurança e os tratarei com confiança."

VIII

Aconselha-os à humildade, tomando o exemplo de Jesus e dos homens santos de todas as épocas.

1. Cristo está com os humildes e não com os que se exaltam a si mesmos diante dos demais. O cetro da majestade de Deus: nosso senhor Jesus Cristo, não veio com orgulho e arrogância, como podia tê-lo feito, senão com humildade, tal como o Espírito Santo tinha predito dele.

2. Pois, conforme disse, viria com uma planta tenra e com uma raiz saída de um solo seco.

3. Sem forma, sem pretensões e sem mostrar beleza aos olhos de quem o visse.

4. Foi desprezado e recusado pelos homens. Padeceu sofrimentos e se acostumou aos pesares.

5. E ocultamos nossos rostos dele. Foi desprezado e desestimado.

6. Ele carregou nossas penas e nossos sofrimentos, entretanto o abandonamos em sua aflição.

7. Foi feito por nossas culpas, sofreu nossas iniquidades. Ele gerou nossa paz e suas penas nos curaram.

8. Fomos como ovelhas perdidas, até que voltamos nossos rostos até ele. E ele, Senhor, fez suportar todas nossas iniquidades.

9. Foi oprimido e ferido, mas não abriu sua boca. Foi levado como um cordeiro diante do sacrifício, da mesma maneira que uma ovelha permanece muda diante de quem a vai matar, tampouco ele abriu seus lábios.
10. Foi aprisionado e julgado e, finalmente, foi separado do mundo dos vivos por culpa de nossos pecados.
11. Nunca causou violência nem jamais saiu mentira alguma de sua boca.
12. Entretanto, o Senhor o fez sofrer. Ofereceu seus sofrimentos por nossos pecados.
13. Suas penas nos limparam. Ele carregou com nossas iniqüidades.
14. Foi colocado entre os criminosos e desde ali intercedeu por eles.
15. E sofreu os debroches de todos com os lábios fechados, sem proferir uma queixa.
16. Este é, queridos, o exemplo que devemos seguir. Este é o exemplo que nos foi dado. Pois se o Senhor foi humilde entre os humildes, como podemos nós ser orgulhosos?
17. Sigamos melhor o exemplo daqueles que, vestidos com peles de cabras e ovelhas, pregam sua vinda ao mundo.
18. Como os profetas Elias, Eliseu e Ezequiel. Aos que podemos acrescentar muitos outros, de cujas vidas recebemos testemunho.
19. Abrahão foi chamado o Amigo de Deus, entretanto em lugar de presumir de sua glória disse com humildade: "Sou somente pó e cinzas."
20. Também Job, conforme está escrito, foi justo e sem mancha, serviu a Deus e se absteve de todo o mal, entretanto dizia: "Nenhum homem está livre do pecado, nem sequer aquele que tão somente viveu um dia."

21. Moisés foi chamado: "Fiel na casa de Deus" e, através dele, Deus castigou Israel com sofrimentos e pragas.
22. E tampouco ele, pese as muitas honras que recebeu, engrandeceu-se a si mesmo e nem se mostrou orgulhoso diante dos demais.
23. "Sou como fumaça," disse.
24. E o que podemos dizer de Davi? Tão louvado nas sagradas escrituras, de quem o mesmo Deus disse: "Achei um homem querido para meu coração: Davi, o filho de Jesse, a quem ungiu com meu próprio óleo."
25. Entretanto, estas são as humildes palavras de Davi: "Tem misericórdia de mim, senhor, apaga meus pecados."
26. Limpa-me de minha iniqüidade e lava minhas faltas. Reconheço minhas transgressões e tenho sempre presente meus pecados.
27. Pequei contra ti e cometi o mal diante de teus olhos.
28. Vivi na iniqüidade e minha mãe me concebeu no pecado.
29. Ensina-me a verdade e concede-me a sabedoria.
30. Limpa-me com o hissope e serei limpo. Lava-me e serei mais branco que a neve.
31. Faz-me ouvir com alegria e felicidade que os ossos que tu quebrastes voltaram a se unir.
32. Esconde teu rosto pelos meus pecados e apaga todas as minhas iniqüidades.
33. Faz que meu coração seja limpo, oh Senhor, e renova meu espírito.
34. Não me tires de tua presença e não separes de mim teu Santo Espírito.
35. Dá-me a alegria da salvação e levanta meu ânimo.
36. Então poderei ensinar aos transgressores e poderei converter aos pecadores.

37. Livra-me de culpa, oh Deus, e minha língua cantará em voz alta tua justiça.
38. Abre meus lábios e minha boca cantará teus louvores.
39. Pois não desejarás outros sacrifícios e outras oferendas do que as minhas.
40. Pois o melhor sacrifício ao Senhor é um coração contrito. Não me abandone Senhor.

IX

Instiga-los que deixem de lado suas divisões.

1. Que a obediência, a humildade e o temor de Deus destes santos, registrados nas sagradas escrituras, sirva-nos de exemplo e não somente a nós, senão também às gerações vindouras.
2. Dispondo de tantos e tão gloriosos exemplos, voltemos à paz, que desde o princípio foi o sinal que o Senhor pôs diante de nós.
3. Levantemos nossos olhos até o Pai e Criador de todo o mundo, e aproveitemos os enormes e gloriosos dons e benefícios da paz.
4. Observemos com os olhos de nosso entendimento e veremos quão amável e paciente que ele é com sua criação.
5. Os céus se movem conforme suas indicações e estão sujeitos a ele na paz.
6. O dia e a noite seguem o curso que ele indicou, sem que nenhum deles incomode ao outro.
7. O sol, a lua, as constelações e as estrelas, que os acompanham, seguem o curso que ele indicou, em concordância e sem se separarem o mínimo dele.

8. A terra traz seus frutos em abundância na estação adequada, tanto para o homem como para os animais, que dela dependem, sem disputar nem alterar em nada o ordenado por Deus.

9. Do mesmo modo, as águas das profundidades se mantêm em seu lugar seguindo seu mandato.

10. Do mesmo modo, o vasto mar se mantém em seu lugar, seguindo seu mandato, sem transpassar os limites que lhe foram designados.

11. Pois ali onde lhe foi ordenado permanecer, ali mantém suas águas.

12. Tanto o grande oceano, indomável para a humanidade, como os mundos que sobre ele estão, são governados pelas mesmas ordens de seu único dono.

13. A primavera e o verão, o outono e o inverno acontecem um atrás do outro, em ordem e paz.

14. Os diferentes ventos exercem sua ação em suas respectivas estações, sem se ofenderem um ao outro.

15. As fontes perpétuas, sejam para a saúde ou diversão, nunca deixam de fluir no mesmo lugar, a fim de servir ao homem.

16. Inclusive as criaturas menores vivem umas com outras em paz e concórdia.

17. Tudo isto ordenou o senhor e Criador, a fim de que reinasse a paz e a concórdia, favorável a todos.

18. Especialmente entre nós, que desfrutamos de sua misericórdia, graças ao nosso Senhor Jesus Cristo, cuja majestade e glória sejam para sempre. Amém.

X

Exorta-os à obediência, tendo em consideração a bondade de Deus e sua presença, em todo o lugar.

1. Tende cuidado, queridos, para que todas suas bênçãos não sejam para nossa condenação, pois devemos caminhar de acordo com ele, fazendo quanto seja prazenteiro e bom a seus olhos.
2. O espírito do Senhor é uma vela que ilumina nossas partes mais recônditas.
3. Tenhamos em conta o quão próximo está de nós e que nenhum de nossos pensamentos ou raciocínios permaneçam escondidos para ele.
4. Por isso não devemos nos comportar com injustiça nem agir contra sua vontade.
5. Antes de ofender a Deus, prefiramos fazê-lo a homens loucos e inconscientes, ébrios de seu próprio orgulho.
6. Reverenciemos a nosso Senhor Jesus Cristo, cujo sangue foi derramado por nós.
7. Rendamos honras àqueles que estão sobre nós, respeitemos aos anciãos e instruamos aos jovens na disciplina e no temor a Deus.
8. Ensinemos a nossas mulheres a fazer o bem.
9. Ensinemos a fortificar o hábito da pureza em suas conversas e à docilidade em seu comportamento.
10. Que seu domínio sobre suas línguas se manifeste mediante seu silêncio.
11. Que sua caridade seja para todas as pessoas igualmente.
12. Que vossos filhos cresçam nos ensinamentos de Cristo.

13. E, especialmente, ensina-lhes o grande poder que tem sido conferido por Deus à humanidade.
14. Pois ele é o dono de nossas vidas e pode retirá-la no momento que lhe aprouver.

XI

Sobre a fé e especialmente sobre o que devemos acreditar a respeito da ressurreição.

1. Tudo isto deve ser confirmado pela fé em Cristo, pois ele mesmo disse com suas palavras:
2. Vinde a mim e abri-me seu coração. Eu os ensinarei o temor de Deus.
3. Mantenhais vossa língua longe do mal e que, de vossos lábios, não saía mentira alguma
4. Distanciai-vos do mal e fazei o bem, buscai a paz e fortificai-a
5. Os olhos do Senhor estão pousados nos justos e seus ouvidos estão abertos as suas súplicas.
6. Mas o rosto do Senhor está contra os que fazem o mal, e ele ceifará sua lembrança da face da terra.
7. Quando o justo clama, o Senhor ouve seu chamado e o liberta de suas misérias.
8. Muitas são as penas dos humanos, mas aqueles que confiam no senhor acharão misericórdia.
9. Nosso misericordioso Pai está cheio de compaixão pelos que o temem e, benevolamente, esparrama suas graças sobre aqueles que se aproximam com uma mente simples.
10. Por isso não devemos abrigar nenhuma dúvida em nossos corações sobre seus excelentes e gloriosos dons.

11. Distanciemo-nos do que está escrito: "Miseráveis são aqueles que têm uma mente falsa e que abrigam a dúvida em seus corações."

12. E também aqueles que dizem que tais coisas foram ensinadas por seus pais mas que, uma vez crescidos, nunca lhes falaram disso na vida.

13. Que loucos são! Se considerarmos as árvores, temos a vinha como exemplo. Primeiro é uma semente, logo dela nascem ramos e rebentos, logo nascem as folhas, posteriormente as flores, depois as uvas ácidas e somente depois aparece o fruto maduro. Assim, depois de um breve tempo o fruto já está maduro.

14. Sua vontade se manifesta oportunamente.

15. A Sagrada Escritura dá-nos testemunho de que tudo ocorrerá de um modo rápido e que o senhor virá a seu tempo.

16. Levai em conta, meus queridos, que o Senhor tem-nos mostrado, em muitas ocasiões, que existe uma ressurreição futura, sendo nosso senhor Jesus Cristo um de seus primeiros frutos a surgir dentre os mortos.

17. Contemplemos a ressurreição que continuamente tem lugar diante de nossos olhos.

18. O dia e a noite ressuscitam diante de nós. A noite cai e o dia se levanta. Logo o dia se vai e chega a noite.

19. Contemplemos os frutos da terra. Vemos como se planta a semente, como o lavrador a esparrama sobre a terra. E essa semente que cai na terra nua se dissolve no tempo.

20. E de sua dissolução o grande poder da providência de Deus a faz nascer de novo e trazer copioso fruto.

XII

Mais provas sobre a ressurreição.

1. Vamos considerar um maravilhoso tipo de ressurreição que se dá nos países orientais, isto é, na Arábia.

2. Existe ali um pássaro chamado fênix, de cuja espécie somente existe um que vive quinhentos anos. Quando chega o tempo da dissolução, quando já deve se preparar para a morte, ele constrói um ninho com 'franquincenso,' com mirra e outras especiarias e, quando chega o tempo, introduz-se no seu interior e morre.

3. Ao apodrecer sua carne, nasce dela um certo verme que, ao se alimentar com o sumo do pássaro morto crescem plumas. Quando chega ao estado adulto, toma o ninho no qual estão depositados os ossos do seu pai e o leva desde a Arábia até o Egito, a uma cidade chamada Heliópolis.

4. Voando durante um dia, à vista de todos os homens, deixa o ninho sobre o altar de sol, voltando logo para onde veio.

5. Os sacerdotes procuram então em seus registros e arquivos e descobrem que isto ocorre precisamente a cada quinhentos anos.

6. Não é maravilhoso que, inclusive um pássaro, mostre-nos a grandeza e o poder do Senhor que sempre cumpre suas promessas?

7. Pois diz a escritura: "Faz-me crescer e eu me confessarei a ti."

8. E em outro lugar: "Deito-me, durmo e acordo porque tu estás comigo."

9. E disse Job: "Leva estas carnes que tanto têm sofrido."

10. Assim, confiamos nele, que cumpre suas promessas, que é justo em todos seus juízos e que nos ordenou não mentir jamais.

11. Pois nada é impossível para Deus, salvo mentir.
12. Que a fé nos ilumine e que cheguemos a considerar que todas as coisas são como a noite ao seu lado.
13. Com o poder de sua palavra criou ele todas as coisas e com o mesmo poder as pode destruir.
14. Quem poderia pedir-lhe contas? Quem poderia resistir ao seu poder?
15. Ele pode realizar qualquer coisa, e nada que tenha sido determinado por ele deixará de se cumprir.
16. Todas as coisas estão abertas diante dele e nada pode se esconder de sua vista.
17. Os céus declaram a glória do Senhor e o firmamento mostra sua grandeza. Dia a dia e noite após noite, mostram-nos seu poder e sua linguagem. Não existe discurso nem linguagem nele que não se ouça sua voz.

XIII

É impossível escapar à vingança de Deus, se continuamos pecando.

1. Tudo é visto e ouvido por Deus.
2. Como poderíamos escapar de sua mão? Que mundo receberia àqueles que pretendem fugir dele?
3. Por isso diz a Escritura: Aonde fugirei de teu Espírito e aonde me esconderei de tua presença?
4. Se subo aos céus tu estás ali. Se vou ao lugar mais afastado da terra, ali está tua mão direita. Se me refugio nas profundidades, ali está teu espírito.
5. Aonde ir então? Como escapar de quem compreende todas as coisas?

6. Assim, vamos até ele com o coração limpo. Elevemos as mãos até nosso Pai que nos fez para compartilhar suas decisões.
7. Pois está escrito que "Quando o Supremo dividiu as nações, quando separou os filhos de Adão e os dividiu, conforme o número de anjos, escolheu o seu povo como o de Jacó e de Israel como seus herdeiros."
8. E em outro lugar se diz: O Senhor escolheu para si uma nação entre as nações, do mesmo modo que um homem escolhe o primeiro fruto de suas flores. E o Mais Alto nascerá dessa nação.

XIV

Como devemos viver para agradar a Deus.

1. Sendo que formamos parte do Um Santo, façamos aquilo que corresponde a nossa santidade.
2. Evitemos a maledicência, a embriaguez, a impureza, a concupiscência, o adultério e o horrível orgulho.
3. Pois Deus disse que ele se opõe ao orgulhoso enquanto outorga ao humilde sua graça.
4. Unamo-nos àqueles a quem Deus concedeu sua graça.
5. Sejamos humildes e pacíficos, e justifiquemos com nossas atitudes, não com nossas palavras.
6. Pois se tem dito: Acaso por ter uma língua ligeira se é mais justo? Bendito aquele nascido de mulher que somente vive uns poucos dias, pois não tem ocasião de falar muito.
7. Que nossos louvores sejam para Deus, não para nós mesmos, pois Deus odeia a quem se engrandece.
8. Que o testemunho de nossas boas atitudes seja dado por outros, como ocorreu com os santos que nos precederam.

9. A arrogância e autocomplacência acompanham a quem se separou de Deus, da mesma forma que a humildade e a doçura acompanham àqueles que estão com ele.
10. Não percamos, então, de vista suas bênçãos nem os meios pelos quais podemos alcançá-las.
11. Consideremos os feitos já ocorridos desde o princípio.
12. Por que foi abençoado nosso pai Abrahão? Acaso não o foi por sua fé, sua justiça e sua humildade?
13. Isaac se submeteu humildemente ao sacrifício, Jacó, com toda a humildade, afastou-se de sua casa, fugindo de seu irmão, indo para junto de Labão e o servindo durante muitos anos, sendo-lhe logo entregue o cetro de Israel.
14. Qual foi a grandeza de seus feitos?
15. Pois deles surgiram os sacerdotes e os levitas, que atenderam ao altar do Senhor.
16. Deles surgiu nosso Senhor Jesus Cristo, conforme a carne.
17. Deles surgiram os reis, os príncipes e os governantes de Judá.
18. Deus prometeu-lhes que sua descendência seria como as estrelas do céu.
19. Todos eles foram glorificados, não por suas palavras, senão por sua humildade e sua justiça.
20. Nós, que temos sentido a chamada de nosso Senhor Jesus Cristo, não devemos justificarmo-nos, nem vangloriarmo-nos de nossas obras, nem de nossa sabedoria e nem de nossa piedade.
21. Nosso maior bem é a fé, com que Deus Todo-poderoso dotou-nos, desde o princípio. Glorioso seja para sempre. Amém.

XV

Nossa fé justifica-nos, mas isso não deve impedir de levarmos uma vida santa e nos comprazermos nela.

1. Que devemos então fazer? Devemos ser indolentes em nossas boas ações abandonando a caridade? Deus nos indicou que não é isso o que devemos fazer.
2. Pelo contrário, devemos nos dedicar com todo o zelo e empenho às boas obras, pois o próprio Criador se regozija em suas obras.
3. Com seu enorme poder, criou os céus e com sua incompreensível sabedoria os enfeitou.
4. Também separou as águas das terras, fixando-as num lugar seguro.
5. Também ordenou a existência de todas as criaturas que existem sobre ela.
6. E, do mesmo modo, fez as criaturas que habitam as águas e os mares.
7. E, sobre todas estas coisas, ele mesmo, com suas puras e santas mãos, formou o homem, a mais perfeita e melhor de todas suas criaturas, pois foi formado de sua própria imagem.
8. Pois ele mesmo disse: Vamos fazer um homem a nossa imagem e semelhança e, assim, criou o macho e a fêmea.
9. E uma vez que terminou tudo isto, ordenou a todas as criaturas criadas: Crescei e multiplicai-vos.
10. Da mesma maneira que Deus se enfeitou a si mesmo com seus feitos, o homem justo se enfeita com os seus.

11. Já que dispomos de seu exemplo, dediquemo-nos com diligência a cumprir sua vontade e dediquemos todas nossas forças ao trabalho e à justiça.

XVI

Exemplo dos santos anjos sobre a grandeza do prêmio que Deus tem preparado para nós.

1. O bom trabalhador recebe o pagamento por seu trabalho, entretanto o vagabundo e preguiçoso não são capazes de olharem a cara de seu patrão. Devemos sempre estar prontos e dispostos para as boas ações, pois elas agradam ao Senhor, criador de tudo quanto existe.
2. Além disso, sabemos que cada um de nós será recompensado de acordo com seu trabalho, de acordo com seus feitos (ações).
3. Por isso devemos abandonar toda a preguiça.
4. Confiemos em Deus e submetamo-nos a sua santa vontade. Vejamos a multidão de seus anjos com que diligência acatam suas ordens.
5. Pois diz a Escritura: Milhares e milhares estão frente dele e dez mil vezes de mil o atendem.
6. Assim também nós devemos nos unir conscientemente para fazer o bem, como se fôssemos um só e, deste modo, mereceremos suas grandes e gloriosas promessas.
7. Pois nem o ouvido é capaz de ouvir, nem os olhos podem ver a enormidade das glórias que Deus tem preparado para o homem.

XVII

(...)

XVIII

Por isso, exorta-os a agir de acordo e seguindo os ditames da Igreja, como o único meio de agradar a Deus.

1. Homens loucos e ignorantes que nem têm prudência, nem conhecimentos poderão nos ludibriar tentando acrescentar ainda mais seu orgulho.
2. Que pode fazer um mortal? Que força há nele que possa tirá-lo do pó?
3. Pois está escrito: Não houve forma alguma diante de meus olhos, somente ouvi o som de uma voz.
4. Por que deve o homem ser puro diante de Deus?...
5. (...)
6. (...)
7. (...)

XIX

A ordem sacerdotal foi estabelecida pelos apóstolos seguindo o mandato de Cristo, baseado no exemplo de Moisés. Aqueles que foram consagrados ao sacerdócio não podem já se separar dele sem cometer grande pecado.

1. Os apóstolos não pregaram sobre nosso Senhor Jesus Cristo. Jesus Cristo nos pregou sobre Deus.
2. Assim Cristo foi enviado por Deus e os apóstolos foram mandados por Cristo. Ambos viveram de acordo com a vontade de Deus.

3. Tendo recebido seu mandato e tendo obtido sua segurança mediante a ressurreição de Jesus Cristo e seu convencimento pela palavra de Deus, com a totalidade do Espírito Santo, os apóstolos se estenderam pelas nações, dando a conhecer aos povos que o Reino de Deus está a nosso alcance.

4. E pregando por nações e cidades, começaram a recolher os primeiros frutos de seu trabalho, nomeando bispos e sacerdotes, depois de os haver examinado mediante o Espírito.

5. Não inventaram nada, pois tudo o concernente aos bispos e diáconos estava já escrito.

6. Assim se diz em certo lugar das escrituras: nomearei seus sacerdotes na fé.

7. Deste modo, os apóstolos, seguindo o mandato de Deus através de Cristo, nomearam sacerdotes e bispos do mesmo modo que fez Moisés, quem registrou por escrito as leis que Deus lhe havia dado.

8. A quem seguiram todos os profetas, deixando testemunho de tudo quanto o Senhor os instruía.

9. Em certa ocasião, surgiu uma disputa entre as diferentes tribos sobre qual delas seria investida com o glorioso nome do sacerdócio. Moisés chamou aos capitães de cada uma das doze tribos e pediu-lhes que cada um deles trouxesse uma vara, na qual deveria estar marcado o nome da tribo.

10. Tomou as doze varas e as atou todas juntas, selando-as com os selos das doze tribos e as deixando em seguida no tabernáculo dos testemunhos, sobre a mesa de Deus.

11. Uma vez fechado o tabernáculo, ele mesmo trancou, do mesmo modo que tinha feito com o molho das doze varas, e então disse aos representantes das doze tribos: Aquela

vara que floresça, assinalará a tribo eleita por Deus para que se dedique ao sacerdócio e para que se ocupe das coisas sagradas. Na manhã seguinte, chamou diante dele todo o povo de Israel, que eram seiscentos mil homens, e diante dos príncipes das doze tribos, abriu o tabernáculo do testemunho e tirou as varas.

12. E então se viu que a vara da tribo de Arão não somente tinha florescido, mas que inclusive tinha dado fruto.

13. No que acreditais vós? Sabia já Moisés o que ia acontecer ou não?

14. Supostamente que sim, mas a fim de que não se criassem divisões nem tumultos em Israel, agiu desta maneira e também para que o nome de Deus fosso glorificado e honrado para sempre. Amém.

15. Também os apóstolos souberam de nosso Senhor Jesus Cristo que surgiriam disputas por motivo do sacerdócio.

16. Prevendo tudo isto, estabeleceu-se que, quando os prelados morressem, deveriam ser substituídos por outros homens escolhidos e aprovados.

17. Por isso não poderemos pensar que um sacerdote possa ser com justiça despojado de seu sacerdócio, muito menos se administrou com correção e inocência o rebanho de Cristo, em paz e sem aproveitar-se ele mesmo de seu sacerdócio.

18. Assim, seria um grande pecado tirar de seu ministério a quem, santamente e sem pecado algum, administra-o corretamente.

19. Benditos os sacerdotes que, depois de terminar seu ministério neste mundo, obtêm uma perfeita e frutífera dissolução, sem medo algum, pois, em seguida, passarão a ocupar o lugar que lhes está destinado.

20. Entretanto, sabemos que tendes expulsado a alguns dentre vós, que viviam seu sacerdócio de um modo inocente e justo.

XX

Exorta-os à paz com exemplos das Sagradas Escrituras, especialmente com as palavras de São Paulo dirigidas precisamente a eles.

1. Preocupai-vos, irmãos, por coisas que não têm nada que ver com a salvação.
2. Buscai nas Sagradas Escrituras o que é a verdadeira palavra do Espírito Santo. Vós sabeis que nelas não há nada escrito que não seja justo.
3. Nunca vereis nelas que um homem justo seja jogado nem expulso por outros que, por sua vez, são também bons.
4. Os justos foram perseguidos, mas sempre pelos malvados e injustos.
5. Foram encarcerados mas sempre pelos perversos e malignos.
6. Foram lapidados, mas pelos transgressores.
7. Foram mortos, mas pelos indignos e por aqueles que somente sentiam inveja deles.
8. E todos estes sofrimentos eles os suportaram gloriosamente.
9. Acaso foi Daniel jogado à jaula dos leões por pessoas temerosas de Deus? Foram Ananias, Azarias e Misael jogados ao forno por aqueles que adoravam e honravam ao Senhor?
10. Que tipos de pessoas fizeram tais coisas? Eram homens abomináveis, cheios de maldade e de debilidades, até a ponto de inferir sofrimentos àqueles com mente pura que cumpriam com o ordenado por Deus, sem compreender que o Altíssimo protege e defende a todos aqueles que, com

uma consciência pura, servem ao seu nome, que a glória está para sempre com eles. Amém.

11. (...)

12. Também nós, queridos irmãos, devemos seguir o exemplo daqueles santos pois está escrito que quem se mantém firme na santidade será finalmente santificado.

13. E em outro lugar da Escritura diz: Com os puros serás puro e com eleitos serás eleito, entretanto com os perversos farte-ás perverso.

14. Unamo-nos, pois, com os inocentes e com os justos, pois eles são os eleitos de Deus.

15. Para que servem todas essas separações, divisões e dúvidas entre nós?

16. Acaso não temos todos um só Deus e um só Cristo? Acaso não é ele mesmo espírito da graça, que se derrama sobre todos nós?

17. Por que então separarmo-nos, os membros de Cristo, desgarrando nosso próprio corpo? Pois chegamos à loucura de esquecer que todos estamos unidos e que uns são membros dos outros.

18. Lembra as palavras de nosso Senhor Jesus. Mais lhe valeria não ter nascido antes de ofender a um de meus eleitos. Melhor seria para ele que atassem no pescoço uma pedra de moinho e que o jogassem no fundo do mar, do que ofender a um de meus pequenos.

19. Vossa dúvida perverteu a muitos, desanimou a muitos, causou problemas a muitos e pena a todos nós. E pese isso vossa sedição continua.

20. Tomai nas mãos a epístola de Paulo. Que foi o que lhes dizia na sua primeira pregação do evangelho entre vós?

21. (...)

22. Então, entretanto, vossa parcialidade levou-os a um pecado muito menor pois situastes vosso afeto em apóstolos e num homem de grande bondade e valia.

23. Rogo-lhes que considereis quem ou quais os tem levado agora a extravios, aniquilando o amor fraternal que antes tão forte era entre vós.

24. É uma pena, meus queridos irmãos, uma grande pena indigna de vossa profissão cristã, saber que a mais firme e antiga igreja dos coríntios tem sido abocanhada por uma ou duas pessoas, para separar-se de seus sacerdotes.

25. E estas notícias não somente têm chegado até nós, como também a outros diferentes de nós.

26. Inclusive o nome de nosso Senhor chegou a ser blasfemado por vossa loucura e vós estais em perigo por isso.

27. Ponhamo-nos no ponto final dessa sedição, caíamos de joelhos diante do Senhor e lhe peçamos, com lágrimas nos olhos, que nos reconcilie e que restaure entre nós o santo amor fraternal.

28. Pois este é o caminho da justiça, o que nos pode levar à vida já que está escrito: "Vou entrar e orarei ao Senhor. Esta é a porta do Senhor pela qual devem entrar os justos."

29. Ainda podem ter muitas portas abertas, esta é a da justiça, a porta de Cristo, pela qual entram os bem-aventurados, que dirigem seus passos até à santidade e à justiça, abandonando toda a desordem.

30. Tenhamos fé e mantenhamo-nos no conhecimento, sejamos exatos em nossos juízos e puros em todos nossos atos.

31. (...)

XXI

O valor que Deus dá ao amor e à unidade, aos efeitos da clareza verdadeira, que é um dom de Deus e deve ser obtida mediante a oração.

1. Que quem sente o amor por Cristo, siga os mandamentos de Cristo.
2. (...)
3. (...)
4. A caridade nos une com Deus. A caridade cobre todos os nossos pecados. A caridade alcança todas as coisas.
5. Na caridade não tem nada feio nem sórdido. A caridade não nos levanta sobre os demais, não admite divisões, não é sedição, senão que tudo alcança em paz e concórdia.
6. A caridade faz-nos perfeitos. Sem ela nada agrada e nem é aceitável aos olhos de Deus.
7. Mediante a caridade o Senhor nos uniu com ele, pois, pelo amor que sentia por nós, o Senhor Jesus Cristo deu seu sangue conforme a vontade de Deus, deu sua carne por nossa carne e sua alma por nossa alma.
8. Vedes, pois, queridos irmãos, quão grande e maravilhosa é a caridade e como não há expressões que possam manifestar sua perfeição.
9. (...)
10. Oremos a ele, e peçamos que nos faça dignos dele, que vivamos na caridade, sem falta e com respeito por todos nossos irmãos.
11. Todas as épocas do mundo, desde Adão, já passaram, mas aqueles que foram perfeitos em seu amor alcançaram um lugar entre os justos e se manifestarão no Reinado de Cristo.

12. Pois está escrito: Entrai na câmara durante um curto tempo, até que se acalme minha indignação e minha ira. Quando chegue o dia bom lembrarei, e os tirarei de vossas tumbas.
13. Felizes seremos, queridos irmãos, se seguirmos os mandamentos de Deus na unidade do amor e mediante esse amor, ser-nos-ão perdoados todos nossos pecados.
14. Pois está escrito: Benditos aqueles aos quais lhes são perdoadas suas iniqüidades e cujos pecados são apagados. Bendito aquele a quem o Senhor não lhe imputa nenhum pecado e cuja boca carece de astúcia.
15. Estas bênçãos esparramam-se sobre os eleitos de Deus, através de nosso Senhor Jesus Cristo, a quem para sempre glorificamos. Amém.

XXII

Exorta-os a arrependerem-se de suas divisões e a voltar a sua unidade confessando seus pecados a Deus, seguindo o exemplo de Moisés, de Judite, de Ester e de outros.

1. Peçamos então o perdão de Deus, os que têm sucumbido às sugestões do adversário.
2. E àqueles que têm sido os instigadores da sedição, fazei-lhes ver nosso fim comum.
3. (...)
4. Pois é próprio do homem confessar suas transgressões.
5. Sem atormentar seus corações, como ocorreu com aqueles que planejaram a sedição contra Moisés, o servo de Deus, pois caíram vivos na tumba e a morte os tragou.

6. Por esse mesmo motivo caíram, nas profundidades do Mar Morto, o faraó e suas legiões e os governantes do Egito, com seus carros e seus ginetes e ali pereceram todos.

7. Queridos irmãos, Deus não necessita nada, nem quer nada de nós, somente que confessemos nossos pecados.

8. Por isso disse o Santo Davi: Confessar-me-ei ao Senhor e o agradarei em tudo. Que os pobres vejam e se ponham contentes.

9. E também disse: Oferece teu sacrifício e cumpre teus votos ao Altíssimo. Chama-me em tuas dificuldades e eu te livrarei e tu me glorificarás.

10. Vós, queridos, conheceis bem as Sagradas Escrituras e sabeis os oráculos do Senhor, chamai-o então em vossa lembrança.

11. Pois, quando Moisés subiu ao monte e passou quarenta dias e quarenta noites em jejum e humilhação, o Senhor disse-lhe: "Levanta-te Moisés e baixa rápido do monte, pois tua gente, a que tiraste da terra do Egito, cometeu maldades, não têm cumprido o que eu os mandei cumprir e construíram imagens de ídolos."

12. E o Senhor disse-lhe: Este povo não merece viver, eu vou destruir e apagarei seu nome debaixo do céu. Eu te darei outra nação que será muito melhor e maior que esta.

13. Mas Moisés disse-lhe: "Não façais isso, Senhor, perdoai-os senão apagai-me também a mim dentre os vivos." Que admirável caridade! Que sublime perfeição! O servo fala claramente a Deus, e lhe pede que perdoe ao seu povo ou que o destrua a ele também.

14. Há algum entre vós generoso assim? Quem tem uma compaixão semelhante? Quem tem uma caridade como esta?

15. Quem fosse capaz de agir assim, atrairia sobre si a grande honra do Senhor e todos os lugares do mundo estariam dispostos a recebê-lo.
16. (...)
17. Inclusive os nobres têm-nos dado exemplos deste tipo.
18. Quantos reis e príncipes, em tempos de grandes pestes, ao serem avisados por seus oráculos, ofereceram-se a si mesmos para salvar seu povo, para que, mediante o sacrifício de seu próprio sangue, seu povo fosse salvo da morte?
19. Outros abandonaram suas cidades para que assim terminasse a sedição existente nelas.
20. Há aqueles que se venderam como escravos, para assim poder libertar a outros.
21. Outros chegaram a se vender como escravos, para que os seus pudessem se alimentar com o preço por eles pagos.
22. Inclusive muitas mulheres, iluminadas pela graça de Deus, fizeram coisas gloriosas, em diversas ocasiões.
23. A gloriosa Judite, ao ver sua cidade cercada, decidiu sair e ir ao encontro dos inimigos e, deste modo, Deus entregou Holoférnes às mãos de uma mulher.
24. E também Ester, perfeita em sua fé, expos-se a grandes perigos para salvar as doze tribos de Isreal da destruição. Pois mediante o jejum e humildade chegou o Senhor dos espíritos e pôde libertar o seu povo, pelo qual se pôs em perigo.

XXIII

Sobre os benefícios dos conselhos e correções mútuas. Convida-os a seguir o que ele lhes disse.

1. Por tudo isso, roguemos por aqueles que caíram em pecado, para que, com humildade e moderação, submetam-se, não a nós, senão à vontade de Deus.
2. Para que, por ele, obtenham o fruto da misericórdia.
3. Corrijamo-nos e que ninguém deva afligir-se por nossa causa.
4. Queridos irmãos, o arrependimento e a correção entre nós são boas e sumamente benéficas pois nos une mais estreitamente com a vontade do Senhor.
5. Pois assim diz a Sagrada Escritura: Senhor, corrige-me e não me entregues à morte.
6. Que os justos me instruam e me corrijam, e que os pecadores não possam manchar-me.
7. E também disse: Feliz aquele a quem Deus corrige, por isso não desprezeis as indicações do Todo-poderoso.
8. (...)
9. Ele te libertará das calamidades, nenhum mal te alcançará. Em tempos de fome, libertar-te-á da morte e, em tempos de guerra, da espada.
10. Libertar-te-á da calamidade das más línguas e te protegerá de toda a destruição.
11. Poderás rir dos malvados e não temerás a nenhum animal desta terra. As bestas selvagens respeitar-te-ão.
12. Tua casa estará em paz e teu tabernáculo não errará. Tua descendência será abundante como as ervas da terra.
13. Chegarás à tumba como o trigo maduro, no momento adequado.
14. Benditos aqueles que são corrigidos pelo Senhor. Ele é um bom instrutor e aplica sabiamente sua santa disciplina.

15. Vós, que tendes instigado a sedição, submetei-vos a vossos sacerdotes, arrependei-vos e dobrai os joelhos de vosso coração.
16. Aprendei a viver sujeitados. Abandonai toda a arrogância e toda a presunção.
17. Pois é melhor para vós que, sendo pequenos, formeis parte do rebanho de Cristo, não que acrediteis melhor que os demais, e que por isso os vejais expulsos do mesmo.

XXIV

Recomenda-os a Deus, desejando que esta epístola cause um bom efeito neles.

1. Que agora Deus, o inspetor de todas as coisas, o Pai dos Espíritos e o Senhor de toda a carne, que escolheu a nosso Senhor Jesus Cristo e a nós, através dele, para que fôssemos seu povo.
2. Conceda a toda a alma, que invoque seu glorioso e santo nome, fé, temor, paz, paciência, comedimento, santidade e sobriedade, através de nosso Senhor Jesus Cristo, merecedor de toda a glória, majestade, poder e honra, agora e sempre. Amém.
3. Os mensageiros, que temos mandado a vós, Cláudio, Éfebo e Valério Vito junto com Fortunato, mande-os de novo para nós, com diligência e paz, para que nos tragam as notícias de vossa paz e concórdia, tão desejadas por nós, e pelo que tanto temos rogado.
4. Que a graça de nosso Senhor Jesus Cristo seja com vós e com todos os que, em qualquer lugar, invoquem a Deus através dele. A ele a glória, a honra, o poder, a majestade e o domínio eterno. Por Cristo Jesus, por sempre e para sempre. Amém.

O Evangelho Segundo Tomás (Gnóstico)

O texto que, em seguida, apresentamos não tem nada a ver com seu homônimo incluído no princípio deste livro. Trata-se de uma série de ditos, profecias, provérbios e parábolas de Jesus, faladas nos rolos de Nag Hammadi, descobertos no ano de 1945, no Egito. Este texto copto parece que é a tradução de um original grego, pois alguns fragmentos do mesmo encontram-se em grego, procedentes do Século II, entretanto, existem indícios suficientes para afirmar que a referida coleção de provérbios e ditos pode ter sido composta na segunda metade do Século I. Como autor, aparece Dimas Judas Tomás, isto é, Judas, "o gêmeo," a quem a Igreja Síria identifica como Judas, o apóstolo e irmão gêmeo de Jesus.

Muitos dos ditos deste Evangelho, segundo Tomás, mostram um claro paralelismo com os evangelhos sinóticos (Mateus, Marcos e Lucas), o qual faz supor aos eruditos que, do mesmo modo que os evangelhos de Mateus e Lucas, procedem do famoso "Q" (do alemão "quelle": fonte).

Em todo o Evangelho, segundo Tomás, faz-se presente a influência gnóstica, mesmo que não tenha sido possível, até agora, imputá-lo a nenhuma escola ou seita, em particular. No princípio do mesmo, indica-se que estes são os "ditos secretos que o Jesus Vivo disse," mostrando seu marcante caráter esotérico na frase "aquele que saiba interpretar estas palavras não conhecerá a morte," isto é, que estes ditos não devem ser tomados ao pé da letra, senão que, ao contrário dos demais textos apócrifos vistos até aqui, estes requerem uma interpretação especial.

Conforme o texto, a base da experiência religiosa não somente constitui o reconhecimento de nossa identidade divina, mas também, mais concretamente, o reconhecimento de nossa origem (a luz) e de nosso destino (o repouso). A fim de alcançar sua origem, o discípulo deverá transcender ao mundo e somente então poderá experimentar uma nova vida: o reino da luz e da paz.

A numeração, por frases ou citações, não aparece no original, mas é a utilizada em quase todas as versões contemporâneas.

O Evangelho Segundo Tomás

Estes são os ditos secretos que o Jesus Vivo disse e que foram escritos por Dimas Judas Tomás.

1. Ele disse: Aquele que saiba interpretar estas palavras não conhecerá a morte.
2. Jesus disse: Que quem procura continue procurando, até que encontre e, quando encontre, ver-se-á perturbado, maravilhar-se-á e reinará sobre o Todo.
3. Jesus disse: Se aqueles que os guiam dizem: O Reino está no céu, então os pássaros do céu serão mais que vossos. Se dizem que o Reino está no mar, então os peixes estarão melhor localizados que vós. Entretanto, o Reino está tanto dentro como fora de vós. Quando conheceis a vós mesmos, então sereis conhecidos e sabereis que sois filhos do Pai. Se,

ao contrário, não vos conheceis, estareis na pobreza e sereis a pobreza

4. O homem ancião não duvidará, em seus últimos dias, em perguntar a um menino de sete anos sobre o lugar da Vida e viverá, pois muitos dos últimos serão os primeiros e se converterão em um só.

5. Jesus disse: Conhece o que está frente a ti e aquilo que está escondido ser-te-á desvendado, pois não existe nada oculto que não vá ser manifestado.

6. Seus discípulos o perguntavam: Devemos jejuar? Como temos que orar? Temos que dar esmolas? Que alimentos podemos tomar? Jesus respondeu-lhes: Nunca tendes que mentir e abstenham-se de fazer tudo aquilo que desgoste a vossos corações, pois tudo é desvendado diante do céu. Nada do que permaneceu escondido deixará de ser manifestado e nada do que está coberto permanecerá sem ser revelado.

7. Jesus disse: Feliz o leão que será comido pelo homem, pois o leão converter-se-á em homem, e maldito o homem que será comido pelo leão, pois o homem converter-se-á em leão.

8. E disse: O homem é semelhante a um pescador inteligente que lança sua rede ao mar e a retira cheia de peixes pequenos, entre todos eles um grande e formoso peixe. O pescador inteligente lançara de novo os peixinhos ao mar e ficará muito contente com o peixe grande. Que aquele que tenha ouvido para ouvir, ouça!

9. Jesus disse: O semeador saiu, encheu sua mão e lançou as sementes. Algumas delas caíram sobre o caminho, os pássaros chegaram rapidamente e as comeram. Outras caíram sobre umas pedras e não puderam introduzir suas raízes na terra, nem elevar seus talos até ao céu. Outras caíram sobre

uns espinhos que as afogarão até que, finalmente, forem comidos pelos germens. E outras, finalmente, caíram sobre boa terra e darão um fruto abundante.

10. Jesus disse: Lancei um fogo sobre o mundo, e o estou guardando até que arda.

11. Jesus disse: Este céu passará e tudo o que está debaixo dele passará também. Os mortos não estão vivos e os vivos não morrerão. Os dias em que comeis o que está morto, façais o vivo. Quando morais na luz, que vais fazer? O dia em que fores um, converter-vos-eis em dois, e agora que sois dois, que vais fazer?

12. Seus discípulos disseram a Jesus: Sabemos que um dia nos deixarás, a quem devermos seguir então? Jesus lhes disse: Aonde quer que ides, irei até Santiago o Justo, por quem a terra e o céu têm sido feitos.

13. Jesus disse a seus discípulos: Comparai-me com alguém e dizei-me a quem me pareço. Simão Pedro lhe disse: Te pareces a um anjo justo. Mateus disse-lhe: Pareces-te a um filósofo sábio. Tomás disse-lhe: Mestre, minha boca é incapaz de dizer a quem te pareces. Jesus disse: EU não sou teu mestre. Estás ébrio. Ficaste intoxicado bebendo do manancial que eu te recomendei. Seguidamente o levou consigo, retirou-se com ele e lhe disse três coisas: Quando Tomás voltou para seus companheiros, estes lhe perguntaram: Que te disse Jesus? Tomás respondeu-lhes: Se dissesse uma só das palavras que ele me disse pegaríeis pedras e mas lançaríeis e logo de tais pedras sairiam fogo e os queimariam.

14. Jesus disse-lhes: Se jejuardes cometereis um pecado, se orais condenar-vos-eis e se dais esmolas perjurais a vosso espírito. Se vais a algum país, caminheis por seus campos e

sois recebidos, comei o que ponham diante de vós e curai os que estejam doentes. Não lhes corromperá o que entrar por sua boca, mas somente oque dela sair.

15. Jesus disse: quando os encontreis com aquele que não nasceu de mulher, prostrai-vos diante dele e o adorai. É vosso Pai.

16. Jesus disse: Talvez os homens pensem que vim trazer a paz ao mundo, não sabem que vim trazer divisões, fogo, espada e guerra. Se em uma casa há cinco, três estarão contra os outros dois e estes dois contra os três restantes: pais contra filhos, filhos contra seus pais,, e permanecerão sozinhos.

17. Jesus disse: Darei aquilo que o olho não viu e o que o ouvido não ouviu, aquilo que a mão nunca tocou e o que nunca chegou ao coração do homem.

18. Seus discípulos perguntaram-lhe: Diga-nos como será nosso fim? Jesus respondeu-lhes: Acaso tendes descoberto já vosso começo para andar procurando o fim? Onde está o começo está o fim. Feliz aquele que se mantém no começo. O conhecer o fim e não experimentar a morte.

19. Jesus disse: Feliz aquele que era antes de ser. Se vos converteis em meus discípulos e escutai minhas palavras, até estas pedras os servirão. Existem cinco árvores no paraíso, que permanecem sempre iguais, tanto no inverno como no verão, e cujas folhas nunca secam. Quem as conheça não experimentará a morte.

20. Seus discípulos pediram-lhe: Diga-nos a que se parece o Reino dos céus. E ele respondeu-lhes: Parece-se a uma semente de mostarda, a menor de todas as sementes, entretanto, quando este grão cai sobre uma terra fértil e cultivada germina, produzindo uma grande planta que serve de coberta às aves do céu.

21. Maria disse a Jesus: Com que se parecem teus discípulos? Ele lhe respondeu: Parecem-se a uns meninos que tem ocupado um campo que não é seu. Quando os donos do campo voltem dirão: Deixai nosso campo! Então, para devolver o campo e quanto nele encontraram terão que se despir na frente deles. Por isso eu digo: Se o dono da casa sabe que vai chegar um ladrão, permanecerá vigilante e não deixará perfurar a casa do seu reino nem levar seus pertences. Por isso deveis permanecer sempre vigilantes diante do mundo. Armai-vos e cingi com força vossa cintura para evitar que os ladrões possam chegar até vós, pois as dificuldades que esperais seguramente materializar-se-ão. Que entre vós haja um homem de conhecimento! Quando o grão está maduro, ele chega rapidamente com a foice na mão e o ceifa. Aquele que tenha ouvidos para ouvir, que ouça!

22. Jesus viu uns meninos que chupavam e disse a seus discípulos: Estes meninos que chupam são como os que entram no Reino. E eles disseram: Então entraremos no Reino tornando-nos meninos? Jesus respondeu-lhes: Quando façais de dois um, e quando vosso interior seja como vosso exterior, e vosso exterior como vosso interior, e o que está acima como o que está abaixo, e quando façais do macho a mulher, uma só coisa de sorte que o macho não seja já macho, e a mulher não seja já mulher, quando tenhais olhos em lugar de um olho, uma mão no lugar de uma mão, um pé no lugar de um pé e uma imagem no lugar de uma imagem, então entrareis no Reino.

23. Jesus disse: Eu escolherei um entre mil, e dois entre dois mil, e eles serão como um só.

24. Disseram os discípulos: Mostra-nos o lugar onde tu estás, pois é necessário que nós o procuremos. Ele disse: Aquele

que tenha ouvidos para ouvir, que ouça! No interior de um homem iluminado há luz e ele iluminará o mundo inteiro. Se não iluminasse, haveria escuridão.

25. Jesus disse: Ama ao teu irmão como a tua alma e vela por ele como pela menina de teu olho.

26. Jesus disse: Vês a felpinha no olho de teu irmão, mas a felpa que há no teu não a vês. Quando tenhas tirado a felpa do teu olho poderás tirar a felpinha do olho de teu irmão.

27. Jesus disse: Se não jejuais do mundo não achareis o Reino; se não celebrais o sábado como sábado, não vereis o Pai.

28. Jesus disse: Apareci no mundo e me revelei na carne. Encontrei a todos ébrios, nem um só achei que estivesse sedento, e minha alma se apiedou pelos filhos dos homens, pois são cegos em seus corações, e não se dão conta que vieram ao mundo vazios e procuram deixá-lo também vazios. Agora estão ébrios. Quando deixem seu vinho, arrepender-se-ão.

29. Jesus disse: Se a carne veio à existência por causa do espírito, seria uma maravilha. Mas se espírito veio existir por causa do corpo, isso seria uma maravilha das maravilhas. E o que a mim mais me maravilha é isto: Como esta enorme riqueza chegou a morar no meio de tanta miséria?

30. Jesus disse: Ali aonde há três deuses, são deuses. Aonde há dois ou um, eu estou com ele.

31. Jesus disse: Nenhum profeta o é em sua terra. Nenhum médico cura aqueles que o conhecem.

32. Jesus disse: Uma cidade construída e fortificada sobre uma montanha não pode cair, nem tampouco se poderá escondê-la.

33. Jesus disse: O que ouves em um ouvido e no outro proclamas sobre os telhados, pois ninguém acende uma lâmpada para

guardá-la numa gaveta ou para ocultá-la em algum lugar, senão que a coloca em um lugar visível, para que todo o que entre ou saía veja sua luz.

34. Jesus disse: Se um cego conduz a outro cego, os dois cairão em um poço.

35. Jesus disse: Não é possível que alguém entre na casa do forte e a tome com violência, a menos que antes amarre suas mãos. Então, poder-se-á desarrumar sua casa.

36. Jesus disse: Não vos preocupeis de manhã pela noite, e de noite pela manhã, por aquilo que vais vestir.

37. Disseram seus discípulos: Quando te revelarás a nós e quando te veremos? Jesus disse-lhes: Quando abandoneis vossa vergonha, quando tomeis vossos vestidos e os depositeis a vossos pés, como crianças e, em seguida, os pisoteardes, então vereis o filho Daquele que está vivo, e já não temereis nada.

38. Disse Jesus: Muitas vezes tendes desejado ouvir as palavras que agora digo e que somente de mim podereis ouvir: Chegarão dias nos quais me procurareis e não me achareis.

39. Jesus disse: Os fariseus e os escribas receberam as chaves das gnoses e as esconderam. Não entraram nela e, além disso, impediram o passo de quem quisesse entrar. Mas vós sede cautelosos como as serpentes e cândidos como as pombas.

40. Jesus disse: Um tronco de vinha foi plantado fora do Pai e, como não tomou força, será arrancada pela raiz e perecerá.

41. Jesus disse: Àquele que tenha algo em sua mão dar-se-lhe-á e, àquele que não tenha nada, inclusive o pouco que tiver, ser-lhe-á tirado.

42. Jesus disse: Sedes transeuntes (estais de passagem).

43. Perguntaram-lhe seus discípulos: Quem és tu que tal nos dizes? Ele respondeu: Acaso não sabeis quem sou, partindo

do que digo? Sois como os judeus que amam a árvore, mas odeiam seu fruto, e amam o fruto, mas odeiam a árvore.

44. Disse Jesus: Perdoar-se-á aquele que blasfemou contra o Pai e perdoar-se-á a quem blasfemou contra o Filho, mas aquele que blasfemou contra o Espírito Santo não será perdoado, nem na terra e nem no céu.

45. Disse Jesus: Os espinhos não dão uvas e os arbustos não dão figos, pois nenhum deles dá frutos. O homem bom tira boas coisas de seu tesouro, e o homem mau tira coisas más do tesouro da maldade, que está em seu coração, e também diz coisas más, pois a excessiva maldade de seu coração produz somente males.

46. Disse Jesus: Entre todos os nascidos de mulher, desde Adão a João, o Batista, nenhum é superior a João, o Batista. Entretanto, eu digo: Aquele que, dentre vós, se volte pequeno, conhecerá o Reino e se elevará mais que João, o Batista.

47. Jesus disse: Do mesmo modo que um homem não pode montar dois cavalos nem atirar com dois arcos, tampouco pode servir a dois senhores. Se o faz, favorecerá a um e prejudicará a outro. Ninguém que toma vinho velho deseja logo beber imediatamente vinho novo. Não se serve o vinho novo em odres velhos, a fim de que não se perca, e tampouco se serve vinho velho em odres novos, por medo de que se altere. Em um vestido novo não se costura uma peça de pano velho, pois ele se perderia.

48. Jesus disse: Se nesta mesma casa dois fazem as pazes entre eles e logo dizem à montanha: Desloca-te! A montanha trocará de lugar.

49. Disse Jesus: Felizes os solitários e os eleitos pois vós achareis o Reino. Dele saístes e a ele retornareis.

50. Disse Jesus: Se lhes perguntam: De quem tendes nascido? Respondei: Nascemos da luz, ali aonde a luz surgiu e aonde se revelou sua imagem. Se lhes perguntam: Quem sois? Dizei: Somos seus filhos e somos os eleitos do Pai que está vivo. Se lhes perguntam: Qual é o sinal de vosso Pai que está em vós? Dizei: é o movimento e o repouso.

51. Seus discípulos perguntaram-lhe: Quando chegará o repouso dos mortos e quando virá o novo mundo? Ele lhes respondeu: O que estais esperando chegou já, mas vós não tendes sabido reconhecer.

52. Seus discípulos disseram-lhe: Vinte e quatro profetas existiram em Israel e todos falaram de ti. Ele lhes disse: Estais deixando quem está vivo na vossa presença e estais vos dedicando a falar dos mortos.

53. Seus discípulos perguntaram-lhe: É útil a circuncisão ou não? Ele lhes respondeu: Se fosse algo útil, seu pai os conceberia já circuncisos em sua mãe. Entretanto, a verdadeira circuncisão no espírito gera grandes benefícios.

54. Jesus disse: Bem-aventurados os pobres, porque vosso é o Reino dos céus.

55. Jesus disse: Quem não odeia seu pai e a sua mãe não poderá ser discípulo meu, e o que não odeia seus irmãos e suas irmã, e não leva sua cruz como eu a levo, não será digno de mim.

56. Quem conheceu o mundo achou só um cadáver e quem achou um cadáver é superior ao mundo.

57. Jesus disse: O Reino do Pai é semelhante a um homem que tinha semeado seu campo com boa semente. Seu inimigo veio durante a noite e semeou cizânia entre suas sementes. Entretanto, o homem não deixou que arrancassem a cizânia dizendo: Talvez ao tentar arrancar a cizânia, arranqueis

também o trigo com ela. Quando chegue o momento da colheita, as cizânias distinguir-se-ão claramente, então as arrancaremos e serão jogadas no fogo.

58. Jesus disse: Bem-aventurado o que sofreu pois achou a vida.

59. Jesus disse: Enquanto estais vivos olhai a quem está vivo, depois que morreis já não podeis fazê-lo.

60. Viram um samaritano que entrava na Judéia levando um cordeiro. Ele perguntou aos seus discípulos: O que ele vai fazer com esse cordeiro? Eles responderam: Matá-lo-á e o comerá. Ele lhes disse: Enquanto estiver vivo não poderá comê-lo, somente o comerá quando for cadáver. Eles disseram: Não poderá ser de outro modo. E ele lhes disse: Buscai vós também um lugar no repouso, a fim de que não vos convertais também em cadáveres e, do mesmo modo, sejais devorados.

61. Jesus disse: Dois repousarão sobre um leito, um deles morrerá e o outro viverá. Salomé disse: Quem és tu? De quem és filho? Subiste na minha cama e comeste na minha mesa. Jesus lhe disse: Sou o que provém do Um Indiviso e me foram dadas algumas coisas de meu Pai. Salomé disse: Sou tua discípula. E Jesus disse-lhe: Por isso digo: O indiviso está cheio de luz, enquanto que o dividido está cheio de trevas.

62. Jesus disse: Eu digo meus mistérios aos que são dignos deles. O que fizer tua mão direita, que não saiba tua mão esquerda.

63. Jesus disse: Tinha um homem rico que tinha muito dinheiro e pensou: empregarei meu dinheiro em semear, colher e plantar e encherei meus celeiros de frutos, de modo que não me falte nada. Isto era o que pensava em seu coração e naquela mesma noite morreu. Aquele que tenha ouvidos, que ouça!

64. Jesus disse: Certo homem preparou uma ceia para seus convidados. Quando a comida ficou pronta mandou que um criado o avisasse. O criado chegou para o primeiro convidado e lhe disse: Meu amo te convida a cear, ao que este respondeu: Tenho que cobrar um dinheiro de certos comerciantes, virão a minha casa esta noite e tenho que lhes dar instruções. Não posso ir cear. Logo o criado foi a outro convidado e lhe disse: Meu amo te convida a cear. Ao que este respondeu: Acabo de comprar uma casa e vou estar todo o dia ocupado, não posso ir. Foi logo ao terceiro convidado e lhe disse: Meu amo te convida a cear. E este lhe respondeu: Um amigo meu se casa e devo fazer a comida, não posso ir cear com teu amo. Foi a outro e lhe disse: Meu amo te convida. Este lhe respondeu: comprei uma granja e devo ir cobrar as rendas, não posso ir cear. O criado voltou para seu amo e lhe disse que nenhum dos convidados podia vir. Então o amo disse ao criado. Sai por aí e traz a quem quer que encontres, eles serão os convidados de minha ceia. Nem os comerciantes e nem os negociantes entrarão na casa de meu Pai.

65. Disse: Tinha um homem honesto que tinha uma vinha e a deu aos seus empregados para que a trabalhassem e lhe entregassem logo o produto. Chegado o momento, mandou um criado para que cobrasse o produto da vinha e, no lugar disso, seus empregados bateram nele até quase matá-lo. Entretanto, conseguiu fugir e contar ao seu amo o ocorrido. O amo disse: Talvez não te tenham reconhecido. E enviou outro criado com o mesmo propósito. Também este foi duramente soqueado, sem cobrar nada. Então o amo da vinha mandou seu filho. Quando os empregados souberam que aquele era o herdeiro da vinha, agarraram-no e o mataram. Aquele que tenha ouvidos, que ouça!

66. Jesus disse: Mostrai-me a pedra que foi recusada pelos pedreiros. Esta é a pedra angular.

67. Jesus disse: Quem acredita que o Todo tem defeito, ele mesmo está cheio de defeitos.

68. Bem-aventurados sereis quando os perseguirdes. Aonde quer que forem perseguidos, não encontrarão eles lugar.

69. Jesus disse: Bem-aventurados quem sofreu perseguição em seu interior. Eles realmente conhecerão o Pai. Bem-aventurados os que têm fome, porque eles serão saciados.

70. Jesus disse: Se tendes isto, salvar-se-ão. Se não tendes isto, isto mesmo que não tendes, far-te-á morrer.

71. Jesus disse: Destruirei esta casa e ninguém a poderá reconstruir.

72. Um homem disse-lhe: Dizei aos meus irmãos que repartam comigo os bens de meu pai. Ele lhe respondeu: Quem fez de mim um repartidor? E voltando-se para seus discípulos, perguntou-lhes: Acaso sou eu o repartidor?

73. Jesus disse: A colheita é abundante mas os trabalhadores são poucos. Rogai ao senhor para que mande mais operários para a colheita.

74. E disse: Senhor, há muitos ao redor do poço, mas nada dentro do poço.

75. Jesus disse: São muitos os que se juntam à porta, mas só o solitário entrará na câmara nupcial.

76. Jesus disse: O Reino do Pai pode ser comparado a um comerciante que tinha um carregamento de mercadorias e encontrou uma pérola. O comerciante era inteligente: vendeu a mercadoria e comprou a pérola para ele só. Também vós deveis procurar o tesouro que mora ali, onde a traça não se aproxima para o comer a aonde os germens não o destroem.

77. Jesus disse: Eu sou a luz que está sobre todos eles. Eu sou o Todo. O Todo saiu de mim e chegou a mim. Partais a lenha e ali eu estou, levantai uma pedra e ali me achareis.
78. Jesus disse: Para que saís para o campo? Para ver as canas agitadas pelo vento? Para ver um homem vestido com panos finos, como vossos reis e grandes personagens? Aqueles que levam vestes finas não são capazes de discernir a verdade.
79. Uma mulher disse desde a multidão: Bendito o ventre que te levou e os seios que te amamentaram! E ele respondeu: Benditos aqueles que encontraram a palavra do Pai e em verdade a seguem. Em verdade, digo-lhes que virão dias em que direis: Bendito o ventre que não concebeu e os seios que não amamentaram.
80. Jesus disse: Quem conheceu o mundo achou um corpo e quem achou um corpo é superior no mundo.
81. Jesus disse: Que quem chegou a ser rico, seja rei e que quem possua o poder, renuncie a ele.
82. Jesus disse: Quem está perto de mim está perto do fogo e quem está longe de mim está longe do Reino.
83. Jesus disse: As imagens se manifestam ao homem, mas a luz que há nelas está escondida na imagem da luz do Pai. Ele se manifestará, mas sua imagem permanecerá oculta atrás de sua luz.
84. Jesus disse. Quando vedes vossas imagens alegrai-vos. Mas quando vedes vossas imagens presentes diante de vós, que nem morram e nem se manifestem, quanto tereis que suportar!
85. Jesus disse: Adão nasceu de um grande poder e de uma grande riqueza, mas não foi digno de vós, porque se tivesse sido, não teria conhecido a morte.

86. Jesus disse: As raposas têm suas covas e os pássaros têm seus ninhos, mas o filho do homem não tem, sequer, um lugar aonde apoiar sua cabeça e descansar.
87. Jesus disse: Miserável é o corpo que depende de um corpo, e miserável é a alma que depende dos dois.
88. Jesus disse: Os anjos, também os profetas, virão a vós e vos darão aquilo que já tendes. E vós, dai-lhes também o que tendes e dizei a vós mesmos: Quando virão pegar o que é seu?
89. Jesus disse: Por que lavais o interior da taça? Não compreendeis que quem fez o exterior também fez o interior dela?
90. Jesus disse: Vinde a mim pois meu jugo é bom e meu domínio suave e em mim encontrareis o repouso.
91. Eles lhe disseram: Diga-nos quem és a fim de que possamos acreditar em ti. E ele lhes respondeu: Interpretais o aspecto do céu e da terra, mas não sois capazes de reconhecer quem está frente a vós, não o reconheceis e não o distinguis.
92. Jesus disse: Buscai e encontrareis, mas aquilo que me perguntastes e que então não lhes disse, agora que queria dizê-lo, não me perguntais.
93. Jesus disse: Não deis as coisas sagradas aos cachorros, para que não as joguem para o lixo. Não deis pérolas aos porcos, para que não as destroçem mordendo.
94. Jesus disse: O que procura achará e a quem chame abrir-se-á.
95. Jesus disse: Se tendes dinheiro e não o emprestais com lucro, melhor dá-lo àquele de quem já não o recebereis.
96. Jesus disse: O Reino do Pai é semelhante a uma mulher que pegou um pouco de fermento, colocou na massa e fez grandes pães. Aquele que tenha ouvidos, que ouça!

97. Jesus disse: O Reino do Pai é semelhante a uma mulher que levava uma vasilha cheia de farinha. Enquanto ia por um caminho afastado, quebrou a asa da vasilha, e a farinha foi-se esparramando pela terra atrás dela, sem que ela percebesse do ocorrido. Quando chegou em casa, pôs vasilha no chão e a encontrou vazia.

98. Jesus disse: O Reino do Pai é semelhante a um homem que queria matar a um importante e poderoso personagem. Pegou a espada e a afundou na muralha para provar se sua mão seria firme o suficiente. Depois, matou o personagem importante.

99. Seus discípulos lhe disseram: Tua mãe e teus irmãos te esperam lá fora. E ele disse: Estes que estão aqui e que cumprem a vontade de meu pai, eles são meus irmãos e minha mãe. Eles são os que entrarão no Reino do meu Pai.

100. Mostraram a Jesus uma moeda de ouro dizendo-lhe: As pessoas de César exigem-nos o pagamento dos tributos. Ele lhes respondeu: Daí a César o que é de César, a Deus o que é de Deus e, a mim, dai-me o que é meu.

101. Jesus disse: Quem não odeie a seu pai e a sua mãe como eu, não poderá ser meu discípulo. E quem não ame a seu pai e a sua mãe, como eu, não poderá ser meu discípulo. Pois minha mãe me deu (...) mas minha mãe verdadeira me deu a vida.

102. Jesus disse: Maldição aos fariseus, pois são como um cachorro que se deitou sobre o presépio dos bois. Nem come nem deixa os bois comerem.

103. Jesus disse: Bem-aventurado o que sabe quando chegarão na sua casa os ladrões, pois poderá levantar-se e se preparar para defender sua propriedade, antes que eles entrem em sua casa.

104. Disseram-lhe: Vem, vamos orar e jejuar. Jesus disse: Que pecado cometi e em que fui vencido? Quando o esposo saia da câmara nupcial, que então orem e jejuem.

105. Jesus disse: Aquele que conhecer o pai e mãe, será chamado filho de prostituta.

106. Jesus disse: Quando façais de dois um, converter-vos-ei em filho do homem e quando digais: Montanha, move-te, ela se moverá.

107. Jesus disse: O reino pode ser comparado a um pastor que tinha cem ovelhas. A mais gorda delas se perdeu. Então ele deixou as outras noventa e nove e foi procurar a ovelha perdida, até que finalmente a encontrou. Depois de tanto penar, disse à ovelha encontrada: quero mais a ti que as outras noventa e nove.

108. Jesus disse: Aquele que beber da minha boca será como eu e eu mesmo me voltarei para ele e as coisas ocultas ser-lhe-ão reveladas.

109. O Reino pode comparar-se a um homem que tinha em seu campo um tesouro escondido, sem o saber. Ao morrer, seu filho herdou e também não sabia, que depois o vendeu. O que comprou o campo, trabalhando um dia nele, achou o tesouro. E depois se dedicou a emprestar dinheiro com juros a quem quis.

110. Jesus disse: Quem encontrou o mundo se fez rico. Oxalá possa renunciar a ele!

111. Jesus disse: Os céus e a terra misturar-se-ão na vossa presença e Um Vivo não conhecerá a morte nem o temor, pois Jesus disse: Quem encontrar a si mesmo é superior ao mundo.

112. Jesus disse: Maldição à carne que depende da alma. Maldição à alma que depende da carne.

113. Perguntaram-lhe seus discípulos: Quando chegará o Reino? Jesus lhes disse: Não chegará atrás de uma espera. Não se poderá dizer "está aqui" ou "está ali" . O Reino do Pai está por toda a terra e os homens não o vêem.

114. Simão Pedro lhes disse: Que Maria saía dentre nós, pois as mulheres não são dignas da Vida. E Jesus disse: Eu a guiarei para convertê-la em varão, para que também ela se converta em um espírito vivo semelhante a vós, varões. Pois toda a mulher que se converta em varão poderá entrar no Reino dos céus.

O Evangelho Segundo Felipe

Escrito muito provavelmente na Síria, durante o Século II de nossa era, o chamado Evangelho segundo Felipe é uma coleção de ditos de tipo ético, moral e teológico, com um forte sabor oculto e um notável conteúdo esotérico. Possivelmente constituía uma refundição de certos ensinamentos destinados aos catecúmenos gnósticos que se preparavam para receber a iniciação.

A chamada Câmara Nupcial ocupa um papel primordial ao longo de todo o texto. Enfatiza-se que todos os males da humanidade procedem da separação dos sexos, do momento em que Eva foi separada de Adão rompendo-se, deste modo, o andrógeno original. Outra idéia notável neste evangelho é o fato de que todas as coisas importantes ocorrem de um modo oculto: "quando as raízes saem para a luz, a árvore morre."

Em que pese carecer de uma continuidade argumentável, apresenta-se algum tipo de coerência sutil que, mesmo assim, não fica claramente manifestada, insinua-se através de certas palavras-chaves.

Atribuído por muitos a Valentim, o Evangelho de Felipe, encontrado também entre os rolos de Nag Hammadi, supôs uma notável contribuição ao limitado conhecimento existente, hoje em dia, sobre a teologia gnóstica.

O Evangelho Segundo Felipe

1. Um hebreu faz a outro hebreu e a este se denomina prosélito. Mas um prosélito não faz a outro prosélito. Alguns são como são e fazem a outros como eles, e outros simplesmente existem.
2. O escravo somente aspira obter sua liberdade, mas não pretende chegar a ser como seu amo, entretanto, o filho não é só filho, senão que reclama para si a herança de seu pai.
3. Os que herdam dos mortos estão eles por sua vez mortos, e herdam o que está morto. Aqueles que herdam dos vivos estão vivos, e herdarão do que está vivo e do que está morto. Os mortos não herdam de ninguém. Como poderia herdar um morto? Se ele que está morto herda, o vivo viverá.
4. Um pagão não morre, pois nunca esteve vivo e está em perigo de morrer, pois vive.
5. Desde a vinda de Cristo o mundo foi criado, as cidades foram decoradas e o morto foi retirado.
6. Quando éramos hebreus estávamos órfãos, somente tínhamos mãe. Agora que somos cristãos, temos um pai e uma mãe.
7. Quem planta no inverno, colhe no verão. O inverno é o mundo, o verão é o outro .... Sememos no mundo para que possamos colher no verão. Por isso, não interessa orar no inverno. O verão segue ao inverno. Quem se empenha em colher no inverno não poderá fazê-lo, pois no inverno não se colhe.
8. (...)

9. Cristo veio para resgatar alguns, para salvar a outros e para redimir outros. Resgatou aos estranhos e os fez seus. Separou os seus, segundo sua vontade. Não só decidiu morrer quando ele quis, senão que voluntariamente o fez, desde o primeiro dia em que o mundo foi criado. Quando quis veio recuperar sua vida, já que esta tinha sido resguardada: tinha caído em mãos de ladrões e tinha sido feito prisioneiro. Mas ele a libertou, resgatando aos bons que tinha no mundo, e também aos maus.

10. A luz das trevas, a vida e a morte são à direita, e os da esquerda são irmãos entre si, pois é impossível separar uns dos outros. Por isso nem os bons são maus, nem os maus são maus, nem a vida é vida, nem a morte é morte. Deste modo, cada um virá a se dissolver em sua própria origem, desde o princípio; mas o que estão por cima do mundo são indissolúveis e eternos.

11. Os nomes que se dão às coisas do mundo produzem grandes enganos, pois distraem a atenção do estável e levam até ao instável. E, assim, quem ouve a palavra "Deus" não percebe o que é correto, senão o incorreto. O mesmo ocorre com o "Pai," o "filho," o "Espírito Santo," a "vida," a "ressurreição," a "luz," a "Igreja" e tantas outras palavras, não se percebem os conceitos corretos, senão os incorretos, a não ser que se conheça, de antemão, os primeiros.

12. Somente há um nome que nunca se pronuncia no mundo. É o nome que o Pai deu ao Filho. O nome que está sobre todas as coisas. É o nome do Pai, pois o filho não poderia chegar a ser o Pai, a menos que levasse o nome do Pai. Quem conhece esse nome não fala dele, e quem não o conhece não poderia entender. A verdade trouxe muitos nomes à

existência, pois sem eles é impossível ensinar. A verdade é uma coisa única mas, ao mesmo tempo, é muitas, com o fim de nos ensinar a amar a essa única através de muitas.

13. Os Arcontes quiseram enganar ao homem, vendo que este tinha parentesco com os verdadeiramente bons. Tiraram o nome aos que eram bons e deram aos que não eram bons, com o fim de enganar, através dos nomes, e vinculá-lo aos que não são bons. Logo, fariam que se separem dos que não são bons, e os integrem entre os que são bons, que eles já conheciam. Pois pretendiam raptar o que é livre e fazê-lo seu escravo para sempre.

14. Há Potências que lutam contra o homem pois não querem que este chegue a se salvar para que elas consigam ser (...); pois se o homem se salva, não se fazem sacrifícios e nem se oferecem animais às Potências. É a estas a quem se fazem tais oferendas vivas que, ao serem sacrificadas, morrem. O homem, por sua parte, foi oferecido a Deus estando morto, e viveu.

15. Antes da vinda de Cristo não tinha pão no mundo. Do mesmo modo no paraíso, lugar em que morava Adão, tinha muitas árvores para alimento dos animais, mas não havia pão para o homem. Este se alimentava como os animais. Ao vir Cristo, o homem perfeito, trouxe pão do céu para que o homem se alimentasse com alimento humano.

16. Os Arcontes acreditavam que era por sua força e por sua vontade que faziam o que faziam; mas é o Espírito Santo o que agia através deles, segundo sua vontade, e em segredo. A verdade, que existiu desde sempre, é semeada por todas as partes. Muitos vêem como se semeia mas poucos são os que vêem como se colhe.

17. Alguns dizem que Maria concebeu por obra do Espírito Santo. Enganam-se e não sabem o que dizem. Quando concebeu de mulher uma mulher? Maria é virgem não manchado por potência alguma. Ela é um grande anátema para os judeus que são os apóstolos e os apostólicos. Esta virgem, que nenhuma Potência manchou, enquanto as potências se mancham a elas mesmas. O senhor não teria dito: "Meu Pai que está nos céus," se tivesse tido outro pai. Se não fosse assim teria dito simplesmente: "Meu Pai."

18. O Senhor disse aos seus discípulos: "Podeis levar qualquer coisa de outras casas à casa do Pai, mas não podeis tomar nada da casa do Pai nem tirar nada dela."

19. "Jesus" é um nome secreto. "Cristo" é um nome revelado. Por isso "Jesus" não existe em nenhuma outra língua. Seu nome é sempre "Jesus." Em siríaco diz-se "Messias," em grego "Cristo." O "Nazareno" é quem revela o que está oculto.

20. Cristo reúne tudo em si mesmo, já seja homem, anjo ou mistério e também o Pai.

21. Os que dizem que o Senhor primeiro morreu e logo ressuscitou, enganam-se, pois, primeiro ressuscitou e logo morreu. Quem não consegue primeiro a ressurreição morrerá; tão certo como que Deus vive, morrerá.

22. Ninguém esconde um objeto grande e valioso em um grande recipiente, senão que muitas vezes se guardam tesouros abundantes em um cofre que não vale para nada. Isto acontece com a alma que é um objeto precioso, e veio a cair em um corpo desprezível.

23. Há quem tenha medo de ressuscitar despido e por isso querem ressuscitar com sua carne, não sabem que, os que estão revestidos de carne, são os despidos. Aqueles que

se atrevem a despir-se são precisamente os que não estão despidos. Nem a carne nem o sangue herdarão o Reino de Deus. Quais as carnes que não vão herdar? A que levamos por cima. E quais, ao contrário, que vão herdar? A de Jesus e seu sangue. Por isso disse Ele: "O que não coma minha carne e beba meu sangue, não viverá." Sua carne é o Logus e seu sangue é o Espírito Santo, quem recebeu estas coisas tem alimento e bebida vestidos. Eu recrimino a quem afirma que a carne não vai ressuscitar, pois erram. Tu dizes que a carne não ressuscitará. Então me diga: que é o que vai ressuscitar? , para que possamos fazer as honras. Tu dizes que o espírito está dentro da carne e que também esta luz está dentro da carne. Mas o Logus também está dentro da carne, pois qualquer das coisas, a que te referes, nenhuma se encontra fora do recinto da carne. Assim, é necessário ressuscitar nesta carne, já que nela está tudo contido.

24. Neste mundo, aqueles que põem um vestido valem mais que o próprio vestido. Entretanto, no reino dos céus valem mais os vestidos do que quem os vestiu.

25. Através da água e do fogo tudo será purificado. O que é visível pelo visível e o oculto pelo oculto. Mediante as coisas visíveis há coisas ocultas. Na água há água, e há fogo nos azeites para ungir.

26. Jesus os enganou a todos pois não se manifestou como era de verdade, senão de maneira que pudesse ser visto. Assim, apareceu aos grandes como grande, aos pequenos como pequeno, aos anjos como anjo e aos homens como homem. Mas seu Logus manteve-se oculto de todos. Alguns o viram e acreditaram que se viam a si mesmos; mas quando se manifestou gloriosamente a seus discípulos, sobre a montanha, não era pequeno, fez-se grande e fez grandes

aos seus discípulos, a fim de que fossem capazes de vê-lo em sua grandeza.

27. Naquele dia de ação de graças, disse: "Vós que tendes vos unidos aos perfeitos, à luz, ao Espírito Santo, uni-vos também com os anjos." Não desprezeis o cordeiro pois sem ele não é possível ver ao rei. Ninguém poderá ver o rei estando despido.

28. Mais numerosos são os filhos do homem celestial que os do homem terreno. Se os filhos de Adão são numerosos, apesar de serem mortais, quanto mais numerosos serão os filhos do homem perfeito que não morrem, senão que são concebidos ininterruptamente!

29. O pai faz um filho e o filho não tem possibilidade de fazer, por sua vez, um filho, pois quem foi concebido não pode conceber por sua vez, senão que o filho pode ter irmãos, mas não filhos.

30. Todos os que são concebidos no mundo o são pela natureza, os demais pelo espírito. Os que são concebidos por este avisam ao homem desde aqui para lembrar-lhe da promessa.

31. Se o Logus tivesse saído dali (a boca) se alimentaria pela boca e seria perfeito. Os perfeitos são fecundados por um beijo e concebem. Por isso, beijamo-nos nós também uns aos outros e recebamos a fecundação pela graça que nos é comum.

32. Três eram os que caminhavam continuamente com o Senhor: sua mãe Maria, a irmã desta e Magdalena, a quem se designa como sua companheira. Tanto sua irmã como sua mãe e sua companheira são Marias.

33. Pai e Filho são nomes simples. Espírito Santo é um nome composto. Os simples se encontram em todas as partes: em cima, em baixo, no segredo e no manifestado. O Espírito Santo está no revelado, em baixo, no segredo e acima.

34. As Potências malignas servem aos santos, depois de terem sido deixadas cegas pelo Espírito Santo para que acreditem que estão servindo a um homem no lugar dos santos. Por isso, quando um dia um discípulo pediu-lhe ao Senhor uma coisa do mundo, Ele disse: Pedi a tua mãe e ela de fará participar das coisas alheias.
35. Os apóstolos disseram aos discípulos: "Que toda nossa oferenda obtenha sal." Eles chamavam sal à Sofia, pois sem ela nenhuma oferenda é aceitável.
36. A Sofia é estéril, sem filhos, por isso se chama também sal.
37. O que o pai possui pertence ao filho, mas enquanto este é pequeno não se confia a ele o que é seu. Quando se faz homem, então o pai lhe dá tudo o que possui.
38. Quando os concebidos pelo espírito santo se enganam, fazem também por ele. Do mesmo modo que um sopro aviva o fogo, e também o apaga.
39. (...)
40. Há animais que vivem submetidos ao homem, tais como as vacas, os asnos e outros parecidos. Entretanto, há outros que não se submetem e vivem sós em paragens desertas. O homem ara o campo com animais domesticados e se alimenta a si mesmo e aos animais, tanto os que se submetem como os que não se submetem. O mesmo acontece com o homem perfeito. Com a ajuda das Potências que lhe são dóceis ara e cuida de tudo que subsista. Por isso se mantém em pé tudo, mesmo que se trate dos bons, dos maus, dos que estão à direita ou dos que estão à esquerda. O Espírito Santo acalma a todos e exerce seu domínio sobre todas as Potências, do mesmo modo, sobre todas as dóceis e sobre as não dóceis e solitárias, pois ele as recolhe e as encerra para que as mais ariscas não escapem.

41. (...)
42. Primeiro teve um adultério e, em seguida, veio o assassino concebido do adultério, pois era o filho da serpente. Por isso veio a ser homicida como seu pai e matou a seu irmão. Agora, toda a relação sexual entre seres não semelhantes entre si é adultério.
43. Deus é tintureiro. Assim como a boa tinta autêntica, desaparece somente com as coisas que com ele tem sido tingidas, o mesmo ocorre com aqueles a quem Deus tingiu, posto que sua tinta é imperecível, graças a ele resultam eles mesmos imortais. Entretanto, Deus batiza com água.
44. É impossível que vejamos nada a menos que sejamos semelhantes ao que vemos. Com a verdade não acontece o mesmo que com o homem, enquanto se encontra neste mundo que vê o sol sem ser o sol e contempla o céu e a terra e todas as demais coisas sem ser elas mesmas. Tu, em troca, viste algo daquele lugar e te converteste naquelas coisas que tinhas visto, viste o espírito e te fizeste espírito, viste o Cristo e te fizeste Cristo, viste ao Pai e te farás Pai. Por isso, tu vês todas as coisas e não te vês a ti mesmo; mas ali sim te verás, pois chegarás a ser o que vês.
45. A fé recebe, o amor dá. Ningém pode receber sem a fé, ninguém pode dar sem amor. Por isso acreditamos para poder receber; mas para poder dar de verdade temos que amar também, já que se um dá, mas não dá por amor, nenhuma utilidade obterá do que deu.
46. Aquele que não recebeu ao Senhor é ainda hebreu.
47. Os apóstolos o chamaram assim: "Jesus o nazareno," "Messias." Quer dizer "Jesus, O Nazareno," o "Cristo." O último nome é o "Cristo." O primeiro "Jesus," e o do

meio "o Nazareno." "Messias" tem um duplo significado, significa tanto "o Cristo" como "o Medido." "Nazara" é a verdade, assim "o Nazareno" é "a verdade."

48. Ao se jogar uma pérola no lixo, não por isso perde seu valor. Tampouco ganha valor se é tratada com azeites, senão que aos olhos de seu dono seu valor é sempre o mesmo. O mesmo ocorre com os filhos de Deus. Sempre conservam seu valor aos olhos do Pai.

49. Se tu dizes: "Sou judeu," ninguém se surpreenderá. Se tu dizes: "Sou romano," ninguém tremerá. Se tu dizes: "Sou grego, bárbaro, escravo ou homem livre" ninguém se preocupará. Se tu dizes: "Sou cristão," todos se porão a tremer. Chegarei a receber esse sinal que nele os arcontes podem suportar?

50. Deus é um comedor de homens, por isso os homens se sacrificam a ele. Antes se sacrificavam animais, se bem que aqueles não eram deuses.

51. As vasilhas de vidro e as de argila são feitas no forno. Se as de vidro quebram, pode-se recompor, pois foram feitas através de um sopro. Se as vasilhas de barro quebram-se, não se podem repará-las, pois foram feitas sem sopro, sem alento.

52. O asno que dá voltas ao redor de uma pedra de moinho caminhou cem milhas e, quando o desamarraram, encontrou-se com se estivesse sempre no mesmo lugar. Há muitos homens que também fazem muitos caminhos sem progredir em absoluto até à direção do seu destino. Quando chega a noite, não viram cidades nem povos, nem criações nem natureza, nem potência nem anjo. Caminharam em vão.

53. A eucaristia é Jesus, pois em síriaco se chama "Farisata," que significa "o que se estende." Jesus veio crucificar o mundo.

54. O Senhor foi a tinturaria de Levi, pegou setenta e duas cores diferentes, jogou-as em uma tina e logo tirou todos tingidos de branco. Disse: O filho do homem veio como tintureiro.

55. A Sofia, chamada "a estéril," é a mãe dos anjos. A companheira de Cristo é Maria Magdalena, a quem o Senhor amava mais que a todos os discípulos e costumava beijá-la freqüentemente na boca. Os demais se ofendiam e perguntavam por que a amava mais que a eles.

56. Por que a amo mais que a vós? Respondeu ele. Se um cego e um vidente se encontram em uma moradia escura, ambos estão na mesma situação, entretanto quando se faz a luz, o vidente verá e o outro permanecerá na escuridão.

57. Disse o Senhor: Bem-aventurado o que existia antes de existir, pois ele foi e será.

58. A superioridade do homem não é evidente, senão que está escondida e se baseia no que não é apreciável aos olhos. Por isso domina aos animais que são maiores e fortes e além disso os alimenta. Se ele se separa deles, começam a se morder uns aos outros e, inclusive, matarem-se, se não acham comida. Mas agora, têm comida pois o homem trabalha a terra.

59. Se alguém, depois de ir até ao rio, sai dele sem ter recebido nada e diz "sou cristão," este nome o recebeu somente por empréstimo. Mas se recebe o Espírito Santo, fica em possessão de tal nome a título de presente. A quem recebeu um presente ninguém o tira, mas a quem recebeu um como empréstimo, o reclamam.

60. O mesmo acontece quando alguém experimenta um mistério. O mistério do matrimônio é muito grande, pois sem ele o mundo não existiria. A existência do mundo depende do homem, a existência do homem depende do matrimônio.

Pensai na união sem mancha, pois tem um grande poder. Sua imagem se afirma no abandono da forma.

61. Entre os espíritos impuros há os machos e fêmeas. Os machos são aqueles que se unem às almas que estão nos corpos femininos. Os espíritos impuros das fêmeas se unem às almas que têm um corpo masculino. Ninguém poderá fugir destes espíritos se se apoderam de alguém, a não ser que esteja dotado simultaneamente de uma força masculina e de outra feminina, isto é, esposo e esposa provenientes da câmara nupcial em imagem. Quando as mulheres néscias descobrem um homem solitário lançam-se sobre ele, brincam com ele e o mancham. O mesmo acontece com os homens néscios; quando descobrem uma mulher bonita que vive só, procuram insinuar-se e, inclusive, forçá-la com o fim de a violar. Mas se vêem que homem e mulher vivem juntos, nem as fêmeas poderão se aproximar do macho nem os machos da fêmea. O mesmo acontece se a imagem e o anjo estão unidos entre si: tampouco ninguém se atreverá a aproximar-se do homem ou da mulher. Aquele que sai do mundo não pode já ser retido por ele pela simples razão de que já esteve no mundo. Está claro que este é superior ao desejo e ao medo, domina a natureza e a inveja. Como pode este fugir a seus grandes poderes? Como se esconde deles? Se o Espírito Santo está com ele, nenhum espírito impuro poderá alguma coisa contra ele. Nem temerá a carne e nem a amará.

62. Não tenhas medo da carne nem a ames, se a tens, dominar-te-á, se a amas, paralisar-te-á e te devorará.

63. Ou se está neste mundo ou se está na ressurreição, ou em lugares intermediários. Queira Deus que a mim não me

encontre neles! Neste mundo há coisas boas e coisas más: as coisas boas não são as boas e as más não são as más. Mas há algo mau depois deste mundo que é em verdade mau e que se chama de intermediário, isto é, a morte. Enquanto estamos neste mundo é conveniente que nos esforcemos para conseguir a ressurreição para que, uma vez que abandonemos a carne, achemos o descanso e não tenhamos que estar errando pelo Intermediário. Muitos se enganam de caminho. É conveniente sair do mundo antes de haver pecado.

64. Alguns nem querem e nem podem, outros, ainda que queiram não lhes serve de nada, por não trabalhar. De maneira que o simples querer os faz pecadores, mesmo que ele não queira. A justiça esconder-se-á de ambos: do querer e do não fazer.

65. Um apostólico viu numa visão algumas pessoas presas numa casa em chamas, com labaredas de fogo e num mar de fogo. Perguntou-lhes por que não podiam se livrar daquilo e lhe responderam que não o desejavam, que tinham recebido aquilo como castigo.

66. A alma e o espírito chegaram à existência partindo da água, fogo e luz através do filho da câmara nupcial. O fogo é a unção, a luz é o fogo, não estou falando deste fogo que não possui forma alguma, mas do outro cuja forma é da cor branca, que é refulgente, formoso e irradia beleza.

67. A verdade não veio despida a este mundo, mas envolvida em símbolos e imagens, já que este não poderá recebê-la de outra maneira. Há um renascimento e uma imagem do renascimento. É em verdade necessário que se renasça através da imagem que é ressurreição, É preciso que a imagem ressuscite pela imagem; é preciso que a câmara nupcial e

a imagem através da imagem entrem na verdade que é a restauração final. Tudo isto é conveniente para aqueles que não só recebem, mas também que têm feito seu, por méritos próprios, o nome do Pai, do Filho e do Espírito Santo. Se alguém não obtém por si mesmo, ainda o mesmo nome lhe será arrebatado. Estes nomes se recebem mediante unção aromática que os apóstolos chamam a "direita" e a "esquerda," então se deixa de ser já um simples cristão para se converter em um Cristo.

68. O Senhor realizou tudo em um mistério: um batismo, uma unção, uma eucaristia, uma redenção e uma câmara nupcial.

69. O Senhor disse: Eu vim fazer as coisas inferiores como as superires e as externas como as internas, vim para fazer uma unidade com tudo. Manifestou-se aqui através de símbolos. Aqueles, pois, que dizem: "o que está em cima," enganam-se, pois o "homem celestial" é também o que está em baixo e o que possui o oculto que está sobre ele. Assim se fala da parte "exterior" e da "interior." A mais exterior se denomina "trevas exteriores" e, fora delas, não há nada. Ele disse: "meu Pai que está oculto no interior" e também: "entra na tua recâmara, fecha a porta e faz oração ao Pai que está no interior," isto é, no interior de todos nós e isso que está no interior de todos nós é o mais elevado.

70. Antes de Cristo saíram alguns do lugar de onde não haviam de voltar a entrar e entraram no lugar de onde não tinham que voltar a sair. Mas Cristo, com sua vinda, tirou fora àqueles que tinham entrado e colocou àqueles que tinham saído.

71. Enquanto Eva estava ainda em Adão não existia a morte, mas quando se separou dele esta sobreveio. Quando Eva retornar e ele e aceite, deixará de existir a morte.

72. "Deus meu! Deus meu! Por que Senhor me abandonaste?" Isto disse Ele sobre a cruz pois ali é onde se dividiu. O Senhor ressuscitou dentre os mortos. Mas seu corpo era perfeito, tinha carne, mas a sua era uma carne de verdade. Nossa carne, entretanto, não é autêntica, mas somente uma imagem da verdadeira.

73. A câmara nupcial não está feita para as bestas, nem para os escravos, nem para as mulheres manchadas, mas para os homens livres e para as virgens.

74. Nós fomos concebidos pelo Espírito Santo, mas reconcebidos por Cristo. Em ambos os casos fomos ungidos pelo espírito, e ao ser concebidos fomos também ungidos.

75. Sem luz ninguém poderia contemplar-se, nem numa superfície de água, nem num espelho, mas se não tens água ou espelho, mesmo tendo luz, tampouco poderás contemplar-te, por isso é preciso batizar-se com duas coisas: com a luz e com a água. A luz é uma unção.

76. Três eram os lugares em que faziam oferendas em Jerusalém: um que se abria até o Poente chamado o "Santo," outro aberto até o Meio-dia, chamado o "Santo do Santo." E o terceiro aberto até o Oriente, chamado o "Santo dos Santos," onde só podia entrar o Sumo Sacerdote. O batismo é o "Santo," a redenção é o "Santo do Santo," enquanto que a câmara nupcial é o "Santo dos Santos." O batismo traz consigo a ressurreição e a redenção, enquanto que esta se realiza na câmara nupcial. Mas a câmara nupcial se encontra na cúspide de tudo o mais, não é possível achar algo mais elevado. Em Jerusalém há alguns que somente oram ali, e ali esperam o Reino dos céus. A eles se lhes chama "os Santos dos Santos." O véu do "Santo dos Santos" rasgou-se de

cima até em baixo, a fim de permitir que alguns subissem de baixo para cima.

77. Aqueles que se vestiram da luz perfeita não podem ser vistos pelas Potências nem detidos por elas. Mesmo assim, não se pode revestir-se desta luz no sacramento ou na união.

78. Se a mulher não tivesse se separado do homem não teria morrido com ele. Sua separação veio a ser o começo da morte. Por isso veio Cristo, para anular a separação que existia desde o princípio, para unir a ambos e para dar a vida a quem tinha morrido na separação e tornar assim a os unir de novo.

79. Mas se a mulher se une com seu marido na câmara nupcial, como todos aqueles que se uniram na referida câmara não tornarão a se separar. Por isso separou-se Eva de Adão, porque não tinha se unido com ele na câmara nupcial.

80. A alma de Adão chegou à existência por um sopro. Seu cônjuge é o espírito, o espírito que lhe foi dado é sua mãe, e sua alma foi substituída por um espírito. Ao se unir pronunciou umas palavras que as Potências não chegaram a compreender. Estas o convidaram, pois elas estão separadas da união espiritual.

81. Jesus manifestou sua glória no Jordão. A plenitude do Reino dos céus, que existia antes que o Todo, nasceu ali de novo. Ele que antes tinha já sido ungido, foi ungido de novo. Ele que tinha sido redimido, redimiu por sua vez aos outros.

82. Podemos revelar um segredo? O Pai do Todo se uniu com a virgem que tinha descido e um fogo o iluminou aquele dia. Ele deu a conhecer a grande câmara nupcial e, por isso, seu corpo, que teve origem aquele dia, saiu da câmara nupcial como algo concebido pelo esposo e pela esposa. E assim mesmo, graças

a estes, Jesus pôs tudo em seu lugar, e todos, e cada um de seus discípulos, entraram no mesmo lugar de repouso.

83. Adão deve sua origem a duas virgens, isto é, ao Espírito e à terra virgem. Por isso nasceu Cristo de uma Virgem, para reparar a caída que cedeu lugar ao princípio.

84. Há duas árvores no centro do paraíso: uma produz animais e outra produz homens. Adão comeu da árvore que produzia animais e se converteu ele mesmo em animal e concebeu animais. Por isso adoram os filhos de Adão aos animais. A árvore cujo fruto comeu Adão é a árvore do conhecimento. Por isso, multiplicaram-se os pecados. Se tivesse comido o fruto da outra árvore, isto é, o fruto da árvore da vida, que produz homens, então os deuses adorariam ao homem. Deus fez o homem e o homem fez a Deus.

85. Assim acontece também no mundo: os homens fazem deuses e adoram a obra de suas mãos. Deveriam melhor ser os deuses os que venerassem aos homens como corresponde à verdade.

86. As obras do homem dependem de sua capacidade, por isso chamam as "habilidades." Obras suas são assim mesmo seus filhos, provenientes de um repouso. Por isso afirma sua potência em suas obras, enquanto que o repouso se manifesta nos filhos. Isto se aplica até à mesma imagem. Assim, pois, o homem feito com base na imagem, realiza suas obras mediante sua força, mas concebe seus filhos no repouso.

87. Neste mundo os escravos servem aos livres; no reino dos céus servirão os livres aos escravos e os filhos da câmara nupcial servirão aos filhos do matrimônio. Os filhos da câmara nupcial têm um nome, compartilham o repouso e não têm necessidade de mais nada.

88. (...)

89. Quem deve ser batizado deverá baixar até à água e Cristo, saindo da água, consagrá-lo-á, assim quem recebe o batismo, em seu nome, será perfeito.

90. Os que afirmam que primeiro tem que morrer e logo ressuscitar, enganam-se. Se alguém não recebe primeiro a ressurreição na vida, tampouco receberá nada ao morrer. Ao falar do batismo dizem: Grande coisa é o batismo, pois quem o recebe viverá.

91. O apóstolo Felipe disse: "José, o carpinteiro, plantou um bosque, pois precisava madeira para seu trabalho." Ele foi quem construiu a cruz com as árvores que tinha plantado. Sua semente ficou dependurada do que tinha plantado. Sua semente era Jesus e a cruz a árvore.

92. Mas a árvore da vida está no centro do paraíso e também a oliveira, da qual procede o óleo, graças a qual nos chegou a ressurreição.

93. Este mundo se alimenta de cadáveres, tudo o que nele se come morre também. A verdade, em troca, alimenta-se da vida mesma, por isso nenhum dos que se alimentam dela morrerá. Jesus veio do outro lado e trouxe alimento dali. Aos que o desejavam deu Ele vida para que não morressem.

94. Deus plantou um paraíso, o homem viveu nesse paraíso. Ali, tinha muitas árvores para ele, e o homem viveu naquele lugar com a bem-aventurança e com a imagem de Deus. A árvores do conhecimento produziu a morte de Adão e deu, em troca, vida aos homens. A lei era a árvore, tinha a propriedade de facilitar o conhecimento do bem e do mal, mas não afastou o homem do mal nem confirmou nele o bem, mas sim trouxe consigo a morte a todos aqueles que

dela comeram; pois isto quer dizer: "Comei isto, não comeis isto," criou-se o princípio da morte.

95. A unção é superior ao batismo, pois é pela unção que temos recebido o nome de cristãos, não pelo batismo. Também a Cristo chamou-se assim pela unção, pois o Pai ungiu o Filho, o Filho aos apóstolos e estes nos ungiram. O que recebeu a unção está na posse do Tudo da ressurreição, da luz, da cruz e do Espírito Santo. O pai lhe outorgou tudo isto na câmara nupcial e ele o recebeu.

96. O Pai morou no Filho e o Filho no Pai: isto é o reino dos céus.

97. Disse o Senhor: Alguns entraram rindo no reino dos céus e saíram. Não permaneceram ali, um porque não era cristão, outro porque depois se arrependeu de sua ação. Entretanto, tão logo como Cristo baixou até à água, saiu rindo de tudo quanto existe neste mundo, não porque o considerasse uma brincadeira, mas por sua alegria de tudo. Quem quiser entrar no Reino dos céus deverá alcançar este estado, deverá desprezar tudo o que é deste mundo e se rir disso como se fosse uma brincadeira.

98. (...)

99. O mundo foi criado por culpa de um erro, pois o que o criou queria fazê-lo imperecível e imortal, mas não pode realizar suas aspirações. O mundo nunca foi imperecível nem tampouco ele que o criou, já que incorruptíveis e imperecíveis não são as coisas, mas os filhos, e nenhuma coisa poderá ser perdurável a não ser que se faça filho, pois, como poderá dar o que não está à disposição para receber?

100. A taça da oração contém vinho e água, já que serve de símbolo do sangue, sobre a que se faz a ação de graças. Está cheia do Espírito Santo e pertence ao homem inteiramente perfeito. Ao bebê-la receberemos em nós o homem perfeito.

101. A água viva é um corpo. É preciso que nos revistamos de homem vivo por isso, quando um se dispõe a descer na água, há de se despir para poder se revestir desta.

102. Um cavalo concebe um cavalo, um homem concebe um homem e um deus concebe um deus. O mesmo ocorre com o esposo e a esposa, seus filhos tiveram sua origem na câmara nupcial. Não há judeus que descendam de gregos desde que o mundo existe. E como cristãos, nós não descendemos dos judeus. Houve outro povo conhecido como "o povo eleito por Deus," "o homem verdadeiro," o "filho do homem", e "a semente do filho do homem." Também são chamados "o povo da verdade" e aonde se encontrem são os filhos da câmara nupcial.

103. Em qualquer lugar deste mundo a união do homem e da mulher é uma e é causa de força, complementada com debilidade, entretanto, no paraíso a união é diferente mesmo que nos refiramos a ambas pelo mesmo nome.

104. Denominamo-las assim, mas há outras denominações superiores para qualquer dos nomes que possa lhes dar e mais fortes que a mesma força. Pois ali aonde há força aparecem os que se excedem em força. Não se trata de coisas separadas, mas que conformam uma só e simples coisa.

105. Não é necessário que todos os que se encontram em posse do Todo se conheçam a si mesmos. Alguns dos que não se conhecem a si mesmos não desfrutarão das coisas que possuem. Mas os que tenham alcançado o próprio conhecimento esses, sim, desfrutarão delas.

106. O homem perfeito não só poderá ser retido, mas nem sequer poderá ser visto, pois se o virem, retê-lo-ão. Ninguém poderá conseguir de outra maneira esta graça, a não ser que

se revista da luz perfeita e se converta em homem perfeito. Todo aquele que se tenha revestido dela entrará no Reino.

107. Essa é a luz perfeita e é totalmente necessário que, antes de abandonar este mundo, convertamo-nos em homens perfeitos. Quem tenha recebido tudo sem abandonar estes lugares não será perfeito. Somente Jesus conhece o destino de tais pessoas.

108. O sacerdote é totalmente santo, em sua totalidade, inclusive no que afeta a seu corpo, posto que, se ao receber o pão, santifica-o, do mesmo modo o cálice ou qualquer outra coisa, não manifestará igualmente seu corpo?

109. Da mesma maneira que Jesus fez perfeita a água do batismo, assim mesmo liquidou a morte. Por isso nós descendemos até da água, mas não baixamos até à morte, para não ficar inundados no espírito do mundo. Quando este sopra faz chegar o inverno, mas quando é o Espírito Santo o que sopra vem o verão.

110. Quem possui o conhecimento da verdade é um homem livre, e o que é livre não peca, pois quem peca é escravo do pecado. A mãe é a verdade, enquanto o conhecimento é o pai. Àqueles a quem não é permitido pecar, o mundo os chama livres. Aqueles que não podem pecar, o conhecimento da verdade eleva seus corações, isto é, os torna livres e os põe por cima de tudo. O amor edifica, mas o que tem sido feito livre pelo conhecimento faz do escravo, por amor, até aqueles que ainda não chegaram a receber a liberdade do conhecimento; logo este os prepara para que se façam livres. O amor não se apropria de nada, pois, como vai se apropriar de algo se tudo lhe pertence? Não disse: "Isto é meu" ou "Aquilo me pertence" mas diz: "Tudo é teu."

111. O amor espiritual é vivo e é bálsamo. Dele desfrutam os que se deixam ungir com ele, mas também aqueles que são alheios a estes, de tal maneira que os ungidos continuem ao seu lado. No momento em que os que foram ungidos com o bálsamo, deixam de ungir-se e se vão, ficam destilando de novo mau cheiro aos não ungidos que tão somente estavam junto deles. O samaritano não proporcionou ao ferido mais que vinho e azeite. Isto não é outra coisa que a unção. E assim curou as feridas, pois o amor cobre multidão de pecados.

112. Os filhos que uma mulher dá à luz se parecem a aquele que ama a esta. Tratando-se de seu marido, parecer-se-ão ao seu marido; tratando-se de um adultério, parecer-se-ão ao adúltero. Sucede também, com freqüência, que, quando uma mulher se deita, por obrigação, com o marido, enquanto seu coração está com o adúltero, com quem mantém relações, dá à luz a quem tem que dar à luz mas se parecerá com o amante. Mas vós que estais em companhia do Filho de Deus, não ameis ao mundo, mas ao Senhor, de maneira que aqueles que vai conceber não se pareçam com o mundo, mas com o Senhor.

113. O ser humano copula com o ser humano, o cavalo com o cavalo, o asno com o asno. As diferentes espécies copulam com os de sua raça. Do mesmo modo unem-se os espíritos com os espíritos, o Logus com Logus e a luz com a luz. Se tu te fazes homem, é o homem que te amará, se te fazes espírito, é o espírito que se unirá contigo; se te fazes Logus, é o Logus o que se unirá contigo; se te fazes luz, é a luz a que se unirá contigo; se te fazes como um dos de cima, são os de cima os que virão repousar sobre ti; se te fazes cavalo, asno, vaca, cachorro, ovelha ou outro qualquer dos animais que estão fora e que estão abaixo, não poderá ser amado nem pelo

homem, nem pelo espírito, nem pelo Logus, nem pela luz, nem pelos de cima, nem pelos do interior. Estes não poderão vir a repousar em ti e tu não formarás parte deles.

114. O que é escravo contra sua vontade poderá chegar a ser livre. Quem obteve a liberdade por um favor de seu amo e se vendeu de novo à escravidão nunca jamais poderá ser livre.

115. Os trabalhos do campo requerem a ajuda de quatro elementos: arrecada-se partindo da água, da terra, do vento e da luz. Assim mesmo a agricultura de Deus depende de quatro elementos: fé, esperança, amor e conhecimento. Nossa terra é a fé, na que jogamos raízes a água é a esperança pela qual nos alimentamos, o vento é o amor pelo que crescemos e a luz é o conhecimento pelo qual amadurecemos.

116. A graça existe de quatro modos, é terrestre, é celestial, procede do mais elevado céu e reside na verdade.

117. Bem-aventurado o que nunca atribulou uma alma. Esse ser é Jesus Cristo, veio sem incomodar ninguém. Por isso feliz é o que assim seja, pois é um homem perfeito. Realmente é o Logus. Contai-nos a respeito dele, pois é difícil de definir. Como vamos ser capazes de realizar semelhante tarefa?

118. Como satisfaz a todos? Diante de tudo não deve causar tristeza a ninguém, seja grande ou pequeno, não crente ou crente. Logo deverá proporcionar descanso àqueles que repousam no bem. Há pessoas que gostam de proporcionar descanso ao homem de bem. Ao que pratica o bem não lhe é possível causar tristeza nem dar ocasião a que eles sofram angustia. Mas o homem de bem lhes causa, às vezes, aflição. E não é que ele o faça de propósito, mas que é sua própria maldade a que os aflige. Ele que dispõe da natureza adequada causa júbilo ao que é bom, mas alguns se afligem.

119. Tinha um amo de casa que se aproveitou de tudo: filhos, escravos, gado, cachorros, porcos, trigo, cevada, palha, feno, ossos, azeite de rícino, carne e batatas. Era inteligente e conhecia o necessário para cada atividade e para cada qual. Aos filhos oferecia-lhes pão, azeite e carne, aos escravos oferecia-lhes azeite de rícino e trigo; aos animais deu-lhes cevada, palha e feno, aos cachorros deu-lhes ossos e aos porcos jogou-lhes batatas e restos de pão. O mesmo acontece com o discípulo de Deus: sendo inteligente, compreende o que é ser discípulo. As formas corporais não serão capazes de o enganar, mas que fixará na disposição da alma de cada qual e assim falará com ele. Há muitos animais no mundo que têm forma humana. Se é capaz de os reconhecer, joga-lhes batatas aos porcos, enquanto que ao gado jogará cevada, palha e feno; aos cachorros jogará ossos e aos escravos dar-lhes-á lições elementares, e aos filhos a instrução mais refinada.

120. Há um Filho do homem e há um filho do Filho do homem. O Senhor é o Filho do homem, e o filho do Filho do homem é aquele que foi feito pelo Filho do homem. O Filho do homem recebeu de Deus a faculdade de criar e tem também a de conceber.

121. Quem recebeu a faculdade de criar é uma criatura, quem recebeu a de conceber é um concebidor, quem cria não pode conceber, quem concebe pode criar. Costuma-se dizer que quem cria concebe, mas o que concebe é uma criatura. Por isso os que foram concebidos por ele não são seus filhos mas suas criaturas. O que cria, age abertamente e ele mesmo é visível. O que concebe, age ocultamente e ele mesmo permanece oculto. O que cria o faz abertamente, mas o que concebe o faz ocultamente.

122. Nunca ninguém saberá qual é o dia em que o homem e a mulher copulam, fora deles mesmos, já que as núpcias deste mundo são um mistério. E se a relação legal permanece oculta, quanto mais o será o matrimônio ilegal. O matrimônio a que nos referimos não é carnal, mas puro; não pertence à paixão, mas à vontade; não pertence às trevas ou à noite, mas ao dia e à luz. Se a união matrimonial se efetua a descoberto, fica reduzida a um ato de prostituição. Não somente quando a esposa recebe o sêmen de outro homem, mas também quando abandona seu dormitório à vista de outros, comete um ato de fornicação. Somente é permitido exibir-se a seu próprio pai, a sua mãe, ao amigo do esposo e aos filhos do esposo. Estes podem entrar todos os dias na câmara nupcial. Os demais, que se contentem com o desejo mesmo que somente seja de escutar sua voz, de desfrutar seu perfume e de se alimentar dos desperdícios que caem da mesa como os cachorros. Esposos e esposas pertencem à câmara nupcial. Ninguém poderá ver o esposo e a esposa a não ser que ele mesmo chegue a sê-lo.

123. Quando a Abrahão foi concedido ver o que teve de ver, circuncidou a carne do prepúcio ensinando-nos, com isso, que é necessário destruir a carne do mundo. Enquanto as paixões estão escondidas persistem e continuam vivendo, mas se saem à luz perecem. Enquanto as entranhas do homem estão escondidas, está vivo o homem; se as entranhas aparecem por fora e saem dele, morrerá. O mesmo ocorre com a árvore: enquanto suas raízes estão ocultas, cria rebentos e se desenvolve, mas quando sua raiz se deixa ver por fora, a árvore seca. O mesmo acontece com qualquer coisa que chegou a ser neste mundo, não somente com o manifestado, mas também com o oculto: enquanto a raiz do

mal está oculta, esta se mantém forte: mas se nada mais for descoberto, desintegrar-se-á e se desvanecerá. Por isso diz o Logus: Já está o machado na frente da raiz das árvores. Não poderá pois, o que se poda brotar de novo, mas que cavará até ao fundo, até tirar a raiz. Jesus arrancou do âmago a raiz de todo o mal, enquanto que outros o têm feito só em parte. Nós, todos e cada um, devemos socar a raiz do mal que está em cada um de nos e devemos arrancá-la inteiramente do coração. O mal o erradicamos quando o reconhecemos, mas se não nos damos conta dele, cria raízes e nos faz seus escravos; tem-nos coagidos em sua garras para que façamos aquilo que não queremos e omitamos aquilo que queremos; é poderoso porque não o temos reconhecido e enquanto está presente segue agindo. A ignorância é a mãe do mal e nos levará à morte. Quem procede da ignorância nunca foi, nem é e nem será, entretanto quem mora na verdade será perfeito quando a verdade for revelada. A verdade é como a ignorância: estando escondida, descansa em si mesmo, mas se manifesta e se a reconhece é objeto de louvores, porque é mais forte que a ignorância e que o erro. Ela dá a liberdade. Já disse o Logus: "Se reconheceis a verdade, a verdade fá-los-á livres." A ignorância é escravidão, o conhecimento é liberdade. Reconhecendo a verdade, encontraremos os frutos da verdade em nós mesmos, se nos unimos a ela dar-nos-á a plenitude.

124. Neste momento estamos de posse do manifestado da criação e dissemos: "Isto é o sólido e o cobiçado, enquanto que o oculto é débil e digno de ser desprezado." Assim ocorre com o elemento manifestado da verdade que é débil e desprezível, enquanto que o oculto é sólido e digno de apreço. Os mistérios da verdade revelam-se mediante modelos e imagens,

enquanto que a câmara nupcial, que é o Santo dos Santos, permanece oculta.

125. O véu ocultava, no princípio, a maneira como Deus governava a criação, mas quando se rasgue e apareça do interior, ficará deserta esta casa ou talvez será destruída. Mas a divindade inferior não fugirá destes lugares ao Santo dos Santos, pois não poderá unir-se com a luz nem com o Pleroma sem mancha. Ela se refugiará na parte interior da cruz e sob seus braços. Essa arca servir-lhe-á de salvação quando o dilúvio de água irrompa. Os que pertençam à linhagem sacerdotal poderão penetrar na parte interior do véu com o Sumo Sacerdote. Por isso, rasgou-se aquele não somente pela parte superior, pois então somente se tinha aberto para os que estavam em cima; nem tampouco se rasgou unicamente pela parte inferior, pois então somente se tinha mostrado aos que estavam em baixo. Mas que se rasgou de cima abaixo. As coisas de cima nos fizeram patentes a nós que estamos em baixo, para que possamos penetrar no recôndito da verdade. Isto é realmente o apreciável, o sólido. Mas nós temos de entrar ali, através das debilidades e de símbolos, que não têm valor algum frente à glória perfeita. Há uma glória por cima da glória e um poder por cima do poder. Mas isso nos têm sido feito patente o perfeito e o segredo da verdade. O Santo dos Santos manifestou-se para nós e a câmara nupcial convidou-nos a entrar. Enquanto isto permanece oculto, a maldade está neutralizada mas não foi expulsa da semente do Espírito Santo pelo que seguimos sendo escravos da maldade. Mas quando isto se manifeste, então se derramará a luz perfeita sobre tudo, e todos os que se encontram nela receberão a unção. Então ficarão livres os escravos e os cativos serão redimidos.

126. Toda planta que não tenha sido plantada por meu Pai, que está nos céus, será arrancada. Os separados serão unidos e acumulados. Todos os que entrem na câmara nupcial irradiarão a luz. Este fogo brilha na noite e não se apaga, mas os mistérios desta boda desenvolvem-se de dia e à plena luz. Este dia e seu resplendor não terão ocaso.

127. Quem faz filho na câmara nupcial, receberá a luz. Se alguém não a recebe enquanto se encontra nesses lugares, tampouco a receberá em outro lugar. Quem receba a dita luz, não poderá ser visto nem detido, e ninguém poderá incomodá-lo enquanto viva neste mundo, inclusive, quando tenha saído dele, pois já tem recebido a verdade em imagens. O mundo converteu-se em paraíso, pois o paraíso é para ele plenitude, e o é desta forma: manifestando-se a ele exclusivamente, não escondido nas trevas e na noite, mas oculto em um dia perfeito e numa luz santa.